Fondi ed il suo territorio in età romana

Profilo di storia economica e sociale

Massimiliano Di Fazio

BAR International Series 1481
2006

Published in 2016 by
BAR Publishing, Oxford

BAR International Series 1481

Fondi ed il suo territorio in età romana

ISBN 978 1 84171 916 0

BAR Publishing is the trading name of British Archaeological Reports (Oxford) Ltd.
British Archaeological Reports was first incorporated in 1974 to publish the BAR
Series, International and British. In 1992 Hadrian Books Ltd became part of the BAR
group. This volume was originally published by Archaeopress in conjunction with
British Archaeological Reports (Oxford) Ltd / Hadrian Books Ltd, the Series principal
publisher, in 2006. This present volume is published by BAR Publishing, 2016.

Printed in England

BAR
PUBLISHING

BAR titles are available from:

BAR Publishing
122 Banbury Rd, Oxford, OX2 7BP, UK
EMAIL   info@barpublishing.com
PHONE   +44 (0)1865 310431
FAX   +44 (0)1865 316916
www.barpublishing.com

Si prega di notare che una mappa che mostra i punti di interesse è disponibile per il download da www.barpublishing.com/additional-downloads.html

Il presente lavoro nasce dall'esigenza di colmare un piccolo ma ingiustificato vuoto a livello di indagini e di ricerche nel campo della storia dell'Italia antica. Il vuoto corrisponde ad un territorio, quello della città di Fondi e del suo circondario, in provincia di Latina, nel Lazio meridionale costiero. Un semplice confronto con le realtà territoriali limitrofe rende idea della disparità: gli studi su Terracina e Formia (per non parlare di **Minturnae** e **Fregellae**) in età romana hanno acquisito negli ultimi anni una dimensione considerevole, sia come quantità che come qualità, grazie anche a lodevoli iniziative locali.

In questo contesto, il territorio fondano è rimasto meno indagato e meno studiato; ciò a dispetto di una realtà storica ed archeologica che comunque non appare priva di interesse, come spero questo lavoro possa dimostrare. Nello specifico, per cominciare a porre fine a questa lacuna si rendevano necessari almeno due diversi lavori: un inquadramento delle fonti e delle testimonianze epigrafiche ed archeologiche note, all'interno di più ampi lineamenti di storia sociale ed economica; ed una vera e propria carta archeologica, che consentisse finalmente una conoscenza e valutazione più precisa della cultura materiale del territorio. La carta archeologica è ancora di là da venire, anche se in questo lavoro è stato possibile tener presenti i dati di numerose ricognizioni, effettuate soprattutto in determinate aree di maggiore interesse. Ma ovviamente, come verrà ripetuto più volte nel corso del lavoro, una ricognizione sistematica, e soprattutto auspicabili interventi di scavo archeologico, potranno certamente contribuire a confermare o smentire il quadro che qui si presenta.

E' stata preferita dunque la prima soluzione: un lavoro che raccogliesse tutte le informazioni a nostra disposizione su questo territorio in epoca antica, tracciando un profilo (da qui il titolo) degli sviluppi sociali ed economici del territorio in esame. Si tratta di un lavoro che, come verrà sottolineato nell'Introduzione, richiede una ampia gamma di competenze, ed è reso ulteriormente difficile perché si cimenta con un territorio ampio, ricco di emergenze e scarsamente indagato. Questa excusatio vuole sottolineare che il risultato che viene qui presentato non va inteso come definitivo, ma piuttosto come un auspicabile, e si spera utile, punto di partenza per ulteriori indagini più specifiche.

La possibilità di usufruire di una borsa di Dottorato di Ricerca mi ha consentito di provare a colmare il vuoto su Fondi. Il presente lavoro, infatti, nasce come tesi di Dottorato in Storia Antica (XVI ciclo) presso l'Università "La Sapienza" di Roma. Durante questo lavoro i miei referenti scientifici sono stati i proff. Andrea Giardina, Silvio Panciera, e Gian Luca Gregori (che in particolare si è sobbarcato stoicamente l'onere di molteplici letture), con i quali apro la lista dei ringraziamenti. Lista che prosegue con i proff. Emilio Gabba e Federico De Romanis, che hanno voluto discutere con me il lavoro fornendomi preziosi suggerimenti; il dott. Giovanni Pesiri per i suggerimenti sulla fase tardo-antica; la dott.ssa Nicoletta Cassieri della Soprintendenza Archeologica per il Lazio. E' superfluo ricordare che le decisioni finali mi appartengono esclusivamente, nel bene e (ahimé) nel male.

Pubblicare il lavoro nella collana dei British Archaeological Reports costituisce per me motivo di notevole soddisfazione. Non si potrà sottolineare a sufficienza quanto sia importante il ruolo dei «BAR», specie in un momento critico per quanto riguarda la ricerca umanistica; in una situazione del genere (evidente in particolare, duole dirlo, in Italia), chiunque renda possibile la pubblicazione di lavori di ricerca in maniera rapida, efficace e non dispendiosa, va sicuramente ringraziato. A maggior ragione, se questo ruolo viene svolto con gentilezza e disponibilità.

Infine, mi fa piacere ricordare coloro che mi hanno accompagnato nelle ricognizioni nei posti più impraticabili (Cecilia, Emanuela, Enrico, Marco, Tommaso, etc.); coloro che mi hanno suggerito luoghi da vedere (il circolo locale di Legambiente, tanti concittadini). Lavoro che non avrei concluso senza l'appoggio dei miei genitori e l'aiuto, scientifico e non, di Cristina.

Fondi, 31/10/2005

AVVERTENZE

Le sigle alfanumeriche tra parentesi quadre (es. [A1]) si riferiscono ai siti indicati nella cartina finale.
Per quanto riguarda le fotografie, salvo dove altrimenti specificato, si devono intendere scattate dall'autore di questo lavoro.

Queste sono le principali abbreviazioni utilizzate:

AE= Année Epigraphique
CII= Corpus Inscriptionum Iudaicarum
CIL= Corpus Inscriptionum Latinarum
DizEp= E. De Ruggiero (c.), *Dizionario Epigrafico di Antichità Romane*
IG= Inscriptiones Graecae
IGRR= Inscriptiones Graecae ad Res Romanas Pertinentes
ILLRP= A.Degrassi, *Inscriptiones Latinae Liberae Rei Publicae*, Firenze 1965 (2ª ed.)
ILS= H. Dessau, *Inscriptiones Latinae Selectae*, Berlin 1892-1916.
MRR= T.R.S. Broughton, *The Magistrates of the Roman Republic*, New York 1951 sgg.
PIR= Prosopographia Imperii Romani
RE= Real-Encyclopädie der Classischen Altertumswissenschaft

INTRODUZIONE

Il territorio ed i suoi confini

A) DEFINIRE IL TERRITORIO

Lungo la via tra Fondi e Terracina, l'imponente porta detta "Portella", sede della dogana, segnalava ai viaggiatori il cambio di mondo: «Arrivando qui i vetturini e i passeggeri si mettono a gridare "Viva il Papa", e passata la porta "Viva il Re"» [1]. La posizione di confine è una caratteristica che segna la storia del territorio fondano: limite tra *Latium Vetus* ed *Adiectum* già per Servio (*Ad Aen.* I, 6), rimarrà punto di confine tra Stato Pontificio e Campania per secoli, a metà strada tra due culture e due vocazioni geografiche principali, senza peraltro evitare il terzo influsso, che è quello dell'entroterra appenninico.

Ma cosa dobbiamo intendere per "territorio fondano"? Tra le innumerevoli definizioni di territorio che le scienze storiche e geografiche ci mettono a disposizione, ne scegliamo due per la loro utilità ai fini del presente lavoro. La prima è di un geografo attento ai fatti storici, Ph. Leveau: il territorio, in estrema sintesi, è «une étendue de terre définie par ses possibilités culturelles» [2]. Sono proprio le possibilità culturali che andranno seguite per individuare la coerenza territoriale, e di conseguenza la coerenza di un'indagine microstorica.

La seconda definizione è invece di uno storico attento ai fatti geografici, C. Zaccaria, il quale ha sottolineato come "territorio" sia un concetto opposto a "città", ma nel contempo ad essa indissolubilmente legato, come era ben chiaro alle fonti giuridiche antiche: *territorium est universitas agrorum intra fines cuiusque* (*Dig.* 50, 16, 239) [3]. Questa riflessione introduce una delle dialettiche su cui è costruito questo lavoro: la polarità tra il centro urbano, con le sue istituzioni e le sue dinamiche sociali, e l'estensione agro-silvo-pastorale che circonda la città, costituendone il bacino produttivo. Insistere su questo punto non è lecito, dal momento che ci si immetterebbe in una discussione ancora aperta [4]. L'importante è focalizzare la dialettica tra i due poli, centro e periferia, peraltro non necessariamente opposti, come vedremo nel corso della ricerca.

B) TRACCIARE I CONFINI

Nella scelta dell'ambito territoriale da contemplare, si è cercato di individuare e seguire i confini che dovevano segnare il territorio fondano in epoca romana [5]. Porre dei simbolici paletti di confine a secoli di distanza è sempre operazione ardua, in mancanza di dati precisi; per cui quella che segue è una serie di proposte formulate in base alla documentazione epigrafica e storica, ma anche sulla scorta di considerazioni che provengono dall'analisi delle caratteristiche geomorfologiche del territorio. L'arbitrarietà dell'operazione non può sfuggire, ma resta comunque l'unico strumento a disposizione per stabilire quali emergenze archeologiche considerare valutabili ai fini della ricerca.

Verso ovest il territorio fondano confinava, in epoca romana come oggi, con quello di *Tarracina*. I confini amministrativi attuali, segnati dal canale Canneto e dai monti che chiudono la piana, potrebbero ricalcare quelli dell'epoca romana: va sottolineato infatti che, alla luce della estrema coerenza della piana di

---

[1] J.-J. BOUCHARD, *Voyage dans le Royaume de Naples*, 1632.
[2] LEVEAU 1987-1989, 94.
[3] ZACCARIA 1994, 310.

[4] Cfr. per una recente messa a punto il contributo di WHITTAKER 1994, con accenni alle posizioni di Weber e Rostovzev.
[5] Sull'importanza di questa operazione, cfr. le riflessioni di PANCIERA 1999.

Fondi dal punto di vista geomorfologico, qualunque divisione territoriale diversa su questo versante riuscirebbe innaturale. Lo «sbarramento naturale di Terracina»[6] è un limite non solo fisico ma anche archeologico già in epoche pre- e protostorica. Può essere ricordato, inoltre, che G. Lugli nella sua carta archeologica terracinese, sulla scorta di una profonda conoscenza del territorio, aveva scelto come limite proprio il canale Canneto[7]. Può non essere un caso, infine, che l'estremità N-W della piana, all'incirca in corrispondenza del citato canale, considerata tradizionalmente una delle porte della Campania, abbia segnato per secoli il confine tra Stato della Chiesa e Regno Borbonico[8]. Verso la fine del IX secolo, una bolla attribuita a Giovanni VIII concedeva ai duchi di Gaeta Docibile I e Giovanni I il territorio di Fondi; nella bolla, in cui erano riportati i confini, la località "Canneto" veniva già indicata come punto di partenza[9].

Verso nord, possiamo considerare parte del territorio fondano anche le strutture di epoca romana rinvenute all'interno del territorio del comune di Lenola. L'evidenza epigrafica[10] dichiara l'appartenenza degli abitanti di questa zona alla tribù Emilia, la stessa dei *Fundani*; è possibile che si trattasse di un *vicus*, ma il ricorso a questa terminologia, in assoluta mancanza di attestazioni epigrafiche, non ci è permesso. Il territorio fondano doveva estendersi fino a confinare con quello di *Fabrateria*, che aveva ereditato su questo versante il territorio di *Fregellae*. Dunque il confine dovrebbe grossomodo ripercorrere quello attuale tra la provincia di Latina e quella di Frosinone[11], laddove, oltretutto, cadeva anche quello tra le rispettive diocesi in età medievale[12]. I due territori, collocati rispettivamente lungo la via Appia e lungo la via Latina, erano collegati verticalmente attraverso le alture da un tracciato stradale[13].

Il punto più delicato è la linea di confine tra Fondi e Formia, complicata ulteriormente dall'appartenenza delle due cittadinanze alla stessa tribù, *Aemilia*. Come rileva giustamente Solin, non ci si può avvalere in questo caso dei confini delle diocesi medievali, dal momento che questi sono indubbiamente influenzati dall'accresciuta importanza di Gaeta e del-

la sua diocesi nel Medioevo[14]. Possiamo in sostanza accogliere la proposta di Solin, secondo cui il confine partirebbe all'incirca dal sito della villa di Tiberio, poco a sud dell'odierno abitato di Sperlonga, per salire fino al Monte Rauto ed al Monte Vele passando per il vallone di Sant'Andrea (fino a toccare, aggiungerei, l'eloquente "Valle Funnana" all'altezza di Lenola). Si tratta di un tracciato che nel segmento settentrionale segue logiche orografiche, e non a caso coincide grossomodo con l'attuale confine tra i comuni di Itri e Fondi.

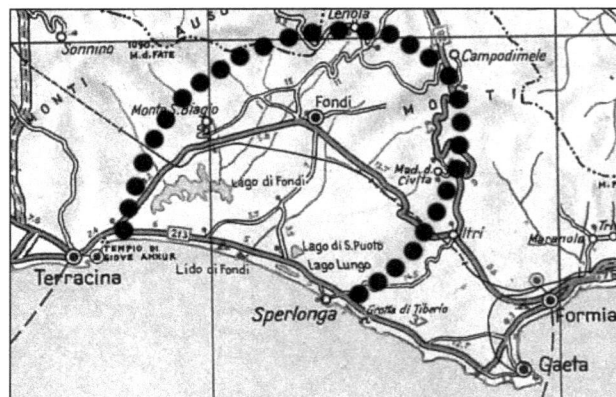

Fig. 1: Tracciato ipotetico dei confini del territorio di *Fundi*

In definitiva, i confini proposti per la *Fundi* romana contemplano quelli che oggi sono i territori di Fondi, Monte San Biagio, Lenola, ed in parte Itri, Sperlonga e Campodimele[15].

Le fonti documentarie

A) FONTI LETTERARIE

Le fonti antiche costituiscono ovviamente un cardine di questo lavoro, e dunque saranno più volte citate e discusse nel corso del lavoro. In questo paragrafo ci si limita a fornire una panoramica dei principali argomenti per i quali l'attenzione di autori greci e latini è indirizzata su Fondi.

Le menzioni di Fondi nella letteratura sono relative perlopiù ad aspetti contingenti. In particolare, in Livio abbiamo il resoconto dell'impatto tra l'espansio-

---

[6] GUIDI-PASCUCCI-ZARATTINI 2002, 20.
[7] LUGLI 1926, XXVI.
[8] Cfr. AEBISCHER 1999.
[9] TOUBERT 1973, 948 sgg.; PESIRI 2005.
[10] Cfr. ad esempio l'epigrafe funeraria di *C. Curtonius*, rinvenuta a Lenola in loc. Vallefredda (*CIL* X, 6254).
[11] Sui confini di *Fabrateria* cfr. NICOSIA 1995, 16-7.
[12] Cfr. IGUANEZ *ET AL.* 1942, tavola f.t.
[13] Su cui cfr. NICOSIA 1995, 10, e DI FAZIO 2002, 77-80.

---

[14] SOLIN 1996C, 155. A partire dal Medioevo Gaeta sottrasse il ruolo di centro più importante alla vicina Formia; ma le due città sono molto vicine, tanto da formare oggi una conurbazione.
[15] Tavole IGM *Fondi*, F. 159, II SE; *Lenola*, F. 160, III SO; *Sperlonga*, F. 170, I NE; *Itri*, F. 171, IV NO.

nismo romano e le popolazioni della zona, e del passaggio della via Appia. Lo stesso Livio ricorda la figura di Vitruvio Vacco, e le questioni legate ai vari *status* giuridici ottenuti da Fondi e Formia. Ritroviamo poi menzione del centro sudpontino molti libri dopo, in concomitanza con una serie di interventi edilizi scaglionati tra il 188 ed il 174 a.C., che preludono a quello che pare il momento di maggior prestigio di *Fundi*.

Dal punto di vista geografico, il territorio fondano è chiamato in causa nelle fonti (Plinio, Strabone, ed altri) per via principalmente di quattro elementi: oltre alla città, il lago (*Lacus Fundanus*), le colline del vino Cecubo (*Caecubi montes*), e la leggendaria città di *Amyclae* col suo litorale (*Sinus Amyclanus*).

Notazioni geografiche ed economiche di un certo interesse troviamo in Strabone, che fa riferimento a Fondi, ricordandone l'eccellenza dei vini, ed in particolare alla pianura del Cecubo. Un ben distinguibile filone di informazioni è proprio quello relativo alla produzione agraria, ed in particolare ai vini locali, che attirarono l'attenzione di Columella, Plinio, Dioscoride, Galeno, ma anche di Orazio e Marziale, come vedremo nello specifico nel corso del lavoro. Orazio fa riferimento a Fondi anche come tappa del viaggio lungo l'Appia immortalato nella celebre satira Quinta del I libro.

A questi riferimenti se ne aggiungono altri occasionali, ma utili alla ricostruzione storica. È il caso dell'epistola scritta da Cicerone durante un suo soggiorno fondano, con accenno ad alcuni problemi di ordine sociale. Un fondano illustre, dall'identità ignota, è il *Rufus* amico e parente acquisito di Ovidio, da lui celebrato come *maxima Fundani soli gloria*. Importanti sono infine le notizie svetoniane secondo cui la famiglia di Livia era di origini locali, come anche l'imperatore Galba.

B) Fonti epigrafiche

Il *corpus* epigrafico di riferimento per Fondi è ovviamente quello del *CIL*, nelle cui pagine confluirono, oltre alle iscrizioni individuate dal Mommsen nel corso dei suoi soggiorni italiani, in particolare nel 1876, testi desunti da vari autori dei secoli precedenti. Tra questi ricordiamo Ligorio, Gruterus, Fabretti, Muratori, Pratilli. Altre indicazioni, su cui Mommsen esercitò una severa opera di cernita, provenivano da eruditi locali, quali Notarjanni e Sotis (su cui ci soffermeremo più avanti). Dopo il lavoro di Mommsen, vi sono state alcune aggiunte, confluite principalmente in un contributo del 1978 di G.

Pesiri[16], in cui si dava conto di novità ma si fornivano anche aggiornamenti e nuove letture di epigrafi già note. Un ulteriore incremento è venuto dalla pubblicazione di manoscritti dell'antiquario campano Francesco Daniele a cura di R. Palmieri nel 1980[17], che ha fornito non solo testi sfuggiti a Mommsen, ma in alcuni casi anche migliori lezioni di testi già editi. Nel presente lavoro vengono infine presentati e discussi nuovi documenti, frutto di recenti indagini, di scoperte occasionali, ma anche di campagne programmate, come nel caso degli esemplari di bolli laterizi. Alcune di queste novità hanno in effetti fornito dati di un certo interesse per la discussione storica.

C) Fonti archivistiche e documenti

Lo stato dei documenti di archivio relativi al territorio fondano è disastroso[18]. Le cause di questo stato sono varie; in parte, la distruzione di documenti archivistici è dovuta a fattori storici. Molti documenti andarono persi negli ultimi anni del XVIII secolo a causa dell'invasione francese: in quell'occasione l'archivio comunale venne dato alle fiamme[19]. Altri danni si ebbero nel corso della seconda Guerra Mondiale, quando tra il 1943 ed il '44 la città, centro importante sulla linea Gustav, fu oggetto di terribili bombardamenti, che oltre a mietere vittime e provocare ingenti danni, causarono la perdita di buona parte degli archivi dell'ex-collegiata di S. Maria e dell'ex cattedrale di S. Pietro. Il resto lo ha fatto il disinteresse per questo genere di documenti, per cui ancora oggi lo stato del patrimonio archivistico locale sopravvissuto è assai critico.

Fuori Fondi, documenti di interesse fondano sono sparsi in vari archivi, con una situazione che è frutto dei vari cambiamenti amministrativi vissuti dalla città nel corso del XX secolo, che l'hanno portata via via a gravitare dapprima su Napoli, poi su Roma, poi per un periodo sulla cosiddetta "Terra di Lavoro", prima di essere inserita nell'attuale provincia di Latina. Di conseguenza, gli archivi di riferimento risultano essere quello centrale di Roma, quello di

---

[16] Pesiri 1978.

[17] Palmieri 1980.

[18] Cfr. per una panoramica Pesiri, in *Museo* 1996, 5-11; agli archivi della provincia di Latina sono dedicati i due fascicoli del 2005 della rivista "Annali del Lazio Meridionale".

[19] Le parole di un testimone dell'epoca quale fu il senatore Errico Amante sono chiare in proposito: «Nell'entrare i Francesi a Fondi nel dicembre del 1798 fecero sulla pubblica piazza un bel falò dell'archivio del comune, di quello dell'episcopio, dell'altro con la libreria del palazzo baronale e via via» (*cit. in* Amante-Bianchi 1903, 428).

Napoli, e quelli di Latina e S. Maria Capua Vetere; da quest'ultimo, peraltro, nel 1960 molti incartamenti relativi ai comuni della provincia di Latina vennero trasferiti nell'archivio del capoluogo pontino. Informazioni utili per i Beni Culturali sono in particolare quelle conservate nell'Archivio centrale di Roma, dove si trovano gli incartamenti relativi alle scoperte archeologiche della fine del XIX e della prima metà del XX secolo.

Dal punto di vista dei documenti a stampa, abbiamo alcuni testi molto interessanti per la storia locale, ed in qualche misura utili anche per l'antichistica. Il principale è la *Sacra Visitatio totius Fundanae Dioecesis*, ovvero la relazione del viaggio episcopale effettuato da G.B. Comparini nel 1599[20]. La completa descrizione della diocesi del territorio fondano permette di conoscere parecchi dettagli non solo sul patrimonio artistico e monumentale dell'epoca, ma anche su aspetti di vita quotidiana. Altra visita pastorale utile alla ricerca storica è quella di mons. G. Calcagnini nel 1768[21].

Preziosi strumenti per lo studio degli aspetti economici sono gli Statuti di Fondi, conservati nelle due *tranches*, quattrocentesca e degli inizi '500, ripubblicati di recente dopo la prima storica edizione a cura di Errico Amante[22]. Ancora inedito è invece l'*Apprezzo dello Stato di Fondi del 1690*, eseguito nell'interregno tra i Carafa ed i Mansfeld[23]. Sulla stessa linea si collocano le fondamentali raccolte di documenti dell'archivio dei Caetani, ovvero i *Regesta Chartarum* e *Domus Caietana*, editi a cura di Gelasio Caetani rispettivamente negli anni 1922-'30 e 1927-'33, ed il *Tabularium Casinense-Codex Diplomaticus Cajetanus* conservato a Montecassino[24].

Al XIX secolo risalgono due documenti di notevole interesse. Il primo è la *Statistica del Comune di Fondi* redatta nel 1807 da Biagio Sotis per incarico del neoistituito Ministero dell'Interno del Regno di Napoli sotto il dominio francese[25]; si tratta di un'ampia descrizione del territorio fondano, con annotazioni sullo stato economico e sociale. Il secondo è la "puntata" locale della inchiesta agraria che porta il nome di Stefano Jacini, curata per il circondario di Gaeta

(inclusa Fondi) da E. Sorrentino[26]; anche in questo caso, è disponibile un'ampia messe di dati su vari aspetti dello sfruttamento agricolo, delle colture, della pastorizia, meno descrittiva ma più tecnica di quella del Sotis.

D) Fonti archeologiche

Le informazioni che abbiamo a livello archeologico derivano principalmente da scavi occasionali svolti durante gli ultimi decenni del XIX e la prima metà del XX secolo, dei quali vennero pubblicati solo materiali scelti, senza precisi riferimenti a contesti e dati di scavo. Questo materiale confluì nella prima raccolta proto-museale, che era stata organizzata con spirito pionieristico nella seconda metà del XIX secolo dall'allora sindaco e cultore di antichità Giovanni Sotis[27] e raccolta nell'ex-convento di San Domenico. Fu poi D. Faccenna nell'immediato Dopoguerra ad adoperarsi per ricostituire un *antiquarium*, individuando come spazio espositivo il chiostro dell'ex-convento di San Francesco, dove tuttora rimane parte del materiale. Più di recente, chi scrive ha promosso alcune indagini archeologiche sistematiche, e soprattutto una campagna di ricognizione su settori scelti della Piana, che hanno dato risultati di un certo interesse. Queste recenti attività, pur non potendosi considerare concluse, hanno comunque ampliato la base di dati su cui discutere. Importanti attività archeologiche sono altresì quelle avviate dalla Cattedra di Topografia dell'Università di Bologna sul sito di un complesso tardorepubblicano in località S. Andrea lungo l'Appia tra Fondi ed Itri, in un punto in cui si conserva in tutto il suo prestigio il tracciato dell'antica strada[28].

Purtroppo la carenza di tutela del patrimonio locale, unita ad una ben scarsa coscienza dell'importanza del proprio passato, ha portato nel corso degli ultimi decenni ad una situazione molto precaria. Questo fa sì che le informazioni che si riesce ad ottenere siano di modesta entità rispetto ai ritrovamenti che vengono effettuati in continuazione durante attività edilizie ma sono immediatamente obliterati per timore di problemi burocratici. Attività di scavo abusivo sembrano invece più limitate, anche se non sono mancate in un passato anche recente, specie in aree ben precise.

---

[20] COMPARINI 1599 (1981).

[21] CALCAGNINI 1768 (1993).

[22] FORTE 1992.

[23] È stato possibile consultare la copia esistente presso la locale Biblioteca Comunale, realizzata da Ugo Savona nel 1966.

[24] Quattro voll. editi nel 1887, 1891, 1958, 1960. Più recente, ma meno utile per l'antichistica, è la *Rubrica delle Carte appartenenti al Monastero di S. Magno di Fondi*, del 1783.

[25] SOTIS 1807 (2001A e B).

[26] DI FAZIO 1991.

[27] Cfr. *MUSEO* 1996, pp. 12-19. Le vicende dei decenni successivi porteranno ad una dispersione di questa che si può considerare la prima raccolta antiquaria del Lazio meridionale.

[28] QUILICI 1999; 2002; 2003.

Breve excursus di storia degli studi

A) I VIAGGIATORI

Fondi fu un punto di passaggio obbligato tra Roma e Napoli fin dall'epoca romana; un ruolo analogo mantenne nei secoli successivi. Pertanto, è ovvio che questa posizione ne facesse una tappa pressoché immancabile per i numerosi viaggiatori stranieri che nel corso soprattutto dei secoli XVIII e XIX percorsero i tracciati del *Grand Tour* alla ricerca delle vestigia delle antiche civiltà del suolo italico, di cui Roma e Napoli erano ovviamente tra i "piatti forti"[29]. Di conseguenza, "cartoline" di Fondi sono presenti nelle opere di vari autori più o meno celebri[30].

Nella quasi totalità dei casi, la relazione con l'Appia e dunque col percorso Roma-Napoli è da un lato preziosa, costituendo il motivo per cui tanti viaggiatori passarono per Fondi, e nel contempo un limite, dal momento che le loro osservazioni si limitano alla descrizione del paesaggio osservabile dalla carrozza ed a qualche schizzo del centro storico. Il motivo che ricorre più spesso è l'abbondanza di aranci, limoni e cipressi; rare sono le annotazioni di monumenti, tra cui spicca il mausoleo a pianta rettangolare che costeggia la strada fra Terracina e Fondi, adibito nel XVIII secolo a stalla per asini.

Più delle scarne descrizioni, sono utili alla ricerca le vedute ed incisioni conservate[31], a partire da quelle di geografi. Joris Höfnagel, le cui incisioni sono note per l'alta precisione[32], è il creatore del fortunato archetipo di una veduta del centro fondano, immerso nella campagna ubertosa e coperto alle spalle dai monti (1578)[33]. Più recenti sono i lavori di vedutisti come B.T. Peuncy (1792-96), e Luigi Rossini (1839) che eseguì una serie di interessanti incisioni di vari scorci del territorio fondano ripercorrendo un itinerario descritto negli anni precedenti dai vari Pratilli, Labruzzi, Angelini e Fea[34]. Un esempio dell'importanza di queste testimonianze è dato da un anonimo incisore che nel 1816 aveva realizzato una serie di tavole per illustrare il celebre viaggio oraziano[35], e ci ha così tramandato il prospetto dell'entrata nord-est di Fondi con tratti di mura oggi demoliti.

Fig. 2: Veduta di Fondi (J. Höfnagel, 1578)

B) GLI ANTIQUARI

Notizie su Fondi sono rintracciabili almeno fin dall' *Italia illustrata* di Flavio Biondo, edita postuma nel 1474, in cui si trovano già due degli elementi ricorrenti nelle scarne informazioni antiquarie dei secoli successivi: il Cecubo e Vitruvio Vacco. Così è per Leandro Alberti (*Descrittione di tutta l'Italia*, 1550) ed Abraham Ortelius (*Thesaurus Geographicus*, 1587), che da buoni geografi aggiungono il riferimento al Lago sulla scorta delle indicazioni di Plinio il Vecchio.

Il XVII secolo, per quanto riguarda il Lazio meridionale, vede un incremento delle storie locali, da cui rimangono però escluse Fondi e Terracina, a causa della decadenza in cui questi due centri versavano[36]. Sono dunque ancora opere generali a parlarci di Fondi: E. Bacco (1626), A. Kircher (1671), il Mabillon ed altri. L'aspetto religioso culmina ovviamente con l'*Italia Sacra* di Ughelli (1644-1662), che non omette riferimenti a Fondi e la sua storia.

---

[29] Per una panoramica, cfr. DE SANTIS 1932; 1934; 1935; 1935B. Per l'uso archeologico di tale documentazione, cfr. tra l'altro CAMBI-TERRENATO 1994, 13 sgg. Sulla letteratura di viaggio, basilare DE SETA 1982.

[30] Un elenco sommario parte almeno dal Fabricio (1547), per proseguire con De Villamont (1614), J.J. Bouchard (1632), il Caylus (1715), G. Berkeley (1717), P.J. Grosley (1765), J.W. Goethe (1787), l'Abbé Richard (1799), G. Mallet (1816), Stendhal (1829), F. Gandini (1832), Chateaubriand (1836), Fulchiron (1843), M.me de Stäel (1844), Ch. Dickens (1846), F. Gregorovius (1853) e numerosi altri.

[31] Raccolte in ARAGOZZINI S.D., ed in SPERANDIO 1997, 267 sgg. Per l'utilizzo archeologico, cfr. tra l'altro CAMBI-TERRENATO 1994, 52 sgg.

[32] Cfr. di recente CARDI 1996.

[33] G. Braun-G. Hogenberg, *Civitates Orbis Terrarum*, Colonia 1572-1593; cfr. SPERANDIO 1997, 273. Questo tipo sarà poi ripreso da Eberart Kieser (1624), Mattia Cadorin (1659), Johann Blaeu (1663), G.B. Pacichelli (1703), Pierre Mortier (1724), con l'aggiunta di volta in volta di scene di genere.

[34] ARAGOZZINI S.D., introduzione.

[35] Rist. in *Con Orazio da Roma a Brindisi*, Venosa 1991, p. 34.

[36] ANGELINI 1985, 20.

Nel '700 la situazione muta, anche se non in maniera sostanziale: manca ancora una storia locale, ma si moltiplicano quelle che interessano tutta la zona e dunque anche Fondi. È un momento in cui «L'Italia, che era allora la terra delle piccole patrie, fiorì di ambiziosi scopritori e ricercatori di glorie cittadine: ogni città, per piccola che fosse, ebbe i suoi storici ufficiali... Purtroppo, però, l'ardore con cui taluni si dettero a "riscoprire l'antica madre" fu così intenso che non solo essi furono incapaci di guardar oltre il semplice interesse locale, ma per una sorta di aberrazione, non del tutto spiegabile, si spinsero a falsare la realtà storica, magnificando oltremodo avvenimenti di trascurabile importanza o fantasticando di altri, fino a corroborarli con una documentazione, di cui posteriori esami critici han dimostrato la spudorata falsità»[37].

Tra questi ricercatori, figura eminente è senza dubbio quella di F.M. Pratilli, canonico capuano (1689-1763) dalla fama decisamente poco lusinghiera[38]. Nella sua *Appia descritta*[39] Pratilli riportava un gran numero di epigrafi, perlopiù finite ad ingrossare le pagine del CIL dedicate alle *falsae vel alienae*[40]. Sulla linea del canonico capuano, ma con maggiore aderenza storica, si collocano interessanti esponenti dell'Illuminismo campano come Erasmo Gesualdo, Lorenzo Giustiniani, Pasquale Cayro, Nicola Corcia, ed altri autori che menzioneremo nel corso del lavoro.

Ma è con l'inizio del XIX secolo che Fondi si ritaglia una posizione nelle bibliografie, grazie ad un pugno di eruditi locali, le cui opere assumono un interesse ed un pregio particolare per la ricerca. Il "capostipite" è il medico lenolese Francescantonio Notarjanni[41], di cui si ricorda un *Viaggio per l'Ausonia* pubblicato nel 1814 dal "Giornale enciclopedico di Napoli"

ed anche una *Storia di Fondi* il cui manoscritto inedito è purtroppo irrintracciabile[42].

Abbiamo già menzionato Biagio Sotis e la sua *Statistica del Comune di Fondi formata per ordine del Ministro dell'Interno* (1807)[43]. Anni dopo, sarà il figlio Giovanni a dare alle stampe due contributi di notevole interesse come il *Cenno istorico della città di Fondi* e la *Memoria sull'antica città di Amicle*, entrambi del 1838[44]. Lo stesso Giovanni Sotis, nel frattempo divenuto sindaco, inaugurava nel 1877 la "Collezione Archeologica Municipale"[45] insieme ad Errico Amante, di lì a qualche anno Senatore del Regno, anch'egli cultore di storia locale ed editore degli Statuti municipali rinascimentali.

Con più di un secolo di ritardo rispetto alla tendenza di cui si parlava, Fondi esprime eruditi animati da notevole volontà e passione (ma dalla preparazione un po' approssimativa) ancora nei primi anni del XX secolo. A distanza di due anni escono infatti le opere di Giovanni Conte-Colino[46] e di Bruto Amante e Romolo Bianchi[47], per i quali valgono i discorsi già fatti. Si tratta di miniere di informazioni su tutto il territorio; anche se appaiono per la verità a tratti largamente dipendenti soprattutto da Giovanni Sotis, e di frequente emerge in loro una certa pochezza culturale, il loro apporto è di notevole importanza per la ricerca locale, come vedremo via via nelle pagine che seguiranno.

C) GLI STUDI PIÙ RECENTI

Il XX secolo vede un moltiplicarsi di studi su Fondi; ma, limitandoci al settore che ci interessa, il numero rimane limitato, e ancor più la qualità. Nel panorama spicca l'opera di don Mario Forte, *Fondi nei tempi* (I ed. 1972), che rimane un "classico", pur con forti limiti scientifici. Per il resto, oltre ad alcune schede nei fascicoli di *Notizie degli Scavi* in occasione di rinvenimenti conseguenti ad attività mai sistematiche, a qualche contributo sporadico di Mustilli e Faccenna[48], ad interventi topografici più recenti di Giuliani e Sommella[49], ed ai già accennati importanti lavori epigrafici di Pesiri e Palmieri, è mancata una seria riflessione sulle vicende storiche ed archeologiche del territorio fondano. Va però ricordato l'allestimento del nuovo Museo Civico locale, inaugurato

---

[37] CILENTO 1966, 25.
[38] Cfr. CILENTO 1966, 24-39; cfr. anche per la temperie generale CROCE 1914.
[39] PRATILLI 1745.
[40] Il giudizio di MOMMSEN è di quelli che lasciano pochi appelli: «Qui infestavit et maculavit [...] universam Regni Neapolitani epigraphiam» (CIL X, p. 373). Lo stesso Mommsen tuttavia ricordava che in alcuni casi Pratilli poteva essere considerato attendibile.
[41] Su cui cfr. TERELLA 1939. Notarjanni, poligrafo di ampi interessi, era un personaggio tenuto in una certa considerazione negli ambienti accademici napoletani, e le sue opere hanno margini di apprezzabilità. La descrizione del territorio che egli fa ci restituisce monumenti ed epigrafi oggi del tutto scomparsi, anche se di frequente le interpretazioni storiche risentono decisamente della temperie culturale dell'epoca. Ne è un esempio il gusto "panorientalistico" dell'etimologia.

[42] Cfr. FORTE 1998, 37.
[43] SOTIS 1807 (2001A e B), con intr. di A. BEATRICE.
[44] SOTIS 1838 e 1838B.
[45] Cfr. il discorso ristampato in MUSEO 1996, 12-19.
[46] CONTE-COLINO 1901, su cui cfr. DI FAZIO 2000, 25-6.
[47] AMANTE-BIANCHI 1903.
[48] MUSTILLI 1937; FACCENNA 1951; 1953; 1954.
[49] GIULIANI 1966; 1970; SOMMELLA 1979; 1985-'87.

nel 1997, che ha fornito occasione per un primo serio inventario del materiale archeologico raccolto nel corso dei decenni e sopravvissuto ai numerosi furti[50].

Una novità si è avuta giusto sul finire del secolo, con l'importante convegno organizzato dall'Università "Federico II" di Napoli dedicato a Fondi tra antichità e medioevo[51]. Inesplorata rimane invece l'età pre-romana, che pure nei secoli precedenti aveva attirato gli studiosi locali e non, la cui attenzione si era però concretizzata in una serie di ipotesi ben poco scientifiche.

Metodo e struttura del lavoro

A) Questioni di metodo

Questo lavoro ha preso avvio dal proposito di realizzare una ricostruzione delle vicende e degli aspetti di storia economica e sociale della piana di Fondi in età romana. Lo svolgimento di un simile tema in maniera esauriente richiede la capacità di far convergere in un'unica direzione diverse discipline ed ogni genere di documentazione: fonti letterarie, epigrafia, ricognizioni sul territorio, indagini topografiche, eventuali saggi di scavo, documentazione d'archivio, e quant'altro possa essere utile. È evidente però che un lavoro del genere richiede necessariamente un'*équipe* formata da esperti delle varie discipline[52]. Quello che si è cercato di fare è stato piuttosto tracciare un quadro il più possibile organico, in cui disporre tutti gli elementi finora noti; inserire in questo quadro le novità, ricavate da ricognizioni, da rari saggi di scavo, e dal riesame delle fonti antiche; individuare le linee di sviluppo che future attività di ricerca dovranno confermare o correggere.

Il pretenzioso titolo di questo paragrafo si risolve in realtà in alcune osservazioni sulle difficoltà concettuali incontrate nel corso della ricerca. Ad esempio, è possibile fare "storia economica e sociale"? O dovremo vedere nella prima solo una "modalità retorica" della seconda[53]?

La mancanza di indagini sistematiche, già ricordata, fa sì che le conclusioni siano soggette ad una "spada di Damocle", dal momento che ulteriori scoperte potrebbero rimettere in discussione alcune analisi operate su base quantitativa. Si è cercato così di evitare conclusioni *ex silentio,* proprio perché l'assenza di testimonianze può essere dovuta a lacune nella nostra documentazione.

Va ricordato, inoltre, che la piena comprensione delle dinamiche sociali ed economiche di un territorio non può non passare anche attraverso il confronto con aree attigue. Nel nostro caso, un occhio di riguardo è stato tenuto inanzitutto sul limitrofo territorio di Formia, che, a differenza di Fondi, negli ultimi anni ha goduto di un risveglio di interesse[54]. Le due città ebbero una vita politica e sociale strettamente collegata, come vedremo, e dunque è ovvio che le ricerche formiane abbiano costituito una preziosa esperienza per questo lavoro. Ma più in generale, è tutto il tratto compreso tra il Lazio meridionale e la Campania settentrionale a presentare elementi che si prestano ad utili confronti, ed anche in questo caso negli ultimi decenni hanno visto la luce importanti ricerche, soprattutto topografiche[55]. Ovviamente, si è cercato in ogni caso di non sottovalutare la specificità locale.

Un altro punto critico è dato dall'opportunità o meno di utilizzare le citate documentazioni sullo stato economico ed agrario della piana di Fondi nel XIX secolo, ed altri dati risalenti a parecchi secoli dopo la fine dell'epoca romana, per la ricostruzione antichistica. L'impiego di questi documenti è legato al postulato che alcuni elementi del contesto agrario non abbiano subito cambiamenti radicali prima della rivoluzione industriale. Questa prospettiva è ovviamente soggetta a discussione, e dunque converrà utilizzare la documentazione dei secoli successivi di volta in volta con molta attenzione alle specificità, evitando meccaniche sovrapposizioni, e senza perdere di vista il fatto che «la permanenza di singoli elementi continui può determinare una storia complessivamente discontinua»[56]. Se è vero che alcune tendenze, alcune vocazioni agrarie, alcune caratteristiche territoriali sembrano permanere nel corso dei secoli[57], è anche vero che i cambiamenti apportati

---

[50] Pesiri-Nunziata 1993; sui furti cfr. Alvisi 1992.

[51] Piscitelli 2002. L'attenzione per le vicende di età romana è tradotta in due ottime messe a punto (Lo Cascio 2002; Storchi 2002) che costituiscono un'ideale base di partenza per ulteriori ricerche.

[52] «Non c'è scampo al di fuori di metodi del lavoro di gruppo»: F. Braudel, 1950 (= Braudel 2003, 23).

[53] Giardina 1997b, 236.

[54] Citiamo solo Laaksonen 1996; Romano 2000; ed i volumi del convegno *Formianum.*

[55] In particolare Arthur 1991; De Caro-Miele 2001; altri lavori saranno citati nel prosieguo.

[56] Giardina 1981 (1997, 172): cfr. la critica del concetto di "continuità" (170-173). Sulla questione, cfr. anche le riflessioni di Schiavone 1996, 183 sgg.

[57] Cfr. per l'Italia centro-meridionale Spurr 1986 (con la rec. di E. Gabba in «Athenaeum» 66, 1988, pp. 230-5), da

dall'attività umana attraverso il mutare delle strategie economiche rendono la comparazione molto delicata. Basti pensare all'introduzione di nuove colture[58], soprattutto le arance[59] che diventeranno un cardine dell'economia locale, e di nuove razze animali, tra cui spicca quel protagonista delle bonifiche novecentesche che fu il bufalo, portato secondo alcuni da Agilulfo nel 595[60].

Un altro campo in cui la documentazione posteriore può essere utile è quello demico[61]. Sappiamo che nel XVIII secolo tra le mura del centro risiedevano circa 5000 abitanti[62], dato confermato anche da alcuni viaggiatori settecenteschi. Non è del tutto arbitrario pensare che tale cifra possa essere all'incirca valida anche per epoche più antiche, dal momento che il perimetro rimase pressoché costante. Grosse variazioni dobbiamo invece presumere per la popolazione che risiedeva in campagna, su cui torneremo a soffermarci trattando dell'età tardo-repubblicana.

B) SCHEMI E CESURE

Il lavoro è stato organizzato nel seguente modo. Apre un "Prologo", dedicato alla fase che precede l'impatto col mondo romano. Si parte dal quadro geomorfologico, per accennare alle prime tracce di presenza umana, e soffermarsi infine sulla spinosa questione delle popolazioni italiche insediate nella zona, con le quali i Romani vennero in contatto nel corso del IV secolo a.C. Si tratta per forza di cose di un quadro schematico, "a volo d'uccello", dal momento che la documentazione è assai carente e si tratta della fase storica meno indagata in passato.

Il primo capitolo è dedicato a quella fase di complessa definizione che possiamo etichettare come "romanizzazione" (sui problemi relativi all'uso di questo termine si discuterà in quel capitolo). Il momento di avvio è segnato dalla concessione della *civitas sine suffragio* (331 circa), che però ovviamente è un segmento "evenemenziale", in cui sfocia un ben più articolato processo di incontro tra comunità locali e potere romano, e che a sua volta dà il via ad ulteriori trasformazioni.

Il secondo capitolo si occupa della fase storica della tarda Repubblica, il cui inizio è segnato a livello locale da una serie di novità di natura istituzionale, sociale ed archeologica di rilievo, tra le quali spiccano la concessione del diritto di voto (188) e la realizzazione di un importante asse stradale. È la fase che, per ricollegarci alle tipologie più ampie elaborate in ambito di storia produttiva romana, possiamo definire della "villa catoniana"[63]. Ma non evitiamo di ricordare che questa tipologia è senza dubbio predominante ed in qualche modo caratterizzante il momento, ma è ben lungi dal comprendere tutte le modalità di sfruttamento delle risorse e di insediamenti territoriali che si verificano.

Il terzo capitolo scaturisce dalle biografie di Livia (di origine fondana) e Tiberio, che introducono il fattore nuovo rappresentato dalla forte presenza imperiale in zona. Si tratta, come altrimenti non avrebbe potuto essere, di una presenza che produce una serie di cambiamenti a tutti i livelli: sociale, economico, finanche (a quanto pare) ambientale. È il momento del modo di produzione di tipo "latifondista"[64]. Ma non evitiamo anche in questo caso di ricordare che questo non esplode all'improvviso, ma è preparato da un lungo periodo di accumulazioni terriere, di disgrazia di vecchie famiglie aristocratiche, di passaggi di proprietà, che gradualmente porteranno a quell'impressione di *lati fundi* su cui tanto si è scritto. Sono considerate in questo capitolo le vicende fino alla fine del II secolo d.C.[65]

Conclude il lavoro un "Epilogo". Si tratta di un altro "volo d'uccello", ma questa volta su un periodo storico, quello che inizia col III secolo d.C., compreso a pieno titolo nell'ambito del lavoro. La scelta di una trattazione sommaria è stata obbligata per almeno due motivi. Innanzitutto, il periodo è documentato in maniera soddisfacente per quanto riguarda la storia ecclesiastica e l'agiografia, ma mancano dati sulle magistrature, sulla vita istituzionale, su tanti altri fattori che danno corpo ad una possibilità di storia sociale e soprattutto economica. A questa constatazione, si aggiunga la circostanza che le questioni ecclesiastiche ed i fenomeni che accompagnarono la

---

cui emerge una continuità nelle tecniche agrarie fino alla Seconda Guerra Mondiale; cfr. LO CASCIO 1999, 236.
[58] Sulle modificazioni della flora in età romana, cfr. TOYNBEE 1965, I, 588 sgg.
[59] A differenza delle arance, i limoni (*Citrus lemon L*) erano già conosciuti nel mondo romano: cfr. per la documentazione pompeiana CIARALLO 2003, 467-70.
[60] CRTALLI 1997, 19-20.
[61] A livello generale cfr. le riflessioni di GARNSEY 1979; LO CASCIO 1999; MORLEY 2001.
[62] Cifre riferite in SOTIS 1807 (2001B, 24).

---

[63] VALLAT 2001, 584.
[64] VALLAT 2001, 584.
[65] Anche se pare di poter rilevare una discrasia tra dinamiche sociali ed economiche: mentre le prime mantengono una sostanziale omogeneità nel periodo considerato, quelle economiche sembrano variare a partire dalla seconda metà del I secolo d.C., in concomitanza col declino della produzione vinicola. Ma di questo si parlerà più a fondo a tempo debito.

diffusione del Cristianesimo in zona sono stati ben illustrati nel citato recente convegno fondano[66].

I tre capitoli centrali, "cuore" del lavoro, sono strutturati con la medesima organizzazione quadripartita. Ogni capitolo si apre con la presentazione dell'assetto politico-amministrativo, delle vicende istituzionali, dunque con la questione che interessa tutto il territorio ed i suoi abitanti nella maniera più ampia. Si passa poi a restringere l'angolo di visuale sul territorio e le sue trasformazioni (viabilità, centuriazioni, e così via). Si mette a fuoco poi ulteriormente l'obiettivo sulle attività produttive che all'interno del territorio si svolgono, nel paragrafo più propriamente economico. Ultimo restringimento è quello che ci porta all'interno della città, per raccontare dei magistrati, dei cittadini eminenti, riconducendo in tal modo allo sguardo di partenza sulle categorie amministrative e politiche. Così il cerchio si chiude.

Si è costruito questo schema tenendo d'occhio (non senza naturale invidia) la lucidissima prefazione a quel punto di riferimento della storiografia moderna che è *Civiltà e Imperi del Mediterraneo all'epoca di Filippo II* di Fernand Braudel[67]. Storia d'un tempo geografico, quasi immobile, dei rapporti dell'uomo con l'ambiente; storia di un tempo sociale, lentamente ritmata, dei gruppi e delle loro culture ed economie; storia di un tempo individuale, quella storia *événementielle* un tempo identificata con la storia *tout court*: di queste modulazioni magistralmente spiegate da Braudel chi scrive avrebbe voluto informare il presente lavoro, pur in scala infinitamente ridotta[68].

C) STORIA LOCALE/STORIA GENERALE

In un recente contributo, Andrea Giardina esprimeva un ammonimento che vale la pena di riportare per intero:

«il richiamo alla varietà delle situazioni locali è diventato ormai una sorta di galateo storiografico, che dovrebbe garantire l'appartenenza dell'enunciante al club degli storici concreti e alieni dagli schematismi. [...] La varietà delle situazioni locali all'interno di un impero enorme che per giunta non soffocò i diritti tradizionali e lasciò ampi margini alle autonomie cittadine, è un dato intuitivo, che non ha bisogno di dimostrazioni. Il problema è che, tuttora,

essa appare più evocabile che analizzabile. Accade così che le sintesi generali, grazie soprattutto alle fonti giuridiche, mostrino maggiore coerenza espositiva e una più forte logica interna delle analisi svolte da presupposti di varietà. Ma se queste ultime non riescono a comporre una significativa tipologia della varietà, le prime sono soggette a dubbi di altro genere»[69].

Si tratta di un monito severo, ma che rischia di essere frainteso. Giardina non sostiene, infatti, che i risultati delle storie locali debbano a tutti i costi essere inseriti in questa o quella teoria generale; piuttosto, sottolinea implicitamente che una storia locale, pur se esauriente, perde di interesse nel momento in cui non apporta alcun contributo alle problematiche più ampie che si dibattono nell'ambito della storia sociale ed economica del mondo romano. Si tratta di analizzare i dati delle microstorie mantenendo all'orizzonte queste problematiche, evitando però di seguire la direzione contraria, cioè di procedere alla ricerca e raccolta di dati solo col fine di cercare conferme a teorie generali. Fondamentale è l'equilibrio tra generale e particolare.

«Il metodo da impiegare è dato dall'interdipendenza del pensiero e dell'esperienza. Termini e definizioni costruiti senza riferimento ai dati sono vuoti, mentre una mera collezione di fatti senza un riadattamento della nostra prospettiva è sterile. Per rompere questo circolo vizioso, la ricerca concettuale e quella empirica devono procedere di pari passo. I nostri sforzi saranno sostenuti dalla consapevolezza che il cammino della ricerca non ammette scorciatoie»[70].

---

[66] PISCITELLI 2002, a cui rimanderemo per molti dati e discussioni.
[67] Rist. in BRAUDEL 2003, 11-13.
[68] Nonostante i dubbi di qualche studioso sull'uso dei modelli braudeliani per l'antichità: TCHERNIA 1989, 533-4.

---

[69] GIARDINA 1997C, 312-3. Sulla questione, cfr. tra l'altro E. LO CASCIO, intr. a LO CASCIO-STORCHI 2001, p. 10; CAMBI 2001, 363 sgg.
[70] POLANYI 1977 (1983, 21).

PROLOGO: L'ETÀ PREROMANA

Il quadro geomorfologico

«Questa città è tra le antichissime. Giace donna e signora in centro di vastissima pianura. Da tre lati ha a confine la spessa, non interrotta catena dei sub-Appennini. A Mezzogiorno il mar Tirreno, nel quale immettono le due foci di S. Anastasio e Canneto. La sua estensione misura [...] Ettari Quattordicimila-centosettantadue. È intersegata in ogni punto da spessi manufatti. È variamente accidentata. Or curva, or concava. Quasi in ampio bacino tanta acqua raccoglie, per quanta ne viene giù dai monti, i quali le sono corona, e che o canalizzata, o naturalmente scende al Lago e quindi a mare, con declivio lento stentato»[1].

Questa descrizione che apre il XX secolo avrebbe potuto essere scritta anche uno, due, tre e più secoli prima. È infatti analoga ad altre firmate da viaggiatori, poeti, studiosi e geografi locali e non, tutti accomunati dall'individuazione degli stessi elementi di spicco, che costituiscono lo stereotipo del paesaggio fondano, non a caso pienamente coincidente con le vedute pittoriche. Vi è innanzitutto la catena collinare che copre ad arco le spalle, formata dal sistema Ausoni-Aurunci; nasce dal mare, presso Terracina, con il monte Croce (358 m), e finisce nel mare, col promontorio di Sperlonga (55 m)[2]. Vi è l'ampia piana, che oggi dopo le bonifiche ha raggiunto gli oltre 22.000 ettari, solcata da abbondanti acque che formano tre laghi maggiori (Lago di Fondi, Lago Lungo, Lago di S. Puoto), alcuni più piccoli, e numerosi rivoli prima di perdersi nel mare. Vi è quest'ultimo, che ne chiude i confini con una linea di costa lunga circa 14 km. Ed in mezzo troneggia il centro abitato, "antichissimo" per comune sentire. Sono i braudeliani elementi di lunga durata, ed il richiamo al grande storico francese ci impone di ri-

cordare con lui[3] che i fiori tornano ad ogni primavera, le greggi non si fermano, il paesaggio cambia con l'uomo e l'uomo con lui: questo breve quadro geografico non andrà poi trascurato nel prosieguo della ricerca.

Fig. 1: La Piana di Fondi (da *Fondi e il suo territorio*, Novara 1991)

Gli elementi di rilievo dunque sono già emersi: si tratta di un paesaggio composito, in cui spicca il difficile rapporto con l'abbondanza di acque che costituisce un filo rosso pressoché di tutta la storia di questo angolo di Lazio, almeno fino alla metà del XX secolo[4]. È preferibile richiamare studi specifici per un quadro più completo dell'ambiente naturale in cui si svolgono le vicende di cui questo lavoro si occupa:

«Geologicamente essa [la piana di Fondi] fa parte delle numerose pianure alluvionali recenti, compre-

---

[1] DE GIORGIO 1900, 7.
[2] La "vetta" è il Monte delle Fate (1090 m).

[3] BRAUDEL 2003, 11.
[4] Per una panoramica sui tentativi di bonifica, cfr. SILVESTRI 1993 per il periodo pre-unitario, e NENCI 1991, 206 sgg. per il periodo post-unitario. Ma ovviamente la bibliografia è ben più ampia.

se tra il rilievo antiappenninico calcareo o vulcanico ed il mare Tirreno, che presentano tra loro molti aspetti comuni sia per l'esistenza di innumerevoli cordoni litoranei di dune sabbiose (malauguratamente ora quasi completamente distrutte) [...], sia per la presenza di laghi costieri, di acquitrini e di paludi che limitavano il valore economico di queste zone, riservate quasi esclusivamente all'allevamento brado del bestiame e ad una cerealicoltura estensiva»[5].

Ovviamente gli elementi geologici sono rimasti pressoché intatti nel corso del tempo (a differenza ad esempio della vicina Pianura Pontina, in cui l'intervento umano è stato più forte), mentre quelli agricoli ed idrici hanno subito certamente grossi cambiamenti, soprattutto a partire dalla prima metà del XX secolo. Non è semplice immaginare come si presentasse il paesaggio antico, e quanto si differenziasse da quello dei secoli successivi. Ma è chiaro che i problemi causati ad esempio dall'abbondanza di acque dovettero essere sentiti almeno già in età repubblicana, come vedremo a suo tempo. Per quanto riguarda le vocazioni agricole, il discorso è più complesso, dal momento che si debbono fare i conti tra l'altro con l'introduzione di colture importanti quali gli agrumi[6]. La stessa prevalenza dell'allevamento non può essere estesa all'epoca romana tutta, mentre almeno in età moderna sappiamo che le bufale pascolavano fin dentro il centro storico, rendendolo inabitabile col loro odore sgradevole[7]. Ma quando Biagio Sotis nel 1807 descriveva il territorio di Fondi come «suscettibile d'una immensa coltivazione di fromenti, e legumi nel piano; di ottimi vini [...] e di frutti di ogni specie nelle pendici de' monti; e di estese foreste nelle di loro sommità»[8], individuava tre fasce che trovano alta probabilità di corrispondenza con l'epoca romana.

A queste va aggiunta la fascia costiera, che deve aver costituito un settore importante per quanto riguarda i traffici, specie in corrispondenza dei due canali Canneto e S. Anastasia, che collegano il lago al mare; non a caso, in corrispondenza del secondo si possono individuare resti che potrebbero indicare la presenza di strutture di tipo portuale di limitata

entità[9]. La linea di costa doveva essere poco diversa da quella attuale, in analogia col settore più meridionale del Lazio[10]: un indizio evidente è dato dalla villa "di Tiberio" a Sperlonga, realizzata proprio sul litorale, e dalle peschiere relative a questa e ad altre ville di età tardorepubblicana, i cui resti sono ancora visibili a pochi metri dalla battigia[11].

È probabile che la zona pedecollinare, dove l'intervento umano è stato meno drastico, conservi caratteri in un certo senso "archeologici": vi troviamo i vigneti, gli uliveti, i boschi cedui e di salici. Vi abbondano sorgenti, anche grazie alla permeabilità della roccia calcarea che favorisce l'instaurarsi di una idrografia sotterranea. Si tratta di una zona leggermente rialzata, più vantaggiosa anche da un punto di vista climatico rispetto al resto della Piana, che già in epoca antica doveva superare di poco il livello del mare, rispetto al quale in alcuni punti oggi tocca anche i –3 metri. Questo discorso ha un'importante implicazione dal punto di vista della possibilità di sfruttamento agrario, dal momento che proprio la bassa pianura doveva essere soggetta a frequenti stati di impaludamento, anche se è impossibile stabilire se questi fossero periodici o permanenti. Impaludamento vuol dire anche malaria, e dunque impraticabilità per uomini ed animali[12]: questo fenomeno va tenuto presente, pur senza esagerarne l'incidenza, anche nell'analisi dei dati relativi alle dinamiche insediative, oltre che di eventuali valutazioni demiche[13]. Va ricordato tra l'altro come le stesse importanti opere pubbliche realizzate nel territorio fondano a partire dalla fine del IV secolo a.C. abbiano potuto favorire il proliferare delle zanzare portatrici di malaria, fornendo loro ottimi luoghi di riproduzione in terrapieni, trincee e scavi[14]. Ma le condizioni peggiori dovettero essere quelle posteriori al III secolo, ovvero quando il generale

---

[5] REGNI-SENNATO 1977, 1101, a cui principalmente si fa riferimento per la descrizione geomorfologica insieme con RICCARDI 1959; CIPPARONE 1991; CASORIA 1993.
[6] Cfr. quanto detto nell'«Introduzione», *supra*.
[7] Il resoconto sbalordito è di BOUCHARD nel 1632 (*cit. in* DE SANTIS 1932, 7). La stessa osservazione è contenuta nell' *Apprezzo* del 1690 (*cit. in* DE GIORGIO 1900, 8).
[8] SOTIS 1807 (2001B, 30).

[9] HESNARD 1977. Recenti indagini archeologiche da parte della locale Soprintendenza potranno auspicabilmente incrementare le nostre conoscenze su questo versante.
[10] ARTHUR 1991, 8.
[11] Cfr. JACOPI 1963, 22 sgg.; SCHMIEDT 1971, 134; LAFON 1997, 30; BROISE-LAFON 2001, 192-6.
[12] Cfr. al riguardo *MALARIA* 1994.
[13] Per avere un'idea del legame tra paludi, malaria e popolamento si pensi alle cifre fornite da Biagio Sotis: prima dell'intervento di bonifica voluto da Anna Carafa nel 1641 la popolazione fondana assommava a poche centinaia di anime (332); crebbe poi fino a 5000 nel 1690, stabilizzandosi per quasi un secolo (5105 nel 1781); in seguito, venuta meno la manutenzione dei canali di bonifica, tornò a calare, e nel 1791 il numero era già di 4778 abitanti: SOTIS 1807 (2001B, 24); cfr. SILVESTRI 1993, 113-115.
[14] Cfr. SALLARES 1999, 149-50 in generale e 157 per l'Appia nelle Paludi Pontine.

aumento di temperatura[15] unito all'abbondanza di acque reflue portò a quei climi umidi che costituiscono l'*habitat* ideale per insetti e zanzare. Vedremo più avanti quali fonti e quali tracce archeologiche ci parlino della lotta contro le acque reflue in età tardorepubblicana, proseguita anche nei secoli successivi.

A parte queste aree malsane, comunque, qualità vinicola e fertilità della terra erano caratteristiche che, come abbiamo ricordato nel precedente capitolo, colpivano già Plinio e Strabone[16]. Del resto, Goethe rimase colpito dal verdeggiare della messe e dal frumento che si affacciava nei campi nel suo passaggio fondano, che è datato al 23 febbraio![17] Le possibilità agricole sono senza dubbio facilitate dal clima mediterraneo, e dalla posizione al di sotto della linea settentrionale di crescita dell'ulivo[18]. C'è da rammaricarsi della mancanza di dati su quella che doveva essere la situazione climatica antica. Ma non era certo una terra che si coltivava da sola, nè questi settori privilegiati dovevano bastare per una produzione ampia: gli sforzi di risanamento delle zone più acquitrinose suggeriscono un anticipo della lotta che caratterizzerà i secoli a venire. Come ricordava un profondo conoscitore del Mediterraneo, «È stato versato più sudore a dissodare i declivi dove si trovano i filari della vite che a tirar su le piramidi»[19].

Le prime frequentazioni umane

Le più antiche tracce di frequentazione umana della piana di Fondi risalgono almeno all'Aurignaziano, con la stazione preistorica di località Chiancarelle sulle sponde del Lago[20]. A questa stazione si aggiungono le tracce, rinvenute in altri settori della

piana, riferite generalmente al Paleolitico ed in misura molto minore al Neolitico[21].

Fig. 2: materiali preistorici dalla zona del Lago di Fondi, depositati nel locale Museo Civico

Per età più vicine a noi, importanti rinvenimenti sono stati effettuati alle pendici dell'odierno abitato di Monte S. Biagio, dunque ancora nella piana di Fondi: si tratta di una sepoltura "a grotticella" con materiali riferiti alla *facies* eneolitica di Gaudo[22], e costituisce dunque il *trait-d'union* con la protostoria. Alla stessa *facies* di Gaudo sembrano doversi riferire i rinvenimenti effettuati da Pietro Fedele in una grotta in Valle Oliva, vicino Itri, e pubblicati dal Rellini (che propendeva per una datazione più bassa, al Bronzo medio)[23].

L'età del Bronzo è rappresentata da rinvenimenti sporadici. Spicca il materiale rinvenuto in località "Le Grotte", non distante dal citato sito di Monte S. Biagio, e riferito alla *facies* di Laterza del Bronzo antico[24], dunque in sostanziale contiguità cronologica con il momento precedente. Ancora al bronzo antico sembrerebbero databili i materiali raccolti nei pressi del Lago di Fondi da un'équipe olandese[25]. Il Bronzo medio è rappresentato da alcune testimonianze in zone poco fuori dai confini che abbiamo indicato per il territorio in esame: si tratta di rinvenimenti costieri, effettuati sulle spiagge "delle Bambole" e di

---

[15] GUADAGNO 2002.
[16] «Tutti questi luoghi producono vini eccellenti» (Strab. V, 3, 6); «*Ab hoc sinu incipiunt vitiferi colles et temulentia nobilis suco per omnes terras incluto atque, ut veteres dixere, summum Liberi Patris cum Cerere certamen. hinc Setini et Caecubi protenduntur agri*» (Plin. *NH* III, 60).
[17] «Questo piccolo spazio di terra, fertile e coltivato, [...] abbiamo attraversato campi di grano ben coltivati, con alberi di ulivi nei luoghi adatti...»: J.W. GOETHE, *Italienische Reise* (tr. it. *Viaggio in Italia*, Novara 1982, p. 133).
[18] La piana di Fondi ospita «una delle coltivazioni intensive di agrumi posta alla latitudine più elevata nel mondo»: REGNI-SENNATO 1977, 1105; cfr. anche BRUN 2003, *passim*.
[19] P. MATVEJEVIC, *Mediteranski Brevijar*, Zagreb 1987 (tr. it. *Mediterraneo. Un nuovo breviario*, Milano 1999, p. 80).
[20] Cfr. ZEI 1983; SELVAGGI 2002.

[21] BIETTI *ET AL.* 1988.
[22] GUIDI-PASCUCCI 1987-'88.
[23] RELLINI 1938, 108-9; cfr. BERARDELLI-PASCUCCI 1996, 55-6 nr. 26. I materiali confluirono nella collezione apprestata da P. Fedele nella Torre Capodiferro sul Garigliano, saccheggiata durante le vicende belliche, ed attualmente risultano dispersi (cfr. DI FAZIO 2001B, nnrr. M2 e M3).
[24] GUIDI-PASCUCCI 1993.
[25] BERARDELLI-PASCUCCI 1996, 58.

S. Agostino, in territorio di Sperlonga, più a sud del moderno abitato[26].

È sconcertante notare che dal Bronzo recente, per trovare altre tracce di cultura materiale, si debba scendere alla fine del IV secolo, come vedremo. Tra i due estremi vi è il silenzio. Uno dei primi obiettivi della ricerca locale deve essere, in futuro, quello di accertare se questo silenzio si debba all'effettiva mancanza di frequentazione, o piuttosto (come appare più verosimile) a carenze della ricerca sul campo.

La «zona del silenzio»

«Di là dalla "zona di silenzio" del Lazio meridionale...»: così in un importante testo sulla storia dell'Italia antica Massimo Pallottino[27] etichettava la zona del Lazio meridionale. Silenzio che trova il suo grottesco *pendant* nella messe di fantasiose elucubrazioni che gli antiquari locali dei secoli passati si sono compiaciuti di tramandare ai posteri. In base a calcoli altamente eruditi si riuscì perfino a stabilire con certezza la data *ad annum* della fondazione di Fondi, fissata al 1273 a.C. sulla scorta della cronologia tradizionale della guerra di Troia[28]. Nell'ottica di esaltare la propria città natia, due sono i motivi più ripetuti: l'antichità della città[29], e la fondazione attribuita ad Ercole, secondo una opinione risalente addirittura all'erudito cinquecentesco Johannes Camers[30]. Evitiamo di soffermarci su queste questioni, che pure sarebbero non prive di interesse, e passiamo ad analizzare le fonti letterarie disponibili.

A) GLI AUSONI-AURUNCI, GLI OPICI-OSCI

Le informazioni ricavabili dalle fonti sono poco chiare. Ci limiteremo ad alcuni cenni, dal momento che una discussione puntuale ci porterebbe lontano dai propositi di questa ricerca.

Due passi di Plinio (*NH* III, 56) e Strabone (V, 3, 6), letti parallelamente, suggeriscono che la percezione degli autori di prima età imperiale fosse quella di una successione di popoli insediatisi tra il Circeo e la Campania settentrionale: gli Ausoni verso la fine dell'età del Bronzo, gli Osci tra VIII e VI, i Volsci tra V e IV[31]. Gli Ausoni, antica popolazione citata di frequente nelle fonti, sono legati tradizionalmente all'importante santuario della dea Marica alle foci del Garigliano[32]. In particolare, le tribù insediate nel Lazio meridionale avrebbero assunto la forma nominale di Aurunci, attraverso alcuni passaggi linguistici, dopo il contatto con la cultura latina; ma la questione è assai discussa[33]. Gli Opici-Osci sono poco più di un'etichetta desunta dalle fonti; il loro ruolo potrebbe essere adombrato in un riferimento di cui discuteremo poco più avanti, ma la questione è dubbia. Di entrambi i popoli, Ausoni ed Osci, possiamo in definitiva dire ben poco, per via della mancanza di elementi di cultura materiale.

B) I VOLSCI

È ormai comunemente accettato che i Volsci siano scesi attraverso le valli fluviali del sistema Sacco-Liri fino alla pianura pontina ed oltre, arrestandosi a Formia in un momento che trova il suo *terminus post quem* nel VI secolo[34]. A questa considerazione va aggiunto un passo purtroppo cortotto di Festo (374 L) che sembra ricordare esplicitamente come nella limitrofa Formia si parlasse volsco. Anche l'alleanza con la volsca *Privernum* in occasione delle vicende belliche di fine IV secolo, come osservava Bianchini, sembra suggerire che almeno nel corso del IV secolo il territorio fondano fosse sotto il controllo di genti volsche[35]. Alla stessa sfera va del resto ricondotta la limitrofa Terracina, contesa tra Romani e Volsci sul finire del V secolo (Liv. IV, 59), e che ancora Festo (20 L) induce a pensare avesse avuto un momento di dominio volsco.

Alcuni studiosi hanno poi richiamato l'attenzione sulla particolarità magistratuale della triplice edilità che accomunava Fondi, Formia e Arpino, vista come l'adattamento di un precedente assetto istituzionale volsco[36]. Ma in questo tipo di ricerche sulle magistrature spesso si tendeva a leggere fenomeni italici in prospettiva romana, e ad utilizzare categorie che

---

[26] MORANDINI 1999, 25-7 e 42-7.

[27] PALLOTTINO 1984, 67.

[28] F.A. NOTARJANNI, manoscritto inedito, *cit. in* FORTE 1998, 37.

[29] Riguardo la quale si sbandiera con orgoglio il giudizio dell'UGHELLI (*Italia Sacra* I, p. 719: «*Iam tunc Fundanos habuisse Senatum, cum adhuc Romana Potentia in cunis videretur vagire*»).

[30] Il più recente contributo in cui compaiano tutti questi elementi è FORTE 1998, 26 sgg. Cfr. anche FORTE 1966. Del resto, "*Datur haec venia antiquitati ut miscendo humana divinis primordia urbium augustiora faciant*" (Liv., *Praef.*, 7).

[31] Cfr. di recente PAGLIARA 2000, 145; GUADAGNO 2004; tutti con bibl. precedente, tra cui spiccano indubbiamente i contributi di E. LEPORE (1976-'77 ed altri).

[32] MINGAZZINI 1938. Di recente ANDREANI 2003.

[33] LEPORE 1976-'77; TALAMO 1987.

[34] Cfr. di recente COLONNA 1995; importante MANNI 1939.

[35] BIANCHINI 1969, 15.

[36] ROSENBERG 1913; MANNI 1939; cfr. MAZZARINO 1945, 143.

troveranno un senso solo in ambito romano. Comunque, dato per acquisito l'elemento volsco, se non si vuole sostenere che Fondi fosse stata una città di fondazione volsca (cosa che sembra improbabile alla luce della tendenza dei Volsci ad occupare siti già esistenti)[37], rimane il punto interrogativo sui precedenti.

Decisamente da rigettare invece, almeno al momento, l'ipotesi di presenze etrusche in zona, che pure talvolta si affaccia nei lavori di studiosi locali[38].

C) I GRECI ED AMYCLAE-AMUNCLAE

Il litorale che va dal Circeo a Formia e Gaeta è decisamente impregnato di memorie greche. Negli ultimi tempi c'è stata una rivalutazione delle leggende di questo genere, viste come memorie di antiche frequentazioni, che alla luce di sempre nuove scoperte non paiono più del tutto leggendarie[39]. Ma quanto a cultura materiale, queste "presenze" sono del tutto assenti nel territorio di cui ci occupiamo.

È d'obbligo soffermarsi sulla questione di *Amyclae* o 'Αμύνκλαι, leggendaria città più volte citata nelle fonti[40], tra le quali spicca la menzione virgiliana[41]. L'argomento meriterebbe trattazione più estesa, ma qui ci limiteremo ad una sintesi della questione. Va detto subito che, a livello materiale, l'unica traccia che abbiamo di questo sito è un bel quadro di Nicolas Poussin conservato alla National Gallery di Londra, ispirato al passo dell'Eneide. Questo nonostante gli studiosi ottocenteschi (sui quali la presenza di una leggendaria città di fondazione greca esercitava ovviamente un fascino particolare) ci abbiano lasciato memoria di resti di cui sarebbero stati testimoni oculari[42]. Ma le tracce di cui si parla sono inequivocabilmente "solo" di età romana[43].

Le numerose fonti ci ricordano queste caratteristiche: *Amyclae* sarebbe stata una fondazione laconica, forse ad opera di compagni dei Dioscuri, i cui cittadini avrebbero seguito le dottrine pitagoriche; e sarebbe perita o per un'invasione di serpenti o a causa della imposizione pitagorica del silenzio, che avrebbe impedito alle sentinelle di avvisare i cittadini di un imminente pericolo (da cui l'appellativo virgiliano di *tacita Amyclae*)[44]. C'è poi la questione dei serpenti: al riguardo è interessante la teoria del Pais che identificava gli ὄφεις con gli 'Οφικοì: in altre pa-role, i misteriosi serpenti sarebbero null'altro che la popolazione degli Osci, causa umana, concreta e storica, della fine di *Amyclae*[45]. Un'altra ipotesi, suggestiva, vedeva nei serpenti in realtà «i rigagnoli che ristagnando formano i pantani»[46], che dovettero portare all'impaludamento della città: questo tema "vichiano" anticipa una questione che corre quasi come un filo rosso attraverso tutta la storia della piana di Fondi. Ed è quanto meno curioso ricordare che Isigono di Nicea (*FHG* IV, 437 fr. 17) sosteneva che gli Amiclei fossero stati costretti ad abbandonare la loro città a causa dell'abbondanza di acque. Ma tutto ciò non fa chiarezza sul problema principale della fondazione di *Amyclae*.

L'omonimia con la città nella Laconia famosa per un importante santuario di Apollo può aver indotto le fonti in equivoco. In effetti altre tradizioni ricordano una forma diversa del nome, *Amunclae*; così, alcuni hanno pensato piuttosto ad una città aurunca come Fondi e Formia[47]. Già il Micali notava: «La presunzione, fatta volgare, di volere colonie Greche per tutta Italia, fece convertire Amucla città degli Aurunci, in Amycla colonia dei Laconi»[48]. Tutto ciò

---

[37] CRISTOFANI 1992, 19-20.

[38] Cfr. sulla questione DI FAZIO 2001.

[39] Cfr. tra l'altro ROMANO 2000B.

[40] Le principali: Isig. *FHG* IV, 437 fr. 17 (*ap.* Sot., *Perì kren.*, 1); Lucil. 958 Marx; Afran. *com.* 275; Verg. *Aen.* X, 564; Cic. *ap* Serv. *Aen* 10, 564; Plin. *NH* III, 59 (da Varr. fr. 55 Ch.). Ma si ricordano anche, perlopiù a livello di puro riferimento geografico: Plin. *NH* XIV, 61; Sil. VIII, 526-8; Mart. XIII, 115, 1; Tac. *Ann* IV, 59; Athen. *Deipn.* III, 121 a; Sol. II, 32. Vedi CÉBEILLAC 1984 e CANCELLIERI 1984.

[41] «...*fulvomque Camertem / Magnanimo Volcente satum, ditissimus agri / Qui fuit Ausonidum et tacitis regnavit Amyclis*»: *Aen.* X, 562-4.

[42] «I ruderi di questa celebre, ma sventurata Città, che oggigiorno si osservano dopo l'elasso di circa trentatrè secoli, non ci danno a divedere, se non pochi avanzi di bagni, e di un circo destinato ai giuochi pubblici (...) Nella foce di S. Anastasio osservansi piccoli rottami degli ancoraggi dell'antico porto *Amiclano*...». «...fecondo di antichi depositi è il luogo di Amicle.

Il laborioso agricoltore spesse fia-te vi scovre de' rottami di anticaglie con alcune monete di rame e di argento, delle lucerne di metallo, delle corniole, dalle maestose urne cinerarie, o vasi lacrimatorii...»: SOTIS 1838A, 39-40, 45; cfr. anche SOTIS 1838B.

[43] Anche i due vasi attici a figure rosse di V secolo a.C. rinvenuti negli scavi della villa di Tiberio a Sperlonga, difficilmente potranno essere attribuiti ad altro che non al gusto dell'imperatore (CRISTOFANI 1995). Nulla più si è saputo delle presunte "tegole arcaiche" (CÉBEILLAC 1984) rinvenute nello stesso contesto.

[44] Può essere pericoloso ovviamente prendere alla lettera l'elemento pitagorico, considerando che nella riflessione storiografica il pitagorismo sembra quasi astrarsi dalla sua struttura storica per assurgere a condizione di generale tendenza filosofico-morale.

[45] PAIS 1906; *contra*: RIBEZZO 1923, 121, che attribuiva la distruzione ai Romani (!).

[46] M. CIRELLI, *cit. in* SILVESTRI 1993, 110.

[47] NISSEN 1902, 658 sgg.

[48] MICALI 1826, 176 n. 3. Varrebbe la pena oggi, in clima di forte rivalutazione delle fonti letterarie, rileggere le pagi-

non ci aiuta comunque a far luce su questa tradizione.

Dobbiamo ripetere che l'argomento meriterebbe una trattazione più estesa. Vale la pena però sottolineare che la fonte più antica che faccia riferimento ad *Amyclae*, Isigono di Nicea, non risale più indietro del I secolo a.C. Un sospetto che andrà verificato con ulteriori ricerche è che la questione vada impostata sul piano storiografico, più che storico[49].

D) L'ARCHEOLOGIA

Come abbiamo già ripetuto, le testimonianze archeologiche tacciono completamente. Vedremo nel prossimo capitolo che lo stesso circuito murario della città, che spesso è stato considerato prova di un insediamento preromano, in realtà si inquadra agevolmente a partire dalla fine del IV secolo, quando *Fundi* entra nella sfera d'influenza romana. Del resto, sarebbe decisamente anomala la presenza di un centro fortificato preromano in pianura, cosa che contraddice le nostre conoscenze in fatto di strategie insediative del Lazio meridionale e della Campania[50]; senza contare quello che doveva essere un grave problema, ovvero le acque reflue che rendevano inabitabili le zone basse. Sembra piuttosto preferibile indagare le alture che circondano la città, dove meglio sarebbe collocabile un centro preromano: partendo da questo modello teorico, nel prossimo capitolo verrà formulata qualche ipotesi. Non è escluso peraltro che le alture abitate fossero anche più di una, con una situazione per piccoli insediamenti sparsi. Ma per ora si tratta solo di ipotesi.

Con tutta probabilità sarebbe un errore voler cercare le tracce di insediamenti stabili e riferibili con precisione a questa o quella popolazione. L'impressione generale suggerisce piuttosto una realtà fluida, in cui territori passavano di continuo sotto l'influenza ed il controllo di nuclei di ceppo aurunco o volsco; fu solo la volontà di sistematizzazione degli storici ed annalisti romani a cristallizzare questa situazione fluida in un rigido succedersi di popolazioni con i relativi insediamenti[51]. Oltretutto, la mobilità di queste popolazioni doveva avvenire non in blocco, ma per piccoli gruppi, seguendo i percorsi della transumanza. Tale dinamismo dovette ostacolare la creazione di un insediamento stabile.

Quel che è certo è che nel 331 a.C., come vedremo nel prossimo capitolo, i Romani concessero cittadinanza limitata ad una comunità che viveva nel territorio fondano. Chi fossero questi abitanti, è ancora da stabilire. Ma della loro presenza, non sembra lecito dubitare.

---

ne 155-160 del Micali, dedicate alle «favole» sulle origini greche delle città del Lazio.
[49] In tal senso già COLONNA 1995, 14-5.
[50] La questione verrà discussa più a fondo nel prossimo capitolo.
[51] Cfr. l'opinione di ARTHUR (1991, 29-30): «when Livy spoke of *urbes* he was chronicling events three hundred years old, of a non-Roman people and from the viewpoint of a citizen in Augustan Rome».

I. L'IMPATTO CON ROMA

Come è stato sottolineato di recente, la storia di Fondi si può considerare emblematica delle difficoltà ad intendere l'evoluzione istituzionale attraverso cui si perviene a quello che Sherwin-White definiva il parallelo più prossimo rinvenibile nell'antichità ad un grande stato nazionale in senso moderno[1]. Tra i problemi storiografici che la ricostruzione di questa microstoria pone, rientrano essenzialmente gli stessi che rimangono irrisolti nel più ampio dibattito sulla natura dei processi che portano alla formazione del mondo romano: i rapporti tra comunità locali e potere centrale, i margini dell'autonomia, il difetto della documentazione storiografica di parte, la difficoltà ad intendere e leggere le interpretazioni e le modalità di recezione a livello locale di leggi, strutture politiche, comportamenti sociali che si andavano elaborando nel centro del potere.

La carenza, o discontinuità, della documentazione utilizzabile, costituisce un grosso ostacolo. Una difficoltà in particolare è data dal buio che avvolge il periodo che precede la "romanizzazione": non avere informazioni sul tipo di organizzazione politica, di assetto sociale, di gestione delle risorse economiche che caratterizzavano il territorio fondano prima dello scorcio del IV secolo rende difficile la piena comprensione dell'evoluzione che prende corpo a partire da quel momento.

Va premesso al proposito un discorso di natura metodologica che riguarda il senso e le accezioni di quel processo che è stato definito "romanizzazione", termine su cui vi è un intenso dibattito[2]. Nel dispiegare i documenti e le fonti di cui disponiamo per l'analisi del territorio fondano, sarebbe facile e comodo innestare il tutto sulla falsariga di uno schema ben collaudato, quello della progressiva conquista ed assimilazione "imperialistica" di centri deboli da

parte di un centro forte, in un processo che avrebbe poi portato, tessera dopo tessera, alla formazione del complesso mosaico dell'Impero romano. Tale schema ovviamente lascia scivolare tutta una serie di tessere non così congruenti, come ad esempio la ricchezza e varietà di esiti che l'annessione da parte romana ha avuto in Italia e non solo; la diversificata partecipazione degli "indigeni" a questo processo, nel quale un esponente dell'*élite* locale non poteva non avere un ruolo diverso da quello di un "subalterno"; la volontà (inaspettata solo per chi contempli rigidamente il modello) da parte di alcune comunità di entrare a far parte a pieno titolo di quel qualcosa che era in formazione; e molti altri rivoli di storia che rendono troppo stretta la coperta chiamata (con termine «ugly and vulgar», secondo un parere illustre[3]) "romanizzazione".

Qual è, a livello locale, il momento che possiamo etichettare come "romanizzazione"? Il momento della annessione, più o meno pacifica, e dell'imposizione di un determinato assetto sociale e politico, oppure il momento successivo, della lenta assimilazione culturale ed economica? In entrambi i casi, oltretutto, ci riferiremmo perlopiù alle classi dominanti. È ampiamente risaputa la difficoltà di vedere nella documentazione storica le vicende delle classi non egemoni, di quelle «genti che vivevano lontano dalle città, dove gli spazi della centuriazione e dei campi chiusi sfumavano nei pascoli e nei boschi e dove le pianure diventavano colline e montagne»[4]: fare una storia che non sia storia delle *élites* è pressoché impossibile[5]. Quello che è possibile è invece allineare le informazioni che abbiamo, evitando di aggregarle meccanicamente sui due poli dell'acculturazione e della resistenza[6], e tentare di tratteggiare

[1] LO CASCIO 2002, 1, con citazione da SHERWIN-WHITE 1973, 159.

[2] Cfr. di recente DAVID 1994 (2002); CURTI-DENCH-PATTERSON 1996, 181 sgg.; KEAY-TERRENATO 2001.

[3] R. SYME, *cit. in* KEAY-TERRENATO 2001, 122.

[4] GIARDINA 1994, 44.

[5] Cfr. solo come esempio WHITTAKER 1993; ma è d'obbligo un rimando pur generico alla scuola storiografica delle *Annales*.

[6] Cfr. MATTINGLY 1997; CURTI 2001, 24.

un quadro, a livello locale, di questo periodo che porterà all'estensione del termine "Italia"[7].

«La parola Italia – termine geografico, che originariamente designava l'attuale Calabria e la cui accezione si era in seguito estesa a tutta l'Italia meridionale - ben presto indicherà l'intera penisola. Anche le parole hanno il loro imperialismo»[8].

Le vicende istituzionali

A) IL PRIMO CONTATTO

Il capitolo si apre con le vicende immediatamente precedenti a quel «turning point» della storia dell'Italia antica[9] che è l'anno 338, che vede lo scioglimento della lega latina e l'avvio della completa riorganizzazione dell'apparato statale romano. È un momento storicamente inquadrabile come «a general state of unrest amongst the peoples of Latium, wich must have been largely stimulated by both Roman and Samnite ambitions for control of the middle Liri valley»[10]. Anche i territori di Fondi e Formia, pur situati ai margini della valle del Liri, appetibile per le sue importanti risorse e ricchezze, dovettero avere un qualche ruolo nelle vicende dell'epoca, come vedremo. E' importante notare che il comprensorio fondano-formiano si trova all'intersezione tra la Pianura Pontina e la valle del Sacco e del Liri, ovvero tra quei due ambiti in cui i Romani hanno testato le tecniche di organizzazione e di controllo del territorio[11]. In questo momento storico i territori limitrofi di Fondi e Formia sono peraltro poco scindibili sul piano dell'analisi storico-politica: sarà solo l'intervento romano a separarne gradualmente le vicende, accentrando strutture amministrative e risorse nei due centri abitati di nuova creazione[12].

Il territorio di Fondi fa dunque il suo ingresso nelle narrazioni storiche intorno alla seconda metà del IV secolo, nel momento in cui entra nella sfera di interesse dell'espansionismo romano. Già allora (come ancora oggi) il percorso pedemontano attraverso la piana di Fondi costituiva un passaggio privilegiato tra Roma e la Campania[13]. Il testo chiave è un breve accenno di Livio: *Fundanis et Formianis, quod per fines eorum tuta pacataque semper fuisset via, civitas sine suffragio data* (VIII, 14, 10). Da questo accenno possiamo ricavare almeno due informazioni importanti. La prima è che le due città non presero parte alla Guerra Latina. Il secondo dato è che Fondi e Formia appaiono in questo momento già come centri in grado di contrastare le legioni romane. Non due *pagi* rurali, dunque ma due insediamenti in qualche modo fortificati, difesi: il che assume importanza alla luce del discorso topografico che affronteremo più avanti.

Il primo contatto si concretizza dunque nel conferimento della *civitas sine suffragio* a Fondani e Formiani. La data di questo avvenimento oscilla di alcuni anni: in base al testo di Livio (VIII, 14, 10) va indicato il 338; M. Humbert[14], seguito pressoché da tutti gli studiosi, ricalcola in base al testo di Velleio Patercolo (I, 14, 3) la data al 334, in virtù del fatto che Velleio non avrebbe tenuto conto dell'anno dittatoriale 333. Appare evidente che il testo velleiano si può basare su fonti annalistiche precise[15], e dunque gli va accordata maggiore credibilità. Eppure Velleio aggancia la data della concessione alla fondazione di Alessandria, dunque nell'inverno 332/331, indicando inoltre che il fatto sarebbe avvenuto tre anni dopo la deduzione della colonia di Cales (334), e che un triennio dopo sarebbe stata dedotta la colonia di Terracina (329): «*Interiecto deinde triennio* [dalla fondazione di Capua], *Fundani et Formiani in civitatem recepti, eo ipso anno quo Alexandria condita est* (...). *Et, post triennium, Tarracina deducta colonia*». Dunque la data che si ricava dal testo di Velleio è oscillante tra il 332 ed il 331, non il 334[16].

In base alla narrazione liviana, Fondani e Formiani ricevono la *civitas sine suffragio* come gratificazione, come ricompensa per la loro condotta durante la Guerra Latina. Ma è convincente questa versione? Secondo alcuni studiosi, la "generosa concessione" celerebbe in realtà un semplice assoggettamento forzato, edulcorato nell'annalistica romana: conferire ad una comunità doveri ma non diritti sarebbe stato un modo da parte romana per annettere questi

---

[7] Sull'identità culturale dell'Italia cfr. GIARDINA 1994.
[8] BRAUDEL 1998 (1999, 334).
[9] Cfr LO CASCIO 2002, 6. Per il quadro storico, cfr. nell'ampia bibliografia GABBA 1990; CLEMENTE 1990, con bibl. precedente.
[10] ARTHUR 1991, 26.
[11] CURTI-DENCH-PATTERSON 1996, 170.
[12] LAAKSONEN 1996, 129-130; TRAINA 2000, 53.

[13] SCEVOLA 1973, 1016-7; in generale, sulla spinta di Roma verso sud, cfr. il quadro di MUSTI 1988.
[14] HUMBERT 1978, 195 n.146.
[15] Cfr. le considerazioni in LO CASCIO 2002, 5, ed anche HUMBERT 1978, 173 n. 62 e 195 n. 146.
[16] Cfr. per i riferimenti cronologici l'edizione critica di Velleio: HELLEGOUARC'H 1982, XCIII e 40 n.10; cfr. anche SCEVOLA 1973, 1010.

centri alla propria sfera di influenza[17]. Difficile però seguire l'ipotesi di Salmon[18], secondo cui la vicenda si sarebbe svolta in due tempi: ad un primo passo da parte romana, consistito nel conferimento del diritto di *hospitium* mantenendo dunque l'estraneità della comunità locale ma facendola oggetto di benefici, sarebbe subentrata solo dopo la ribellione di Vitruvio la *civitas s.s.*, a scopo chiaramente punitivo. Ma di *hospitium* in relazione a Fondi le fonti non parlano[19]. Più di recente è stata invece prospettata l'ipotesi che la concessione della *civitas s.s.* potesse essere vista da parte romana effettivamente come un premio per l'atteggiamento tenuto durante la Guerra Latina, ma nel contempo essere sentita dalle comunità locali (o da parte di esse) come una penalizzazione, una perdita di sovranità[20].

In ogni caso solo pochi anni dopo, nel 330, la concessione-imposizione conduce alla rivolta dei Fondani insieme ai Privernati, sotto la guida del fondano Vitruvio Vacco (Liv. VIII, 19 sgg.). Se, come sembra, la data del conferimento della *civitas* va ribassata al 332/331, avvicinandosi dunque alla data della ribellione, l'episodio va a rinforzare l'impressione che si fosse trattato di imposizione, o quanto meno che così fosse avvertita da parte fondana. Questa condizione (o sensazione) dovette causare in breve tempo il risentimento di parte del corpo civico locale (o di una sua parte) e dunque la sua entrata in guerra.

B) VITRUVIO VACCO

La vicenda di Vitruvio Vacco[21] apre problemi ancora non chiariti. Peraltro la stessa annalistica antica appare poco sicura su alcuni aspetti della vicenda: Livio non solo ci tramanda due versioni sulla resa dei Privernati (*duplex inde fama est: alii... alii...*: Liv. VIII, 20, 6), ma su un punto sembra costretto a far ricorso all'autorità dell'annalista Quadrigario, il solo con Fabio Pittore ad essere citato nel libro VIII.

Questi sono per sommi capi i punti salienti della storia (Liv. VIII, 19-20): nell'anno del secondo consolato di Lucio Papirio Crasso e del primo di Lucio Plauzio Venoce, i Privernati ed i loro alleati Fondani iniziano una guerra con Roma, guidati dal fondano Vitruvio Vacco, personaggio famoso non solo in patria ma anche a Roma («*non domi solum, sed etiam Romae clarus*»), dove aveva una dimora sul Palatino nella località chiamata poi, dopo la sua distruzione, "i prati di Vacco". Vitruvio prende a devastare i campi delle città vicine (*Setia, Norba, Cora*)[22], fin quando il console Papirio non riesce a sconfiggerlo in battaglia, costringendolo a riparare a Priverno. Nel frattempo l'altro console, Plauzio, punta verso l'agro fondano, ma qui riceve l'ambasciata del senato locale che lo convince dell'estraneità della città alla guerra, addossandone la responsabilità al solo Vitruvio e ribadendo anzi la gratitudine per la cittadinanza ricevuta. A questo punto Livio riporta una duplice tradizione: Vitruvio sarebbe stato catturato durante l'ultimo assalto a Priverno, oppure consegnato dai Privernati. Fatto sta che le mura di Priverno vengono abbattute, e che vi viene installato un presidio romano. Quanto a Vitruvio, si decide che *verberatum necari*, che la casa venga distrutta e che i suoi beni vengano consacrati a *Semo Sancus*: col ricavato si realizzano dei dischi di bronzo che vengono collocati nel *sacellum* di questa divinità.

Difficoltà ad inquadrare storicamente il personaggio-Vacco nascono sin dal nome. Le attestazioni epigrafiche della *gens Vitruvia* si concentrano soprattutto nel territorio di Formia[23]; ma non mancano a Baia, Napoli, Pompei, a Roma, ed in varie località fuori d'Italia[24]. L'assenza di attestazioni proprio nel territorio fondano ovviamente può in tutta tranquillità essere ricondotta ad un difetto delle nostre informazioni[25]. Invece il *cognomen Vaccus* è un *unicum*: vi si avvicina l'attestazione *Vaccula*, che troviamo proprio a Fondi oltre che a Pompei[26], ma della cui relazione con *Vaccus* non possiamo essere sicuri[27]. "Variazioni sul tema" sono riportate dallo Schulze,

---

[17] Già BERNARDI 1938, 239-277; cfr. NICOLET 1976 (1999, 37); HUMBERT 1978, 195 sgg. Acutamente MUSTI (1988, 531) parla di «trattamenti di ambiguo e relativo favore». In controtendenza la visione "idillica" di SCULLARD 1980 (1992, I, 141-2 e 184), secondo cui in questo periodo la *civitas s.s.* non era sentita come una forma inferiore di cittadinanza.

[18] SALMON (1986, 50 e nn. 273 sgg.; 162 sgg.).

[19] Cfr. LO CASCIO 2002, 5; STORCHI 2002, 25.

[20] LO CASCIO 2002, 6.

[21] H. GUNDEL in *RE* IX (2), 1961, s.v. "Vitruvius" (1), coll. 426-7.

[22] Si tratta di tre centri di fondazione coloniale, che dovevano costituire per Fondi e Priverno pericolose concorrenti nello sfruttamento delle risorse locali.

[23] Da ultimo SOLIN 1996C, 171-2.

[24] P. TIELSCHLER in *RE* IX (2), 1961, s.v. "Vitruvius", coll. 419 sgg. Cfr. di recente NOCITA 1997; ROMANO 2000, 130-140.

[25] L'epigrafe menzionante M. *Vitruvius Apellae* (X, 6190), che per CAYRO (1816, 339) venne rinvenuta tra Fondi e Formia, è invece da assegnare al territorio formiano (cfr. *CIL*, ad loc.).

[26] AURIGEMMA 1912, 57=*AE* 1912, 255 (Fondi); *CIL* IV, 175 e X, 818 (Pompei)

[27] Anche se l'alternanza maschile/femminile nei nomi derivati da animali è un fenomeno accertato: KAJANTO 1982, 24 sgg.

ma si tratta di gentilizi[28], ricondotti ovviamente al nome dell'animale[29]. Kajanto tende però a distinguere *Vaccus* («probably not a latin name»[30]), *Vaccio* (di origine etrusca[31]), e *Vaccula* (di origine latina contrariamente al parere dello Schulze)[32]. Eppure, stando alle nostre conoscenze in fatto di onomastica etrusca ed italica, non sembra rintracciabile una eventuale origine non-latina[33].

Tra i problemi che la vicenda di Vacco solleva, vi è quello del ruolo della città di Fondi, che rimane piuttosto oscuro: secondo il testo liviano, come abbiamo visto, il "senato" locale convince il console L. Plauzio che in realtà la sobillazione riguarda solo un gruppo, guidato dal concittadino Vitruvio Vacco, dalla cui azione essi si dissociano[34]. La fine della vicenda vede dunque associati Vitruvio ed i Privernati, almeno quelli complici della sua azione, senza più menzione dei Fondani. All'episodio, che Oakley definisce ironicamente "edifying tale"[35], Livio aggiunge però una citazione dall'annalista Quinto Claudio Quadrigario che forse lascia intendere una situazione diversa: il console Plauzio avrebbe deciso provvedimenti punitivi nei confronti dei partecipanti alla rivolta, e di conseguenza 350 cittadini fondani sarebbero stati inviati a Roma come atto di sottomissione (Liv. VIII, 19, 13-14)[36]. Questo frammento sembra lasciar trasparire una situazione di conflitto più acclarato, come è stato osservato da Oakley: «the version of Quadrigarius is much more credible than L.'s primary version, whose empty moralizing it avoids»[37]. Va però ricordato che tra i tratti caratterizzanti che emergono dai frammenti dell'opera di Quadrigario vi è un certo "romanocen-

trismo" che tende a presentare «all Roman wars as just and all Roman dealings as honourable»[38]. Inoltre, il fatto che la versione più "dura" sia ricordata da un Claudio va visto alla luce dell'interesse dei Claudii per il territorio fondano, che, come vedremo alla fine del capitolo, sembra provato da documenti già per il III o II secolo (CIL I², 611= X, 6231= ILS 6093= ILLRP 1068; cfr. *infra*). E' possibile, dunque, ravvisare un precoce interesse da parte di questa famiglia per Fondi, e c'è da chiedersi se la versione di Quadrigario non possa essere stata in qualche modo condizionata da questa situazione

Per chiarire la vicenda dovremmo interrogarci sulla natura del collegio che Livio indica col termine *senatus*[39]. Dovremo riconoscervi un'assemblea magistratuale locale, all'occhio romano assimilata alla nobile istituzione del senato, oppure è possibile che si trattasse di un collegio imposto dai Romani a seguito dell'assunzione di Fondi nell'ambito della propria sfera di controllo? In tal caso meglio si spiegherebbero le divergenze che risultano dalle fonti tra le decisioni del "senato" ed i gruppi che appoggiano il tentativo di Vacco. Un senato composto da legati romani sarebbe però più consono allo statuto di una colonia, che a quello di un municipio. È invece più plausibile che le *élites* locali chiamate a dirigere la vita amministrativa avessero percorso in fretta quella strada verso l'integrazione che le porterà, come osserva di recente Schiavone, a costituire uno degli elementi di "lunga durata" della romanizzazione imperiale[40]: è proprio con la soluzione armata che a volte le aristocrazie pro-romane, interessate ad una rapida integrazione nello stato romano, riescono a superare l'opposizione interna[41].

Vacco sarebbe stato l'esponente di una minoranza della nobiltà locale, esclusa dal potere, che avrebbe tentato di ribaltare la situazione. Differente è l'opinione di Humbert, su questo punto. Lo studioso francese infatti notava che alla fine della vicenda i Romani non accettano l'offerta di trecentocinquanta congiurati spediti a Roma in catene, ritenendo che il senato fondano volesse cavarsela individuando come capri espiatori persone di umile condizione; da questo, Humbert deduce che il senato locale non fosse estraneo, in un primo tempo, alla rivolta di Vacco[42]. E' importante sottolineare, con Humbert, che la posizione di Vacco, fondano ma in qualche modo romanizzato, lo portava ad avere coscienza

28 *Vaccinius* (*Cales*), *Vaccius* (*Aquileia, Altinum, Histonium, Brixel'um*): SCHULZE 1904 (1991, 376).
29 L'origine del *cognomen* dall'animale, o quanto meno il fatto che i Romani lo considerassero tale, forse è singolarmente confermata da una *braciera* bronzea rinvenuta in area termale a Pompei, su cui è inciso il nome di *M. Nigidius* ed in luogo del *cognomen* è raffigurata una vacca (X, 8071, 48).
30 KAJANTO 1982, 25.
31 KAJANTO 1982, 165.
32 KAJANTO 1982, 329.
33 Entrambe le forme sono assenti in CONWAY 1897 e in RIX 1963.
34 «*Ingredienti fines senatus Fundanorum occurrit; negant se pro Vitruvio sectamque eius secutis precatum venisse sed pro Fundano populo; quem extra culpam belli esse ipsum Vitruvium iudicasse, cum receptaculum fugae Privernum habuerit non patriam*» (Liv. VIII, 19, 9-13).
35 OAKLEY 1998, I, 604.
36 H. PETER, HRR I², p. 213 fr. 14. CHASSIGNET 2004, 20 fr. 14. Sulla figura di Quadrigario ed in particolare il suo "romanocentrismo", cfr. CHASSIGNET 2004, XXIII-XXXVIII.
37 OAKLEY 1998, I, 604.

38 BADIAN 1966, 19; cfr. anche CHASSIGNET 2004, XXX.
39 Cfr. LAFFI 1983.
40 SCHIAVONE 1996, 199.
41 TERRENATO 2001, 4. L'esempio di Capua potrebbe essere un confronto: cfr. TOYNBEE 1965, I, 334-335.
42 HUMBERT 1978, 197 e n.151.

della natura della *civitas s.s.*: la sua rivolta è ben inquadrabile da questo punto di vista come il tentativo di non perdere privilegi locali. Altrettanto non possiamo dire degli altri esponenti dell'aristocrazia locale, che supponiamo formassero il "senato": questi potevano plausibilmente vedere nella *civitas* un'occasione per avere vantaggi dall'ingresso nel mondo romano, sia pure per una porta secondaria. L'espressione di gratitudine («*Fundis pacem esse et animos Romanos et gratam memoriam acceptae civitatis*»: Liv. VIII, 19, 11) potrebbe non essere solo ipocrita tentativo di evitare punizioni.

Secondo una recente proposta[43] Vacco sarebbe stato un capobanda (Livio parla di *secta*) alla guida di una schiera di accoliti probabilmente di natura plebea, e la sua azione di conseguenza andrebbe considerata come un movimento a parte rispetto alle decisioni della comunità fondana. Avremmo in questo caso un modello di gestione dei rapporti tra Roma ed i soggetti italici che prevedeva non di colpire indiscriminatamente una comunità, ma di individuarne gli oppositori: «Se l'aristocrazia romana integrava, probabilmente era per controllare meglio, e, se puniva, era per colpire nel corpo civico solo coloro che si erano realmente dichiarati suoi nemici»[44]. La figura di fondano non *domi solum, sed etiam Romae clarus* (Liv. VIII, 19, 14), proprietario di una casa sul Palatino[45], ha fatto pensare, in effetti, alle figure di condottieri "irregolari" che nei secoli V e IV sembrano calcare la scena di un'Italia in cui, secondo la pregnante espressione gramsciana, «il vecchio muore e il nuovo non può nascere: in questo interregno si verificano i fenomeni morbosi più svariati»[46]. L'Italia dei fieri popoli italici non si è ancora dissolta del tutto, né ha ancora assunto consistenza quella che sarà l'Italia romanizzata: negli interstizi lasciati da questi vuoti di potere si muovono figure come Valerio Publicola, Manlio Capitolino ed altri[47]. Vacco, collegato alle città volsche del Lazio meridionale, è stato confrontato da Torelli[48] con Coriolano e Camillo, nell'ottica di un arcaico modo di produzione e di dominio fatto di vasti seguiti clientelari e di controllo politico esercitato in più città (Roma, Fondi e Privernum nel nostro caso). Uno degli strumenti di questo esempio di mobilità orizzontale e

geografica sarebbe, sempre secondo Torelli, proprio la civitas sine suffragio, uno statuto ambiguo che poteva favorire rivolte individuali e collettive come nel caso di Vacco: tentativi di *adfectatio* pensati con mentalità arcaica, in funzione di una mobilità che in età regia dovette essere enorme e che nel IV secolo, grazie ad istituti come isopoliteia, civitas ed hospitium, sembra rivivere specie in aree dove la clientela, intesa come assetto produttivo e sociale, poteva essersi conservata più a lungo. C'è da dire però che gli elementi di cui disponiamo sono veramente troppo miseri e confusi per poter suffragare una ricostruzione sociale di questo tipo.

Quanto alla posizione di Vacco, *clarus* non solo a Fondi ma anche a Roma, c'è da chiedersi quale sia la natura di questa sorta di "doppia cittadinanza", e quando essa sia stata ottenuta. Sappiamo che nel caso di Capua, la concessione della *civitas* conobbe due momenti: nel 340 ne usufrirono solo gli *equites Campani*, ovvero la classe dirigente (Liv. VIII, 11, 16), nel 338 il diritto fu esteso a tutta la cittadinanza[49]. Vale la pena considerare la possibilità che una vicenda simile sia accaduta anche nel caso fondano: nel 338 (così vuole Livio, come abbiamo visto) la *civitas* avrebbe raggiunto solo l'*élite* locale, tra cui Vacco, che avrebbe così ottenuto il suo prestigio nell'Urbe sfruttando il diritto di *hospitium* o di *isopoliteia*[50]; qualche anno dopo, nel 331 indicato da Velleio, il diritto sarebbe stato esteso a tutto il corpo civico. In questo modo si spiegherebbero sia la doppia datazione nelle fonti, sia l'anomala posizione di Vitruvio. Ovviamente, il silenzio delle fonti rende questa ricostruzione puramente ipotetica.

Di quali altri dati possiamo disporre per chiarire la vicenda di cui ci stiamo occupando? Elementi utili sembrano provenire dal riferimento al santuario di *Semo Sancus Dius Fidius*[51]. È suggestivo notare che questo santuario appare legato ai giuramenti, e dunque ben si confà alla punizione per un personaggio che in fondo aveva tradito il giuramento di fedeltà allo stato romano fatto con l'accoglimento della *civitas sine suffragio*[52].

[43] MARTIN 1990, 65 sgg.
[44] DAVID 1994 (2002, 12).
[45] Cic. *Pro domo* 101: «*In Vacci pratis domus fuit M. Vacci, quae publicata est et eversa ut illius facinus memoria et nomine loci notaretur*».
[46] A. GRAMSCI, *Quaderni del carcere*, III, § 34 (= Id., *Le opere*, Roma 1997, p. 215).
[47] Cfr. la sintesi di TORELLI 1990B, 83.
[48] TORELLI 1990B, 77-79.

[49] Cfr. HUMBERT 1978, 172 sgg.
[50] E' questo, peraltro, il termine che troviamo nella versione dionigiana (D. Hal. XV, 7, 4: «Φουνδανοὺς παρακαλεῖτε καὶ Φορμιανοὺς καὶ ἄλλους τινὰς οἷς ἰσοπολιτίας μετεδ ὠκαμεν»).
[51] Sul culto, di origine sabina, vedi di recente STALINSKI 2001, 223 sgg.
[52] Cfr. COARELLI 1999. Il tempio sorgeva sul Quirinale, alle spalle della chiesa di S. Silvestro al Quirinale, come testimonierebbe il rinvenimento di una epigrafe con dedica alla divinità (CIL VI, 568): Vihonen, in CAMODECA-SOLIN 2000, n. 14 p. 67. Senza dubbio è una coincidenza che proprio nelle vicinanze del tempio di *Semo* fosse il *Vicus Laci*

In conclusione dell'analisi, va sottolineato che numerosi elementi che compaiono nella vicenda di Vacco sembrano proiezioni in epoca più remota di fenomeni che conosciamo per secoli posteriori. Non solo i contrasti fra *élites* locali romanizzate e pulsioni autonomistiche ricordano fenomeni che caratterizzeranno la romanizzazione dell'Impero[53]; ma la stessa formula con cui Vitruvio è indicato, *vir clarus*, nella tarda repubblica designerà gli esponenti delle *élites* municipali[54]. Questo fa pensare che parte della storia debba molto ad un'operazione di ricostruzione *a posteriori* da parte delle nostre fonti, che interpretarono alla luce del momento storico in cui operavano una vicenda precedente di secoli, i cui veri contorni sono probabilmente ormai persi.

Può essere interessante infine notare che la figura di Vitruvio Vacco ha più di un elemento archetipico. Abbiamo già accennato alla *secta* che forma il suo seguito, accostata più o meno opportunamente a quegli eserciti gentilizi ben noti in area italica per il VI e V secolo, evidenti ad esempio nella vicenda dello sterminio dei Fabii al Cremera (Liv. II, 49-52; III, 1). Ma soprattutto è il riferimento ad una casa di Vitruvio sul Palatino ad attirare l'attenzione. Il possesso di una dimora fastosa e collocata in una posizione di rilievo sembra un tratto peculiare degli aspiranti tiranni[55]. Vale la pena sottolineare come Vacco sia il solo proprietario di *domus* sul Palatino noto per la media età repubblicana[56]. Il modello costituito da un personaggio che si pone a capo di una rivolta alla guida di strati umili della società, tentando di acquisire un potere di tipo "carismatico", è

perfettamente aderente al cliché del tiranno elaborato dalla tradizione antica. Questo non vuol dire che la vicenda di Vitruvio Vacco vada interpretata secondo tali linee; ma il fatto che la sua figura, quale delineata dalle fonti, partecipi in più punti di questo archetipo, in effetti, potrebbe finire per indebolirne la storicità, sollevando altri interrogativi

Il territorio

A) LE CONFISCHE E LA NASCITA DELL'*AGER PUBLICUS*

Per un riferimento attendibile alla presenza di *ager publicus* in territorio fondano dobbiamo scendere all'anno 63 a.C., quando Cicerone, in un'orazione relativa alla proposta di riforma agraria avanzata da P. Servilio Rullo, fa notare polemicamente che nella penisola italiana, a poca distanza da Roma, vi erano ancora larghe estensioni di terre non divise e pubbliche, fra cui anche l'*ager Fundanus* (Cic., *De Lege Agraria*, II, 25, 66). Il riferimento fa pensare dunque che in effetti, in un momento della storia dei rapporti tra Roma ed il territorio fondano, si fosse creato un più o meno esteso tratto di *ager publicus*[57]. Ma questo momento non è precisabile: possiamo solo formulare alcune ipotesi.

Una prima occasione è costituita proprio dai fatti del 332/1 e 330. Non è chiaro se vi siano state in quell'occasione confische di terreno ed assegnazioni a veterani romani, come avvenne invece a Priverno[58]. Sempre Livio informa che la città di Fondi fu esentata da ritorsioni e punizioni; ma nell'espressione usata dal "senato" locale («*agros, urbem, corpora ipsorum coniugumque ac liberorum suorum in potestate populi Romani esse futuraque*»: Liv. VIII, 19, 12) è forse possibile individuare la formula di una *deditio in fidem*, e dunque l'atto di nascita di un *ager publicus* nel territorio fondano[59]. Humbert sostiene al riguardo che *Fundi* e *Formiae* sarebbero scampate alle confische, e che la *deditio* non avesse fatto altro che confermare il già acquisito stato di più o meno palese sottomissione del centro fondano: i campi, la città, le persone fisiche sono e rimarranno sotto la *potestas* romana[60]. Eppure, anche se le fonti non ricordano esplicitamente confische per Fondi, è utile richiama-

---

Fundani la cui esistenza è attestata da un'epigrafe (*CIL* I[2] 721) a volte considerata a torto di provenienza fondana, ma in realtà rinvenuta da Fulvio Orsini alle pendici del Quirinale e dunque priva di rapporti con Fondi (oggi conservata al Museo Nazionale di Napoli: VIHONEN, in CAMODECA-SOLIN 2000, n. 32 pp. 73-4). Cfr. DI FAZIO 1997.

[53] «Il vero segreto della tenuta dell'Impero romano è stata la capacità di "romanizzare" le classi dirigenti "indigene" [...] I Romani hanno cercato contemporaneamente di costruire, o ricostruire, su di esse un sistema di connettivi sociali a livello locale che potesse in qualche modo surrogare quel sentimento "nazionale" che, ove esisteva, essi hanno indubbiamente fatto di tutto per soffocare...»: DESIDERI 1991, 486.

[54] STORCHI 2002, 24-25. Cfr. CÉBEILLAC 1983B, 57.

[55] Publicola ad esempio (Plut. *Publ.* 10, 2-6; Liv. II, 7, 6), ma anche gli altri personaggi menzionati da Cicerone (*Pro domo* 101) non a caso insieme al nostro Vacco tra gli *adfectatores*.

[56] PAPI 1999, 25. Il ricordo di una sua casa sul Palatino ha fatto pensare anche all'istituto dell'*hospitium publicum*, che per Salmon, come abbiamo visto, poteva rientrare nella gratificazione romana verso i Fondani per la neutralità durante la Guerra Latina (SALMON 1982, 50; 162 sgg.; 194).

[57] Per una sintesi delle varie forme di possesso della terra nel mondo romano, cfr. DUNCAN JONES 1990, 121-142.

[58] Liv. VIII, 20, 7: «*dirutis Priverni muris praesidioque valido imposito*». Cfr. BERNARDI 1938, 268.

[59] Sul rapporto di *deditio* cfr. di recente DAVID 1994 (2002, 26 sgg.).

[60] HUMBERT 1978, 197 n.152; 200-201; 339; 375-6.

re con Coarelli[61] lo schema generale per cui la "concessione" della *civitas* segue regolarmente (o comunque è collegata ad) una *deditio*, e non è onoraria ma punitiva. Infatti subito dopo, come è stato notato (e come avviene anche nel caso fondano), regolarmente si verificano rivolte[62]. Di norma tutto ciò va di pari passo con l'espropriazione del territorio, che si legge *ager publicus populi Romani* e si traduce in annessione forzata. A ciò devono associarsi, perché l'annessione abbia successo, le distribuzioni viritane e l'istituzione di *praefecturae iure dicundo*, allo scopo di ottenere un territorio unitario, giuridicamente romano: anche il riferimento alla prefettura sembra far rientrare il caso fondano nel modello generale, dal momento che, come vedremo, questo istituto è effettivamente attestato per Fondi. *Deditio*, concessione della *civitas sine suffragio*, istituzione della *praefectura*: a completare il modello mancano solo le confische (con o senza eventuali distribuzioni viritane), che il silenzio delle fonti non impedisce di supporre. A differenza di Priverno, tuttavia, l'intervento potè essere meno pesante, limitato ad una porzione di territorio, e dunque non aver lasciato traccia nelle fonti[63].

Punti di vista recenti sulla romanizzazione hanno sottolineato come non sempre lo strumento utilizzato dai Romani fosse principalmente quello delle armi: sono anche altri i mezzi (diplomatici, commerciali) che indussero le comunità dell'Italia ad inserirsi in un organismo più ampio[64]. E' possibile che nel caso fondano si sia trattato di cessione spontanea di porzioni di territori da parte delle *élites* dominanti, al fine di assicurarsi il mantenimento del proprio dominio e dei propri privilegi, certi che l'integrazione avrebbe loro garantito interessanti sviluppi? Va però tenuta presente anche la perplessità di altri punti di vista: «it would be interesting to see if modern colonized peoples would accept the term "debate" as a description of their relationship with colonial powers»[65].

Del resto, in quali altri momenti della storia di Fondi vi è occasione per la creazione di *ager publicus*?

Un altro momento chiave potrebbe essere costituito dall'elevazione a *municipium optimo iure*, che in alcuni casi comporta l'invio di coloni in zona; ma mancano indizi in tal senso, sia a livello letterario che epigrafico[66].

In definitiva, se nel territorio fondano è assai probabile che si fosse formato un più o meno ampio tratto di *ager publicus* in età repubblicana, la formazione ne andrà collocata verosimilmente sul volgere del IV secolo. Il discorso relativo all'*ager publicus* ha una grande importanza per i futuri assetti del territorio fondano: come è stato riconosciuto, è proprio su questo tipo di terreno che si sviluppa la grande azienda agricola, che nasce la possibilità di un diverso sfruttamento del suolo, che dunque si avvia quel processo di sviluppo economico che vedremo nel prossimo capitolo.

B) Il controllo del territorio e la via Appia

Probabilmente la conflittualità tra Roma e le città della zona non cessa dopo lo scontro che vide protagonista Vacco. Pare che nel 327 questi centri avessero approfittato della ripresa del conflitto con i Sanniti per ribellarsi di nuovo: l'accusa di aver sobillato i Fondani ed i Formiani, mossa da ambasciatori romani, viene rigettata dai Sanniti (Liv. VIII, 23, 5; D. Hal. XV, 7, 4; XV, 8, 4)[67]. È verosimile che le città della zona fossero di nuovo in rivolta; non è da escludere, del resto, che nelle città sud-pontine fossero presenti fazioni pro-sannitiche. In questo momento storico le popolazioni italiche si trovavano di fronte ad un bivio: da un lato, un modello sociale ed economico come quello sannitico, di stampo pastorale ed "appenninico"; dall'altro, il modello "civico" a cui avrebbe ricondotto l'alleanza romana: «la vittoria di Roma sui Sanniti segnò in qualche modo una vittoria dell'economia della *polis*, che integrava i commerci marittimi alla produzione agricola di pianura, sull'economia silvo-pastorale che più caratterizzava la componente italica»[68]. In molti casi, ovviamente, non ci fu scelta da parte di piccole comunità come Fondi e Formia, quanto piuttosto una forzata adesione al modello romano.

Ancora uno stato di ribellione sembra di potersi indicare per l'anno 315 (Liv. IX, 23; narrazione parallela quella di Diod. XIX, 72). Quando l'esercito roma-

[61] Coarelli 1992, 28-29.
[62] Sherwin-White 1973, 48 sgg.
[63] È stato obiettato che difficilmente potevano esservi cittadini romani prima della concessione del *ius municipii*, dal momento che quando questo viene concesso i cittadini di Fondi risultano iscritti in una tribù che non ha basi territoriali in zona, la *Aemilia* (Humbert 1978, 201 e 396). Ma non sempre confische territoriali comportavano distribuzioni a cittadini romani: a volte i terreni venivano affittati ai precedenti proprietari (Gabba 1989, 198-9).
[64] Terrenato 2001, 4-5.
[65] Curti 2001, 24.

[66] L'unico riferimento alla presenza di *coloni*, contenuto in un'epigrafe di dubbia autenticità (Pratilli 1745, 130= *CIL* X, 850*: *M. Valerio M.F. / Paullino / Patrono Col / Fundani*; ci soffermeremo su questo documento nel capitolo III), pare riferirsi piuttosto ad epoca imperiale.
[67] Sherwin-White 1973, 48 sgg.; Scevola 1973, 1016-1017.
[68] Traina 2000, 58.

no tenta di recuperare la colonia di Sora, passata ai Sanniti, si scontra con gli avversari presso *Lautulae*, precedentemente definita come «*haud procul Anxure* [...] *saltu angusto inter mare et montes*» (Liv. VII, 39, 7)[69]. Qui i Romani sono assediati, ed il dittatore Quinto Fabio decide di tentare una sortita, ricordando ai suoi soldati che «*stativa nostra munimento satis tuta sunt sed inopia eadem infesta; nam et circa omnia defecerunt unde subvehi commeatus poterant et, si homines iuvare velint, iniqua loca sunt*» (Liv. IX, 23, 10). Tra i centri ostili dei dintorni è ovviamente plausibile che vi fosse Fondi. Ma non va esclusa la possibilità di un trucco "psicologico": Quinto Fabio, secondo la narrazione liviana, cercò di accendere gli animi («*ad accendendos virorum fortium animos*») dei suoi soldati, tenendoli all'oscuro del fatto che i rinforzi da Roma erano già nei pressi. Non si può dunque escludere che anche la ribellione dei centri circostanti fosse un'invenzione. Un simile *bluff*, ad ogni modo, poteva reggere solo in un contesto di effettiva ostilità più o meno latente da parte delle città vicine. Inoltre, la circostanza della ribellione potrebbe essere confermata dallo stesso Livio (IX, 25, 2), quando poco oltre ricorda che «*Mota namque omnia adventu Samnitium cum apud Lautulas dimicatum est fuerant, coniurationesque circa Campaniam passim factae*». Tra queste città, sempre secondo Livio, vi erano *Ausona*, *Minturnae* e *Vescia*, ovvero tre centri poco più a sud di Fondi[70].

Ad ogni modo, gli eventi delle guerre sannitiche scorrono spesso lungo quella direttrice viaria «*quae nunc Appia est*» (Liv. VII, 39, 16)[71]. Era dunque fondamentale per Roma assicurarsi il controllo di un territorio di importanza strategica come il sud pontino, la cui funzione di passaggio obbligato verso la Campania abbiamo già sottolineato. È almeno a partire dal 341-340 che i rapporti tra Roma e Capua perdono il carattere di occasionalità, ed aumentano

di frequenza: è da supporre un conseguente aumento di traffico[72], che ha una importante ricaduta sui territori di passaggio. Oltre all'istituto della *civitas sine suffragio*, sono due le mosse che Roma effettua sullo scacchiere locale: la prima è la creazione delle colonie di Terracina nel 329 (Liv. VIII, 21, 11: «un presupposto necessario per la costruzione dell'Appia»[73]), di *Suessa Aurunca* nel 313 e di *Interamna Lirenas* nel 312 (Liv. IX, 28, 7-8): vale a dire i territori rispettivamente ad ovest, sud-est e nord del comprensorio fondano-formiano, che viene di fatto "circondato" dalle nuove tribù *Oufentina* e *Falerna*, istituite nel 318[74]. Altra mossa è ovviamente la realizzazione della via Appia, opera che avrebbe svuotato le casse dell'erario romano (Diod. XX, 36)[75]. Questa, avviata da Appio Claudio durante la sua censura nel 312 (Liv. IX, 29, 6-8)[76], costituisce una tappa fondamentale per la storia delle città che ne sono attraversate. Vedremo più avanti come ciò sia tangibile nell'assetto topografico del centro fondano; ma anche dal punto di vista storico, le implicazioni sono evidenti.

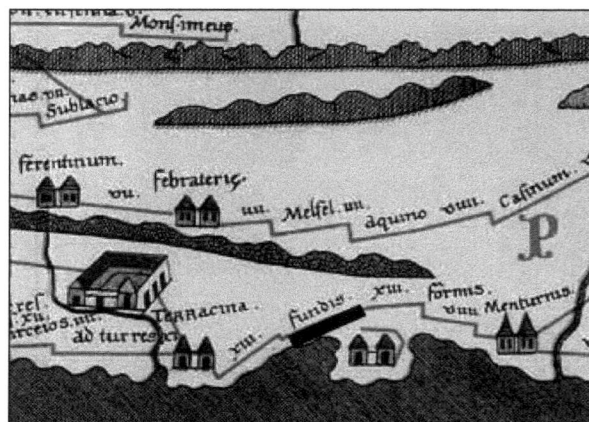

Fig. 1: Segmento della *Tabula Peutingeriana* con la città di Fondi lungo la via Appia

Per inquadrare correttamente il contesto topografico del passaggio dell'Appia in territorio fondano[77] dobbiamo considerare almeno tre livelli principali: il primo è costituito dai tracciati protostorici; il secondo dal percorso istituito da Appio; il terzo è la fase

---

[69] La localizzazione del *saltus ad Lautulas* è una questione aperta, dal momento che il testo liviano non consente di fare chiarezza (SCEVOLA 1973, 1022 sgg.). Le informazioni utili sono la vicinanza a Terracina, la collocazione stretta tra mare e monti, e la posizione sul tragitto verso Sora. La tradizione anche recente identifica il luogo con Piazza Palatina, nell'entroterra terracinese (cfr. ad es. DE ROSSI 1980, 105) Ma in base a questi elementi, non è da escludere che il passo fosse nell'entroterra fondano, che soddisfa tutti i requisiti, tra cui l'esistenza di un asse viario che collegava Fondi a *Fregellae* per proseguire verso Sora, come vedremo più avanti.

[70] Cfr. ARTHUR 1991, 29.

[71] Direttrice funzionale durante questi avvenimenti fu invece la via Latina secondo UGGERI 1990, 21. Ma il passo liviano già esaminato (VIII, 14, 10) fa pensare che anche i territori più vicini alla costa avessero visto un frequente passaggio delle legioni romane.

[72] STERPOS 1966, 10 sgg.

[73] MAZZARINO 1968, 178.

[74] Cfr. SCULLARD 1980 (1996, I, 168 e 171); MUSTI 1988, 532-533; CLEMENTE 1990, 21; UGGERI 1990, 21.

[75] Sull'atteggiamento di Diodoro nei confronti di Appio cfr. STERPOS 1966, 17; UGGERI 1990, 24.

[76] Su Appio ed il contesto storico della sua censura cfr. di recente CLEMENTE 1990B, 40 sgg., con bibl. precedente.

[77] Informazioni preziose sono in HOARE 1819, pp. 80-82; cfr. anche STERPOS 1966, 61-62. Di recente, limitatamente al tratto che da Fondi porta ad Itri, QUILICI 2004.

di rifacimento stradale avviata in età imperiale, in particolare sotto Traiano, e proseguita nei secoli successivi[78]. Purtroppo non abbiamo indicazioni degli eventuali tracciati precedenti alla realizzazione voluta da Appio, immersi anch'essi nella stessa nebbia che avvolge pervicacemente il territorio in età preromana. Ma «il fatto che nei primi contatti con la Campania i Romani sfruttassero ripetutamente [...] la possibilità di passare per il territorio di Fondi e di Formia indica che i costruttori dell'Appia trovassero certo colà una traccia già praticabile»[79]. A sostegno di ciò va anche sottolineato che la viabilità nel territorio fondano appare strettamente vincolata alle necessità naturali, e dunque è facile supporre che, se variazioni vi furono tra i livelli preromano e romano, queste dovettero essere minime[80].

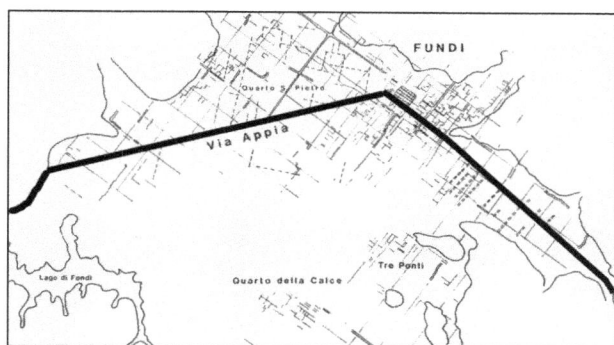

Fig. 2: Percorso dell'Appia in territorio fondano (rielaboraz. da CHOUQUER *ET AL.* 1989)

Il percorso "romano", dopo aver lasciato Terracina, ha un andamento leggermente sinuoso fino all'altezza di Monte S. Biagio, da dove parte un rettifilo che taglia in due la porzione della piana di Fondi stretta tra il lago ed i rilievi collinari[81]: la strada passa dunque laddove la situazione di impaludamento doveva essere meno critica. All'altezza del centro urbano la strada si divideva: un ramo costeggiava la città, un altro si inseriva nel circuito urbano diventandone il decumano[82]. In uscita i due rami tornavano a collegarsi, e dopo una lieve deviazione il percorso riprendeva (come ancora oggi) in senso

rettilineo, addentrandosi per le colline fino a raggiungere Itri per poi proseguire verso Formia[83].

C) IL CENTRO URBANO

L'impianto urbano di Fondi è un esempio "da manuale" di urbanistica di piano romana, con la sua pianta quasi quadrata di 370x360 metri, realizzata in base all'incrocio di due assi principali. All'interno di questo perimetro, un regolare incrocio di assi è ancora oggi piuttosto ben conservato, nonostante la forte continuità di insediamento che ne ha alterato la regolarità in alcuni punti[84]. L'analisi puntuale svolta da Giuliani ci permette di rimandare al suo contributo per maggiori dettagli[85]. Per il resto, solo saggi archeologici mirati potrebbero fornire nuove informazioni attendibili. Ma i rari interventi di scavo di cui abbiamo notizia risalgono almeno alla metà del XX secolo o prima: gli accenni che troviamo in alcune pubblicazioni scientifiche[86] risultano ben poco utili. In ogni caso, tutti questi sondaggi e rinvenimenti occasionali non hanno mai restituito materiale che non fosse strettamente romano[87].

Fig. 3: Veduta aerea del centro storico (da GIULIANI 1966).

---

[78] Per le vicende generali, nell'ampia bibliografia, di recente QUILICI 1989; CARBONARA-MESSINEO 1998; QUILICI 1999.

[79] STERPOS 1966, 16.

[80] Sulla "preistoria dell'Appia" MAZZARINO 1968, 181.

[81] Si può peraltro essere certi che in questo tratto il tracciato antico coincidesse con quello attuale, grazie ad alcuni monumenti funerari che fiancheggiano la strada da entrambi i lati (cfr. PANI 1998).

[82] Questa situazione topografica è sopravvissuta intatta fino a pochi anni fa, quando un intervento di risistemazione urbanistica ha tagliato l'ingresso del ramo secondario nel centro.

[83] Prima di arrivare ad Itri, in località Sant'Andrea, si incontra una situazione di eccezionale interesse storico. La posizione strategica ha determinato una serie di presenze che vanno da un enorme complesso tardorepubblicano al fortino da cui il brigante itrano fra' Diavolo tenne in scacco, con poche centinaia di uomini, le truppe francesi che puntavano verso Napoli nel 1799 per destituire Ferdinando IV di Borbone (QUILICI 2002). Una recente proposta (QUILICI 2003) identifica il complesso tardo-repubblicano con il tempio di Apollo menzionato nei *Dialoghi* di Gregorio Magno. Sull'argomento torneremo nell'"Epilogo".

[84] ARGAN-FAGIOLO 1972, 757-8.

[85] GIULIANI 1966; GIULIANI 1970.

[86] Ad es. MUSTILLI 1937, 60 sgg.

[87] Va certo tenuto presente anche un problema di riconoscibilità di eventuale materiale preromano, specie data l'occasionalità e precarietà di questi sondaggi. Ma anche i pochi interventi condotti scientificamente non hanno avuto esito positivo da questo punto di vista.

Per quanto riguarda i tratti più antichi delle mura di cinta, nei riferimenti scientifici si prende in considerazione prevalentemente un tratto in opera poligonale collocato sul lato N-W della città ed affiancato da due torri a pianta quadrata. Dobbiamo tener conto di alcune particolarità strutturali che ne fanno abbassare drasticamente la datazione tradizionale: ad esempio la particolare disposizione di alcuni gruppi di blocchi a formare un semicerchio, a fini statici. Se poi consideriamo che l'utilizzo di torri nelle cinte della penisola viene introdotto, secondo recenti ricerche di poliorcetica, non prima del IV secolo[88], non possiamo non dare ragione agli studiosi che hanno proposto datazioni basse: la metà del III secolo sembra un momento appropriato per questo tipo di realizzazione[89]. Queste restano comunque considerazioni svolte unicamente a partire dal paramento esterno; ma sono utili almeno per stabilire un *terminus post quem*.

Fig. 4: Mura lungo viale Marconi.

Esiste però un altro tipo di mura: si tratta di grossi blocchi di pietra calcarea locale poco lavorati, collocati per file parallele e con leggera ma evidente inclinazione verso l'interno. Alcuni tratti sono visibili all'interno di un giardino privato, sul lato N-E del centro; altri tratti, tutti sullo stesso lato, furono abbattuti dopo la Seconda Guerra: in documenti d'epoca è ancora visibile una posterula, demolita negli anni '60. Non è possibile, né lecito, tentare di proporre una cronologia per queste mura basandosi esclusivamente sull'aspetto del paramento esterno; tuttavia è più che probabile che non sia necessario ricorrere ad una datazione alta, e che anche questo tratto possa essere riferito al momento della romanizzazione.

Fig. 5: Mura lungo via degli Ausoni.

D) L'ORGANIZZAZIONE DEL TERRITORIO

Sull'individuazione di opere di centuriazione romana, che vedremo meglio nel prossimo capitolo, esiste un dibattito piuttosto acceso: la pubblicazione di un volume a cura di un'*équipe* di studiosi francesi, con la descrizione di numerosi sistemi catastali in Italia centro-meridionale, ha sollevato non poche critiche per quanto riguarda il metodo impiegato[90]. In quest'opera si individuano tracce di delimitazione su buona parte del territorio fondano, almeno nella fascia pedemontana, cioè quella non coinvolta da interventi di bonifica[91]: in particolare qui interessa il piano catastale individuato ad est della città, organizzato per *lacineae*, dall'orientamento diverso rispetto al centro abitato. Gli autori lo intendono come indizio di una romanizzazione precoce dell'agro fondano, forse un intervento conseguente alle confische causate dalla rivolta del 330[92].

Le critiche di metodo non comportano ovviamente che tutte le tracce individuate dai francesi siano da considerare fallaci. Accreditare e datare queste tracce è importante in specie in relazione all'orientamento del centro urbano e della via Appia, realizzata pochi anni dopo la concessione della *civitas sine suffragio* a Fondi. Ma purtroppo una datazione è proponibile solo sulla base dei dati storici, cioè proprio di quei dati che vorremmo chiarire utilizzando le tracce del territorio: dunque, un circolo vizioso[93].

Il problema di fondo è il seguente: il tracciato dell'Appia deviava dopo Terracina per raggiungere la città di Fondi, che quindi era già esistente, oppure il

---

[88] Cfr. PALOMBI 2000, 91-102.
[89] LUGLI 1957, 154. I confronti più probanti rimangono quelli con le colonie di Cosa (fondata nel 273) e di Pyrgi (fondata nel 264).

[90] CHOUQUER *ET AL.* 1987; cfr. le obiezioni di GABBA 1989; QUILICI 1994; e replica in CHOUQUER-FAVORY 1999.
[91] CHOUQUER *ET AL.* 1987, 109 sgg.
[92] Le tracce ed il contesto sono poco chiari anche per CAMPBELL 2000, 420.
[93] La circolarità di argomenti è uno dei problemi sollevati da GABBA 1989B (1994, 198).

centro venne realizzato utilizzando il tracciato stradale come asse originante, e la deviazione serviva per evitare un territorio paludoso? In base alle ricerche topografiche di Sommella, sarebbe questa seconda soluzione a dover essere preferita: il caso rientra in uno di quei cosiddetti «impianti con moduli costanti condizionati da una viabilità principale»[94]. Il carattere di scelta programmatica di questo posizionamento è evidente da varie osservazioni: in particolare, i tre lati che chiudono il quadrato si iscrivono precisamente in una circonferenza tangente le tre porte, a dimostrazione che alla base del tracciato esiste un calcolo preciso; l'irregolarità del quarto lato, quello che coincide con il passaggio della strada e che risulta arretrato di circa dieci metri rispetto agli altri lati, sembra in effetti indicare la plausibilità di questa proposta[95]. Se consideriamo dunque il centro urbano posteriore alla realizzazione dell'Appia, avremmo un dato di cronologia relativa importante, che confermerebbe la datazione che già Lugli e Castagnoli proponevano per l'impianto urbano fondano, ovvero metà del III secolo[96]. Ma in realtà, traducendo in termini cronologici assoluti questa ipotesi, non possiamo spingerci oltre una certa misura: infatti c'è da considerare l'incognita di un presumibile tracciato preesistente all'Appia[97].

Certo è improbabile che l'asse originante per un centro urbano potesse essere un semplice tracciato protostorico, un "trattuto" quale si può immaginare fosse l'eventuale "proto-Appia": sembra più plausibile ritenere che il centro urbano vada considerato come strettamente collegato al tracciato del 312. È poi impossibile, più nello specifico, stabilire se la città venne edificata in conseguenza della realizzazione della strada, oppure negli anni immediatamente precedenti in base al percorso già tracciato e che era in via di consolidamento. Dobbiamo infatti tener conto dei tempi di realizzazione, che per entrambe le opere non furono certamente brevi. Tutto ciò impone necessariamente notevoli sfumature alla cronologia.

E) Ipotesi per la Fondi preromana

In definitiva, nulla del centro storico ci restituisce informazioni su eventuali fasi preromane di Fondi. Ciò non può stupire anche alla luce di un'altra considerazione: pressoché tutti i centri preromani del Lazio (ma non solo) sono caratterizzati da posizione naturalmente difesa[98].

Un punto che ben sembra prestarsi ad avere ospitato la città preromana si trova su una collina a circa km 2,5 ad ovest del centro di Fondi, in località "Pianara" [A1]. Ad un'altezza di circa m 300 s.l.m., si estende un pianoro dall'andamento piuttosto regolare, ai cui bordi si trovano alcuni tratti di mura, formati da blocchi di pietra calcarea locale di dimensioni variabili, sovrapposti a secco. I tratti visibili sui lati meglio conservati formano una cinta unitaria, per un andamento di più di trecento metri ed un'altezza che supera i due metri in punti in cui sono conservati 4-5 filari. Ricognizioni preliminari hanno consentito di individuare in superficie materiale di epoca romana (anforacei e tegole soprattutto, sparsi per quasi tutto il pianoro), a testimonianza della frequentazione del sito in antico. Tuttavia, alcuni frammenti laterizi, per colore e composizione dell'impasto, paiono collocabili a livelli cronologici precedenti la fase della "romanizzazione".

Fig. 6: Mura in località "Pianara" [A1]

E' importante sottolineare la posizione del pianoro. L'altura domina due vallate che con tutta probabilità in antico erano attraversate da tracciati stradali. Sul versante nord-est, è possibile riconoscere con una certa agevolezza un asse che dalla piana di Fondi conduceva verso *Fregellae* per poi proseguire verso Sora[99]. Verso sud-est invece, in direzione di Itri, passa l'Appia, con un andamento pedemontano

---

[94] Sommella 1979, 108-109; cfr. Sommella 1985-'87, 105.
[95] Non è un caso che la prolessi di mura voluta da Roffredo III Caetani agli inizi del XIV secolo fosse stata realizzata sui tre lati qualche metro più avanti rispetto quella romana, mentre sul lato prospiciente l'Appia essa si configurò come soprelevazione della cinta già esistente: l'esistenza della strada su questo lato dovette impedirne la realizzazione in posizione avanzata.
[96] Lugli 1957, 154; Castagnoli 1979; cfr. anche Giuliani 1966, 77; di recente Brands 1988, 124-5; Miller 1995, 117 e 353, con riferimento ad una misteriosa "colonia" del 324 (?).
[97] Cfr. le osservazioni di Mazzarino 1968, 181.

[98] Cfr. ad es. Cristofani 1992.
[99] Di Fazio 2002, 77 sgg.

che non si può escludere avesse recuperato un tracciato precedente[100]. Non abbiamo un quadro chiaro delle dinamiche insediative di questo settore del Lazio antico, ma sembra lecito cercare per Fondi utili confronti nei modelli appenninici di insediamento per *pagi*[101]. Non è escluso, dunque, che le alture abitate fossero più di una, in una situazione di piccoli insediamenti sparsi[102]. In tal caso, va presa in considerazione la possibilità che proprio il sito di Pianara ospitasse almeno un nucleo della prima Fondi, edificato in una posizione di notevole rilievo strategico e fortificato solo nei tratti più esposti, come accade ad esempio per i centri sanniti[103]. E' ipotizzabile che, dopo la concessione della cittadinanza, il sito fosse stato gradualmente abbandonato per una posizione più vicina alle strade di comunicazione, dunque più favorevole anche dal punto di vista commerciale. Il nuovo sito sarebbe stato realizzato in allineamento con la via Appia, con quell'impianto ortogonale che abbiamo visto ancora ben conservato nel centro storico attuale.

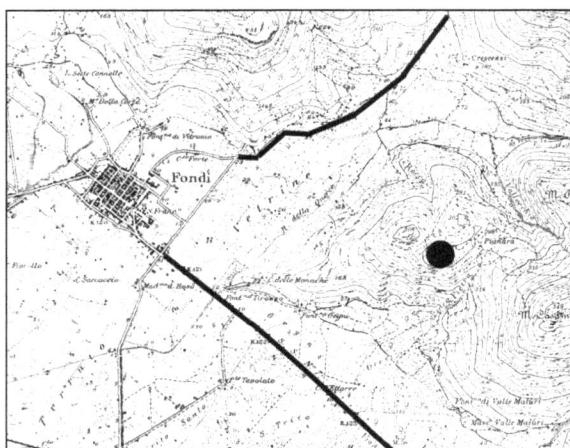

Fig. 7: Localizzazione del sito di "Pianara", con l'Appia (a sud) ed il tracciato stradale che conduceva verso *Fregellae*

Saremmo dunque di fronte ad un caso di discesa dell'abitato preromano verso la pianura, secondo un modello ben noto in tutta la penisola[104]: tanto per restare in zona, è il caso di Sezze[105], il cui abitato romano sorse su un'altura più bassa di quello preromano; di *Minturnae*[106]; e forse anche di Priverno[107], le cui fasi più antiche si possono supporre laddove poi sarebbe sorto l'insediamento medievale, con classica alternanza fra discesa e risalita.

Rimane un problema. Stiamo parlando in sostanza di un centro "di fondazione" che ha le caratteristiche di un impianto coloniare, ma che colonia non è, a differenza degli altri centri su menzionati (*Norba*, *Minturnae* e *Setia*). Il caso di Priverno sarebbe un confronto utile, ma è anche il meno chiaro; inoltre è probabile che anche a Priverno fossero stati stanziati cittadini romani[108]. Chi decise di realizzare Fondi dove ancora oggi sorge, abbandonando le alture per una posizione più favorevole ai traffici? Un intervento romano avrebbe presumibilmente lasciato traccia nelle fonti. Non possiamo certo dimenticare quelle che sono le nostre lacune per quanto riguarda colonie e municipi, data la non completa attendibilità di Livio (che dimentica ad esempio le deduzioni di *Setia* e *Sutrium*) e di Velleio Patercolo (che non menziona le colonie di *Fregellae*, *Pontiae*, *Narnia*), che sono le nostre fonti pressoché esclusive[109]; ma è difficile ammettere un silenzio completo di entrambi su questo punto. C'è da considerare un'altra possibilità: che gli stessi cittadini fondani (*sine suffragio* ma pur sempre *cives*) avessero preso la decisione, utilizzando uno schema urbanistico che era già affermato come tipicamente romano. Spingendo più in là l'ipotesi, potremmo vedere in questa soluzione una volontà di assimilarsi pienamente alla nuova condizione di *cives*, ed un inizio di quell'imitazione di forme artistiche, edilizie e politiche romane che imprimerà un'accelerazione al processo di romanizzazione nel corso di qualche secolo. Una sorta di "autoromanizzazione", come è stato sostenuto per altri ambiti territoriali, da attribuire evidentemente alle classi dirigenti locali, alle quali poteva appartenere il già citato Vitruvio Vacco, esempio di contatti tra *élites* locali e romane. In quest'ottica, il poco edificante episodio narrato da Livio, in cui il senato fondano volta le spalle a Vitruvio ed ai suoi, potrebbe essere indizio di conflitti tra esponenti delle classi

---

[100] Forse quello usato dalle truppe romane per spostarsi in direzione della Campania.

[101] Importanti i confronti con la situazione della Campania settentrionale: ARTHUR 1991, 29-34.

[102] Il nome al plurale, *Fundi*, in analogia coi casi di *Veii* e *Falerii*, potrebbe indicare il processo sinecistico che avrebbe portato vari agglomerati sparsi a riunirsi in un unico centro in età romana (cfr. l'esempio di *Fregellae* in MONTI 1993, 106). Questa teoria, oggi rivalutata, era già espressa da CAYRO (1816, 334).

[103] Cfr. ad es. RAININI 2000, 243.

[104] Cfr. la classica opera di SERENI 1961 (1979, 88). TOUBERT 1973, 305 sgg. Sul modello di occupazione del territorio

adottato dai Volsci nel Lazio meridionale cfr. CRISTOFANI 1992.

[105] QUILICI GIGLI 2004, 275.

[106] *MINTURNAE* 1989, 29 sgg.

[107] CANCELLIERI 1997, 285 sgg.

[108] Nel 318 infatti viene istituita la tribù *Oufentina*, che prende nome dal fiume che scorre vicino Priverno (Fest. 212 L), ed in cui furono iscritti anche i coloni della limitrofa Terracina, fondata nel 329 (BERNARDI 1938, 268; CLEMENTE 1990, 21).

[109] Sulla questione BANDELLI 1995, 145-6.

dirigenti locali chiamate a governare il momento di passaggio, e divise tra fazioni pro-romane ed anti-romane. Ma con questo si finisce troppo in là rispetto alla documentazione che abbiamo.

Aspetti produttivi

Fra le più antiche attestazioni archeologiche attribuibili ad epoca romana nel territorio fondano, spiccano dunque alcuni tratti di cinta muraria riconducibili probabilmente al primo impianto della città romana. Dal punto di vista dei reperti mobili, invece, la questione si fa ancora più difficile, se possibile. Infatti il nostro livello di conoscenza del patrimonio archeologico locale è gravemente inficiato da due fattori: da un lato la più volte lamentata mancanza di indagini sistematiche; dall'altro i numerosi furti che hanno sottratto pezzi di notevole importanza[110]. La spoliazione ha peraltro origini ben lontane, a partire dal fenomeno del reimpiego medievale di materiale ad uso edilizio, che ha inciso pesantemente in una realtà caratterizzata da forte continuità di insediamento[111]. Allo stato attuale, i pezzi che formano la collezione archeologica del locale Museo Civico sono poca cosa rispetto a quelli che sono stati sottratti nel corso del XX secolo, ma soprattutto cosa minima rispetto al materiale rinvenuto durante scavi occasionali, ed andato distrutto o disperso.

Da una analisi sommaria del materiale appare chiaro che la maggior parte dei reperti conservati si concentra intorno agli ultimi secoli dell'età repubblicana ed ai primi dell'età imperiale, all'incirca tra II a.C. e II d.C. Il dato è confermato peraltro anche se si estende l'esame alle varie notizie di rinvenimenti, sia ufficiali che raccolte dalla tradizione orale. Il dato va peraltro inquadrato nell'ottica più vasta di un periodo, quello del IV secolo, in cui l'economia del mondo romano è ancora prevalentemente legata all'agricoltura, ed in cui l'artigianato ed il commercio hanno un ruolo limitato[112]. A livello locale, questa situazione sembra prolungarsi fino alla fine del III o

agli inizi del II secolo, come vedremo nel prossimo capitolo.

A) CERAMICA A VERNICE NERA

Solo di recente alcune ricognizioni hanno permesso di individuare frammenti di ceramica campana a vernice nera databili al III secolo a.C., due dei quali presentano un bollo. Il primo (Fig. 8, a sinistra) è un bollo rettangolare *L. OP* sormontato da una clava con impugnatura volta verso sinistra, e proviene da una zona nei pressi dell'Appia in direzione di Itri [B2]. Si tratta di un esemplare tutt'altro che sconosciuto nell'ambito della produzione di ceramica campana: trova un chiaro confronto in due esemplari rinvenuti durante gli scavi del Santuario della dea Marica nel territorio di *Minturnae*[113]. L'editore dello scavo proponeva di sciogliere l'abbreviazione, più che con *Opillius* o *Opimius*, con il gentilizio *Oppius*, dal momento che questo è presente a Minturno nelle iscrizioni dei *magistri* (*ILLRP* 728). La datazione proposta dallo stesso Mingazzini è ristretta alla seconda metà del III secolo[114]. In tempi più recenti, Morel ha prospettato l'ipotesi che le firme su questi bolli indicassero piuttosto l'operaio che fabbricava il pezzo[115].

Fig. 8: Bolli su ceramica a vernice nera (non in scala)

Per affrontare un discorso del genere con strumenti adeguati, sarebbe necessario avere una mappatura più completa della presenza di ceramica a vernice nera del Lazio meridionale, e magari anche un'analisi delle argille, che molto potrebbe dirci sulla localizzazione della produzione. In mancanza di tutto ciò, proporre, come voleva Mingazzini all'alba del XX secolo, lo scioglimento di OP come *Oppius* appare purtroppo poco fondato. Le relazioni tra territorio fondano e minturnese del resto non avevano bisogno di un'ulteriore conferma.

Il secondo esemplare (Fig. 8, a destra), il cui preciso luogo di rinvenimento non è certo, reca in impres-

---

[110] Una inquietante panoramica si può leggere in ALVISI 1992.

[111] Inoltre, è lecito pensare che già nella seconda metà del XVI sec. alcuni pezzi siano stati trasferiti alla corte dei Gonzaga di Sabbioneta, come sicuramente avvenne per reperti formiani, per volere di Vespasiano Gonzaga Colonna, figlio di Isabella Colonna, amante delle antichità ed erede della contea di Fondi e Traetto dopo la morte della madre nel 1570. Sulla vicenda: VENTURA 1997, 16.

[112] Ma per una più organica prospettiva su questo punto, cfr. le considerazioni di HARRIS 1990.

[113] MINGAZZINI 1938, col. 899 n. 10.
[114] MINGAZZINI 1938, col. 900.
[115] MOREL 1981, 85.

sione una H. Confronti possono essere stabiliti in un'area piuttosto ampia: Roma, *Lanuvium*, *Tibur*, Veio, Ostia, *Minturnae*, *Paestum*, *Fregellae*, Carsoli, *Cales*, *Alba Fucens*, *Cosa*, Rimini[116]. Particolare interesse desta la connotazione erculea di questi bolli, che si inseriscono in una serie ben nota con tutta una serie di varianti: sola clava, clava e lettera H, solo H, sigla onomastica e clava, etc.[117].

In linea di massima, entrambi gli esemplari appartengono ad una classe di produzione di livello basso, destinata a circuiti di esportazione a breve raggio[118]. Non è da escludere dunque, dato lo scarso numero di rinvenimenti in territorio fondano, che si possa pensare ad importazioni dai centri più vicini, ovvero *Minturnae* e *Fregellae*.

B) GLI EX-VOTO

Negli anni '50 in località "Fonte di Vitruvio", a nord del centro urbano [B3], si rinvenne un deposito votivo con qualche centinaio di ex-voto fittili[119]. Purtroppo nell'occasione non fu effettuato un vero intervento di scavo archeologico, dunque le informazioni che abbiamo sono esigue. La presenza di una fonte, utilizzata ancora nel recente passato come lavatoio pubblico, sembrò suggerire già all'epoca del rinvenimento una ovvia quanto generica connessione con un culto salutare.

In mancanza di uno studio approfondito sul materiale, risulta impossibile precisare una datazione per questi pezzi, che potrebbero teoricamente oscillare tra il IV secolo a.C. e l'età augustea. In linea di massima, però, non appare fuori luogo individuare dei confronti con il materiale rinvenuto nel santuario di Esculapio a Fregelle[120], dunque in un comparto territoriale piuttosto affine a quello fondano: del pari,

analogie possono essere stabilite con i votivi anatomici rinvenuti nel santuario di Casale Pescarolo, in Valle di Comino[121]. In entrambi i casi le datazioni dei materiali oscillano tra il III ed il II secolo. In ogni caso, il materiale fondano pare iscriversi agevolmente in quella classe di depositi votivi etrusco-campano-laziali di epoca prevalentemente medio-tardo-repubblicana che è arduo datare con precisione in mancanza di dati di scavo[122].

La località "Fonte di Vitruvio", purtroppo oggi ben poco eloquente dal punto di vista archeologico, è stata ricollegata dall'antiquaria locale alla figura di Vitruvio Vacco, in particolare per via del toponimo gergale con cui la zona era ed è tuttora nota, "Petrulo"[123]. Gli eruditi locali ricordavano nella zona anche una villa, ovviamente assegnata al "condottiero" fondano, e (cosa di un certo interesse) una statua, anch'essa –va da sé- ritenuta raffigurante lo stesso personaggio[124].

"Fonte di Vitruvio" non è l'unica località ad aver restituito votivi fittili. Nella sua opera su Fondi, lo storico locale Conte-Colino riporta le parole del senatore Errico Amante, che aveva una residenza su Monte Vago [B1][125]: «due rozze e monche mani in terracotta ch'io ebbi a scoprire sollevando uno scoglio nel monte Case le Monache, di mia proprietà, le quali accennano ai primi tentativi dell'arte in sul cadere del periodo preistorico»[126](!).

È importante notare che sullo stesso colle sorge un imponente basamento in opera quadrata con blocchi bugnati di pietra calcarea, che potrebbe essere con-

---

[116] MOREL 1988, 58-9.

[117] Cfr. PEDRONI 1992. La distribuzione di questa serie nella variante che più ci interessa, ovvero con clava ed abbreviazione nominale, non è vastissima: in Campania a Teano e *Paestum*; nel Lazio a Roma, *Alba Fucens*, *Fregellae*, *Interamna Lirenas*, *Minturnae*, i santuari di Marica nel minturnese e di Méfete ad Aquino (MOREL 1988, 58; PEDRONI 1992, 584). La caratteristica connotazione erculea è stata motivata con una particolare devozione degli artigiani o dei destinatari della ceramica nei confronti di Eracle (vedi MOREL 1991).

[118] MOREL 1988, 58.

[119] Oggi conservati nei magazzini del locale Museo Civico. Breve comunicazione di FACCENNA 1953, in cui si riferisce del parziale scavo della fossa votiva in loc. Fonte di Vitruvio, prossima alla cinta urbana di fronte alla porta sud (?) dell'abitato. Il materiale è datato al II-I secolo, ma senza solide motivazioni.

[120] FERREA-PINNA 1986, 92.

[121] BELLINI 2004.

[122] Sulla problematica, tra la ricca bibliografia, fondamentali FENELLI 1975; COMELLA 1981.

[123] SOTIS 1807 (2001b, 13); SOTIS 1938a, 12-13; CONTE-COLINO 1901, 33; sarebbe interessante stabilire se "Petrulo" sia una corruzione dialettale di "Vitruvio", come sostenevano i dotti dell'epoca, o viceversa non si tratti della nobilitazione di un termine che potrebbe piuttosto ricollegarsi alla "petrosità" della montagna. In tal caso, il collegamento con Vitruvio si farebbe ancor più fumoso.

[124] La statua scomparve tra il 1838 («tuttora vicino il Molino di Petrulo di questa [statua] rimane negletto al suolo un torso»: SOTIS 1838, 12-13) e la fine dello stesso secolo («una statua, il cui torso ancor si vedeva parecchi anni or sono tra i rottami e le pietre del vicino molino»: CONTE-COLINO 1901, 33).

[125] Luogo detto anche "Case delle Monache" per via di un monastero Benedettino abbandonato nel 1534 dopo il sacco da parte saracena.

[126] CONTE-COLINO 1901, 50. Rinvenimenti di ex-voto nella stessa località intorno alla metà del XX secolo sono ricordati anche da testimoni oculari; ma purtroppo non è possibile stabilire che fine abbiano fatto.

siderato pertinente ad una struttura templare. La vulgata locale ne parla senza esitazione come del "Tempio di Iside"[127]. Per risalire alle motivazioni di questa identificazione è sufficiente leggere alcuni passi di queste preziose fonti locali. «La dea Iside era adorata in Fondi sotto le forme di una giovenca [...] Nel muro di cinta della città, detto *Riparo*, trovavasi un bel marmo con la testa d'un giovenco»[128]; «molti bassorilievi sono qua, e là sparsi col capo di giovenca coronato di fiori, e con diversi emblemi, tra quali è frequente quello della Stella a 6, o a 12 raggi»[129]: sembra evidente che all'origine dell'identificazione con Iside vi sia un fraintendimento di quella classe di decorazione architettonica nota come "fregio dorico". Una conferma è data proprio dal caso del cosiddetto "Riparo", un tratto del rifacimento medievale delle mura repubblicane in cui ancor oggi è effettivamente visibile quel "marmo con testa di giovenco", ovvero un esemplare di fregio dorico con testa di bovino e fiore, presumibilmente reimpiegato da un vicino mausoleo funerario[130]. Il collegamento tra Iside e la giovenca è espresso al principio da Notarjanni, che richiama un verso di Ovidio[131], e poi ripetuto dagli altri autori; ma evidentemente un collegamento con la struttura di Monte Vago è del tutto arbitrario.

Politica e società

A) La *Praefectura* e la *tessera hospitalis*

Il rango di *praefectura* per Fondi è attestato da alcune fonti di particolare interesse: anzitutto Festo (262 L), che menziona espressamente il centro sudpontino come una delle prefetture, insieme a Formia, Arpino ed altre[132]. A questa informazione si affianca un documento pressoché eccezionale: una *tessera hospitalis* (CIL I², 611= X, 6231= *ILS* 6093= *ILLRP* 1068).

[Consc]riptes co(n)se(n)su T. Fa[--- praifecti
et p]raifectura tot [a Fundi hospitium]
fecere qúom Ti. C[laudio.?

I]n eius fidem om[nes nos tradimus et]
covenumis co[ptamus eum patronum]
M. Claudio M. f. [...co(n)s(ulibus)].

Le vicende antiquarie di questo pezzo sono da seguire con attenzione per valutarne l'utilità nell'ambito delle ricerche su Fondi. La prima menzione è in una pubblicazione di G. Minervini[133] nel 1845, che riferisce di un oggetto bronzeo a forma di pesce, conservato presso il signor Raffaele Barone (presumibilmente a Napoli, ma non è detto in maniera esplicita). Sull'oggetto è presente un'iscrizione, conservata per metà, che ne rivela la funzione di *tessera hospitalis*: una comunità italica dedica questa tessera ad un prefetto, dal nome lacunoso, nell'anno di consolato di due personaggi dei quali un solo nome è conservato. Minervini conclude la sua nota con qualche cauta ipotesi sulla possibilità che la prefettura indicata nel testo sia quella di Cosenza, ma lamenta la mancanza di indicazioni sulla provenienza di un pezzo così importante.

Un anno dopo, durante un suo viaggio nel Meridione, Th. Mommsen ha modo di esaminare l'oggetto presso un antiquario di Agnone; lo studioso tedesco pare sicuro della provenienza: «der Fundort der Tafel [...] ist Fondi»[134]. L'informazione deriverebbe al Mommsen da ambienti antiquari, in base a notizie raccolte oralmente; su questa base, lo studioso propone una integrazione del testo, che confluisce poi nei vari *corpora* da lui curati (sia quello delle iscrizioni del Regno di Napoli che il *CIL*)[135].

Rimangono alcuni dubbi. È singolare che nel giro di meno di un anno un oggetto così importante sia finito dalla collezione di un signore napoletano al negozio di un «miserablen Anticaglienkrämers»[136] di Agnone (!); è altresì singolare che Mommsen sia riuscito in breve tempo ad avere un'informazione che il primo editore, Minervini, non era riuscito ad avere. Non possiamo dunque essere sicuri che la tessera si riferisca con certezza a Fondi; ma dobbiamo supporre che Mommsen avesse ricevuto informazioni sicure, che pertanto nel prosieguo del lavoro assumeremo come attendibili.

---

[127] Sotis 1838, 17; Conte-Colino 1901, 24; Amante-Bianchi 1903, 15-16; cfr. ora Quilici 2004, 447-457.
[128] Amante-Bianchi 1903, 16.
[129] Notarjanni 1814 (1995, 60).
[130] Cfr. Di Fazio 1999.
[131] *Ars amatoria* I, 77: *Nec fuge linigerae Memphitica templa iuvencae*. Iside veniva identificata con Io, tramutata in giovenca da Giunone per gelosia (Apollod. *Bibl.* II, 1, 3).
[132] Entrambe sono annoverate da Festo tra le prefetture «*in quas ibant, quos praetor urbanus quotannis in quaeque loca miserat legibus*».

---

[133] Minervini 1845.
[134] Mommsen 1846, 332.
[135] Per la cronaca, le vicende antiquarie del pezzo non si esauriscono qui: è il linguista tedesco Robert von Planta (1864-1937), ad acquistare la tessera, che poi passa col resto della sua collezione nel Rätisches Museum di Chur (Coira, Svizzera), dove ancora oggi è conservata: Metzger 1981, 61-64; Frei-Stolba 1986.
[136] Mommsen 1846, 330.

I problemi che questo documento solleva sono numerosi, e si inseriscono in special modo nel dibattito sulla natura delle relazioni tra comunità locale e prefetto, un «nodo irrisolto della storia istituzionale dell'Italia romana»[137] che non può essere affrontato in questa sede[138]. In ogni caso, la presenza di [consc]riptes lascia supporre l'esistenza di un senato locale, senza farci intendere però quali fossero i rapporti di forza tra questo ed il praefectus, ossia se quest'ultimo avesse un ruolo puramente politico o se il suo consensus fosse obbligatorio e vincolante[139]. Ricordiamo che un senatus era già menzionato da Livio in relazione alla rivolta guidata da Vitruvio Vacco nel 330; ma è difficile stabilire se si tratti dello stesso organismo. È probabile però che, a differenza del senato attestato nella tessera (già indice di una costituzione di matrice romana), quello ricordato da Livio fosse ancora un organismo locale, lasciato intatto da parte romana, ed interpretato dalle fonti in termini romanizzanti.

Interessa invece in maniera diretta la possibile datazione della tessera. Mommsen, notando il carattere arcaico sia dal punto di vista paleografico che linguistico, proponeva una datazione che ne faceva addirittura uno degli incunaboli dell'epigrafia latina[140]. Di recente invece pressoché tutti gli studiosi hanno privilegiato una datazione compresa tra la fine del III e gli inizi del II secolo a.C. In particolare, la presenza di un M. Claudius M.f. (nome che si legge chiaramente sulla tessera) nelle liste consolari riporta ad una ben precisa serie di anni; per Humbert questa serie è delimitabile ulteriormente in un periodo compreso tra il 222 ed il 152 a.C., con particolare propensione per gli anni immediatamente successivi al 188[141].

Ovviamente, una tessera con il riferimento alla prefettura non ci dà che un terminus ante quem per la praefectura a Fondi. Questa proposta impone un'attenta riflessione sui rapporti con la concessione dello status di municipium a Fondi nel 188 (Liv. XXXVIII, 36, 9, che analizzeremo nel prossimo capitolo), dunque a breve distanza cronologica dagli

anni nei quali sarebbe attestata la prefettura. Appare quanto meno singolare che la stessa città sia stata oggetto di interventi istituzionali così importanti in due momenti molto vicini, anche se il clima creatosi in conseguenza dello scontro con Annibale aveva comportato una serie di mutamenti nei rapporti tra Roma e gli alleati italici.

È anche alla luce di questo problema che Mommsen aveva proposto una datazione alta: dal punto di vista giuridico, sarebbe stato poco plausibile un contratto di ospitalità tra un cittadino romano ed una comunità romana a tutti gli effetti quale era quella di Fondi dopo la concessione dell'optimum ius. Ma lo stesso argomento è ribaltato da Humbert, che propone una datazione posteriore (166), osservando come i cives sine suffragio non fossero in fondo meno "romani" dei municipes[142]. Humbert considera la tessera come testimonianza della persistenza di una particolare forma arcaica di accordo, ma soprattutto come conferma che, di là dalla praefectura, il municipio mantenne elementi di autonomia (senato, assemblea, magistrati). La mancata menzione dei magistrati locali nella tessera, come negli altri esemplari analoghi, non comporta secondo Humbert una loro assenza sotto la prefettura, ma solo la pertinenza della collettività a stipulare l'atto.

Sempre secondo Humbert, il patronato sarebbe una mossa politica dei Claudii per assicurarsi i voti degli abitanti di Fondi, collegata dunque al momento in cui i Fondani ricevettero i pieni diritti[143]. In realtà, come vedremo in apertura del prossimo capitolo, l'influenza politica principale su Fondi sembra essere principalmente quella degli Aemilii, e dunque degli Scipioni, avversari dei Claudii[144]. Sarebbe ben difficile immaginare una vicenda come quella di Marco Emilio Lepido, i cui ricchi interessi nel territorio fondano vedremo essere ben attestati, se Fondi fosse stata controllata politicamente dai Claudii. L'interesse di questi ultimi, invece, potrebbe meglio essere ambientato in un periodo precedente. Anche se i cittadini locali non avevano ancora il diritto di voto, non poteva sfuggire alle principali gentes romane l'importanza di assorbire queste comunità nella propria sfera d'influenza, contando sul fatto che esse avrebbero ottenuto la piena cittadinanza in tempi brevi. Se l'esempio è quello dei coloni romani, come riconosciuto da Humbert, la possibilità di scelta da

137 LO CASCIO 2002, 9.
138 Cfr. al riguardo l'esauriente discussione in HUMBERT 1978, 393-399; STORCHI 2002, 27-30; di recente, un accenno in SPADONI 2004, 22.
139 Cfr. LAFFI 1983, 64.
140 MOMMSEN 1846; CIL X, p. 617.
141 Più precisamente ad uno dei seguenti anni: 222, 215, 214, 210, 208, 198, 183, 166, 155, 152: HUMBERT 1978, 394. Ma un Claudio al consolato è noto anche negli anni 331, 287, 51: FREI-STOLBA 1986, 196. Si possono scartare ovviamente la data più bassa e la più alta, improponibili per troppi motivi.

142 HUMBERT 1978, 394 sgg. La proposta di datazione appare comunque «fondata su considerazioni in larga misura ipotetiche» (LAFFI 1983, 63 n. 26).
143 HUMBERT 1978, 395-7.
144 SCULLARD 1951, 134 sgg. La rivalità tra Scipioni e Claudii Nerones data già dal III secolo: CASSOLA 1962, 416.

parte dei *Fundani*, ricordata dallo stesso autore[145], va tenuta in conto in questa analisi come potenzialmente appetibile anche prima dell'ottenimento dei diritti.

Quale vantaggio avrebbero tratto i cittadini locali dalla scelta del patrono? L'esiguità di fonti letterarie per questo periodo rende difficile rispondere a domande come questa. Ma una simile situazione deve indurre ad una particolare attenzione per le testimonianze archeologiche. Vale allora la pena chiedersi se per datare la tessera fondana non possano essere rivalutate le date più alte, specie quella del 222. Sarebbe interessante, in questa prospettiva, pensare ad un collegamento tra l'istituzione della prefettura e la realizzazione della cinta muraria in opera poligonale, che, come abbiamo visto, pare potersi agevolmente datare proprio alla metà del III secolo. La decisione di avviare un intervento di così grande impegno per una comunità locale può ben essere inserito in un discorso di natura istituzionale quale quello che stiamo affrontando, e sembra una riposta plausibile alla domanda sui vantaggi dei Fondani. Una datazione più alta sarebbe inoltre congrua con quanto abbiamo già ricordato a proposito dei legami tra concessione della *civitas s.s.*, confische territoriali, nascita dell'*ager publicus* e istituzione della prefettura, elementi collegati nel modello interpretativo proposto da Coarelli[146].

Non abbiamo altre informazioni sull'assetto politico fondano del periodo precedente l'isitituzione del *municipium*: anche a livello epigrafico, la documentazione è interamente posteriore allo spartiacque del 188. Da questo punto di vista, la tessera è una testimonianza cruciale dell'inizio dei rapporti tra l'aristocrazia romana e Fondi, e può ben essere considerata un indizio precoce della realtà tardorepubblicana che vede clientele municipali legate a *nobiles* romani[147]. Essa funge idealmente da *trait d'union* tra il capitolo che si chiude, dedicato ai primi ambigui rapporti tra il centro (Roma) e la periferia (Fondi), e quello che segue, dedicato all'analisi di un processo di rapido sviluppo dello sfruttamento economico e dell'evoluzione della realtà locale verso una completa assimilazione alle forme politiche ed economiche romane.

Conclusioni: tra resistenza ed acculturazione

In chiusura del capitolo, sarebbe interessante riflettere su come il caso fondano possa essere inserito all'interno del dibattito sulla "Romanizzazione" cui accennavamo in apertura.

Vedremo nel prossimo capitolo come, a partire dal II secolo, la storia di Fondi sia storia di una città romana a tutti gli effetti, in cui aristocrazie romane e notabili locali partecipano degli interessi economici e l'amministrazione politica è condotta su canoni pienamente romani. Dunque è possibile dispiegare le tessere del mosaico in modo da collocare quelle relative alla seconda metà del IV ed al III secolo attorno al polo della "resistenza", e quelle dal II in poi attorno al polo dell' "acculturazione"? No. Così facendo non potremmo spiegare come mai Vitruvio Vacco è *vir non domi solum sed etiam Romae clarus*. Non potremmo dare un nome a coloro che realizzarono un centro abitato in pianura, abbandonando il precedente per sistemarsi in prossimità della via Appia: quali interessi potevano essere dietro una simile scelta, dal momento che lo sfruttamento commerciale del territorio inizierà, stando ai dati archeologici, solo dopo qualche secolo? Che rapporto corre tra coloro che permisero alle truppe romane di passare nel territorio fondano durante le guerre con i Campani, coloro che amministrarono il centro sorto sull'Appia, e coloro che voltarono le spalle a Vitruvio ed ai suoi? Sono gli stessi "aristocratici", o sono stati sostituiti con elementi scelti dai Romani, o addirittura di provenienza romana? Questa ed altre cruciali domande rimangono in attesa di risposta. Purtroppo il "buco" del III secolo nella documentazione a tutti i livelli costituisce una mancanza fondamentale per comprendere meglio quali sviluppi portano alla situazione che si svilupperà in età tardorepubblicana.

---

[145] HUMBERT 1978, 396.
[146] COARELLI 1992, 28-29.
[147] STORCHI 2002, 29.

II. LA TARDA ETÀ REPUBBLICANA

A partire dagli inizi del II secolo una serie di momenti fondamentali, puntualmente registrati da Livio, concorre a modificare il quadro dei rapporti tra Roma ed il territorio fondano. La loro sequenza è talmente stringente, che risulta difficile non pensare ad un collegamento. Le elenchiamo qui di seguito prima di esaminarle singolarmente.

1) Il primo evento degno di nota è la concessione dello *status* di municipio alle città di Fondi e Formia, nel 188 a.C. 2) Pochi anni dopo, il console Lucio Valerio Flacco dà inizio alla realizzazione di un asse stradale che si addentra nelle montagne dell'entroterra formiano, passando per il territorio di Fondi. 3) Fra il 180 ed il 179 il censore Marco Emilio Lepido viene accusato di aver favorito i propri interessi facendo realizzare con fondi pubblici una *moles* nei dintorni di Terracina, dove possedeva terreni. 4) Nel 174 i consoli promuovono una serie di opere edilizie; uno dei due fa realizzare a Fondi un tempio di Giove o un acquedotto, in un passo di interpretazione controversa.

Vicende istituzionali

A) IL *MUNICIPIUM OPTIMO IURE*

Il primo dei passi citati si riferisce ad un'azione di natura giuridica: l'elevazione a *municipium optimo iure* di un centro già senza diritto di voto e probabile sede di prefettura[1], che al pari del centro limitrofo e

per molti aspetti "gemello" di Formia viene così integrato nella realtà del mondo romano. All'orizzonte c'è il miraggio di poter prendere parte attiva al processo di arricchimento che si profila nella storia dell'Italia romana[2]. Livio ricorda che «*De Formianis Fundanisque municipibus et Arpinatibus Caius Valerius Tappo tribunus plebis promulgavit, ut iis suffragii latio (nam antea sine suffragio habuerant civitatem) esset […]; rogatio perlata est ut in Aemilia tribu Formiani et Fundani, <in> Cornelia Arpinates ferrent*» (XXXVIII, 36, 7)[3]. Si tratta di un un atto che sancisce una tappa fondamentale nel processo di romanizzazione del territorio, e costituisce verosimilmente il preludio ad un importante processo di urbanizzazione, dal momento che si dovettero «far sorgere le strutture urbane necessarie per l'attuazione pratica di tutte le funzioni inerenti al godimento effettivo e all'esercizio della cittadinanza romana»[4]. Anche in questo caso, come per il momento della *civitas sine suffragio* circa 150 anni prima, sarebbe interessante interrogarsi sulla direzione del fenomeno: "concessione" interessata da parte romana, al fine di garantirsi un migliore controllo su un territorio politicamente ed economicamente appetibile, o adeguamento alla realtà politica dominante da parte di una comunità ormai da tempo nell'orbita romana ed interessata a partecipare più attivamente dei vantaggi economici?[5] «Era nella natura delle cose»[6], questo sviluppo? Per rispondere alla domanda, possiamo sottolineare alcune questioni non prive di interesse.

---

[1] Sui rapporti tra prefettura e cittadinanza *optimo iure*, cfr. di recente LO CASCIO 2002, 9 sgg. Ricordiamo peraltro che secondo alcuni studiosi la prefettura fondana sarebbe databile ad epoca successiva all'acquisizione dello *status* di *municipium* (cfr. *supra*, il cap. precedente).

[2] Sulla partecipazione dei ceti elevati italici ai vantaggi dell'espansione romana, cfr. fra l'altro GABBA 1985; DAVID 1994 (2002), *passim*.
[3] *Caius Valerius Tappo*: MRR I, 366; BLEICKEN 1968, 69.
[4] GABBA 1991 (1994, 135).
[5] Suona eccessivo l'ottimismo di SCULLARD 1980 (1992, I, 387), secondo cui la concessione dello statuto di *municipium* alle città del 188 rivela che i Romani sapevano dimostrarsi generosi.
[6] GABBA 1979 (1994, 62).

Degna di nota è innanzitutto l'iscrizione nella *tribus Aemilia*, una tribù decisamente poco comune[7]: cosa che la Taylor giustificava con la spinta di interessi privati, segnatamente della famiglia degli Scipioni[8], al fine di poter contare sul patrimonio di voti di queste città. D'altro canto, vi è chi ha sottolineato che sarebbe stato politicamente più astuto da parte di Scipione distribuire i nuovi elettori in altre tribù, dal momento che si suppone la sua famiglia avesse già la maggioranza dei voti nella tribù Emilia[9]: dal momento che queste due tribù dovevano essere già filoscipioniche, l'iscrizione di nuovi cittadini sarebbe stata in realtà una sconfitta del partito degli Scipioni[10].

Va sottolineato come la decisione del 188 seguisse di un solo anno la legge voluta dal tribuno Terenzio Culleone (la cui fedeltà agli Scipioni è fuori dubbio)[11], secondo cui dovevano essere censiti come cittadini tutti i nati da genitori liberi: una legge su cui abbiamo notizie troppo scarse[12], ma che comunque va nella direzione di un allargamento del corpo civico e quindi del numero degli ammessi al voto. Il risultato di queste mosse, sempre secondo la Taylor, fu l'elezione nel 187 di M. Emilio Lepido e C. Flaminio, entrambi uomini del partito degli Scipioni[13]. Pur correndo il rischio di sopravvalutare il peso della struttura familiare nella politica romana[14], rimane l'impressione che sulle teste dei Fondani e dei Formiani si giocasse in realtà una partita ben più ampia

e complessa, tra gli Scipioni (e gli Emilii a loro legati) da un lato ed i Fulvii ed i Claudii dall'altro[15].

B) LA "VIA FLACCA" ED I *VALERII FLACCI*

In maniera decisamente strategica, il vero inizio della penetrazione è segnato dalla realizzazione di un asse stradale, quello a cui poi impropriamente il Gesualdo nel XVIII secolo conferirà il fortunato nome di "via Flacca"[16] associando i tratti di strada lastricata presenti nei territori fra Terracina, Fondi e Formia col passo di Livio: *Et separatim Flaccus molem ad Neptunias aquas, ut iter populo esset, et viam per Formianum montem [...] fecit* (XXXIX, 44, 6). Alla luce di questo passo liviano, sarebbe forse più corretto riferirsi al tracciato stradale col nome di *Valeria Flacci*, che però non è attestato in alcuna fonte, come peraltro non risulta attestato il nome *Flacca*. Continueremo ad utilizzare quest'ultimo termine, sempre tra virgolette, per comodità.

Se potessimo stabilire un sicuro collegamento tra Lucio Valerio Flacco, che volle realizzare la strada, e quel Gaio Valerio Tappone che aveva proposto pochi anni prima di concedere la cittadinanza a Fondi e Formia (nell'anno in cui era console M. Valerio Messalla), avremmo un indizio degli interessi di gruppi familiari che spesso intravediamo alle spalle delle strategie politiche romane[17]. Di recente, peraltro, è stato prospettato un collegamento (non semplice, per la verità) tra L. Valerio Flacco e C. Valerio Flacco, governatore della Spagna Citeriore agli inizi del I sec. a.C., ovvero nel momento in cui in alcune località della Spagna sembra riscontrabile un certo afflusso di anfore di fattura fondana[18]. Potrebbe essere più proficuo forse indagare meglio eventuali rapporti con quel Lucio Valerio titolare di un bollo anforario nella vicina *Minturnae* già dalla metà del III secolo[19], che potrebbe indicare interessi di questa famiglia nel basso Lazio in età precoce. Il ruolo di

[7] Condivisa in Italia solo con gli abitanti di Suessa Aurunca, Thurii, Vibo e Mevania (*DizEp* I, s.v. "Aemilia (tribus)", 290-1; TAYLOR 1960, 271; LAAKSONEN 1996, 134).
[8] TAYLOR 1960, 93 e 307: l'*Aemilia* era la tribù della famiglia della moglie di P. Cornelio Scipione, e la *Cornelia* (in cui furono iscritti nello stesso anno gli Arpinati) era la propria. Il rischio di un'interpretazione in termini di politica post-graccana è sottolineato da BADIAN (1962, 205: «this can hardly be seriously defended»).
[9] VISHNIA 1996, 156.
[10] SAINT-HILAIRE 2000, 188 sgg. Cfr. LO CASCIO 2002, 8-9.
[11] Terenzio Culleone (*MRR* I, 362) era stato liberato dalla prigionia cartaginese grazie a Scipione l'Africano; Liv. XXX, 43, 11 e 45, 5.
[12] Plut. *Flam.* XVIII, 2; BLEICKEN 1968, 68-9; cfr. TAYLOR 1960, 18, 93 e 308, secondo cui la legge avrebbe concesso il diritto di cittadinanza anche a liberti; interpretazione criticata da BADIAN (1962, 207), il quale però successivamente fa parziale marcia indietro («including the sons of freedmen born after their emancipation»: BADIAN 1996, 188); l'ipotesi sembra in generale considerata plausibile di recente (DEVELIN 1985, 26; LINTOTT 1999, 51 e 206). Cfr. in generale VISHNIA 1996, 154 sgg.; di recente SAINT-HILAIRE 2000, 191 sgg.
[13] *MRR* I, 367-8; TAYLOR 1960, 307-8; cfr. SCULLARD 1951, 140 sgg.
[14] Si veda CLEMENTE 1990C, con bibliografia sulla questione. Cfr. anche DEVELIN 1985, 43 sgg.

[15] Cfr. DEVELIN 1985, 164 sgg.; LO CASCIO 2002, 8-9.
[16] GESUALDO 1754, 3 sgg.; cfr. LAFON 1979, 414 n.65. Ma il collegamento col passo di Livio era stato già effettuato prima di Gesualdo da autori locali: cfr. PRATILLI 1745, 125.
[17] Nonostante la diversa estrazione sociale dei due, in questa direzione porta il fatto che Lucio Valerio Flacco e Lucio Valerio Tappone (fratello di Gaio) furono insieme triumviri nel 190 a Piacenza e Cremona (Liv. XXXVII, 64, 10: *MRR* I, 359). La TAYLOR (1960, 307) tentava di stabilire un collegamento tra Valerio Tappone e gli Scipioni, ma in maniera poco convincente (cfr. BADIAN 1962, 205).
[18] BENQUET-OLMER 2002; sulla questione torneremo più avanti.
[19] ARTHUR 1991, 73; MERSCH 2001, 198. MOREL (1988, 54 n. 44) prospetta anche la possibilità di riferire allo stesso ambito familiare il bollo su ceramica a vernice nera, sempre minturnese, del tipo *Val* + clava.

primo piano giocato dai *Valerii* nell'espansionismo romano ne fa in effetti una *gens* che tra le prime potrebbe aver colto le possibilità di appropriazione di nuove terre anche prima del momento annibalico[20].

Per non perdere di vista l'unitarietà delle strategie che si profilano, rimandiamo la discussione dei problemi topografici che riguardano il passaggio della "Flacca", e passiamo a considerare un episodio chiave quale la vicenda di Emilio Lepido e dei suoi possedimenti in zona.

C) I *PRAEDIA* DI MARCO EMILIO LEPIDO

Le parole di Livio (XL, 51, 2) sono sintetiche: nel 179 il censore Marco Emilio Lepido[21] fece realizzare una *molem ad Tarracinam, ingratum opus, quod praedia habebat ibi privatamque publicae rei impensam inseruerat».* Da tempo il passo è stato interpretato in ottica economica[22]: il censore avrebbe fatto realizzare una sorta di piattaforma, di terrapieno (*moles*) per agevolare il passaggio del Pisco Montano a Terracina, con l'intento di facilitare l'arrivo dei prodotti dei suoi possedimenti al porto terracinese[23]. Questa soluzione precedette quella successiva (traianea?)[24], più drastica, che risolse il problema con una tagliata da annoverare fra i capolavori dell'ingegneria civile romana.

Al riguardo va osservato che nel passo su esaminato (Liv. XXXIX, 44, 6), in cui ricorda la realizzazione di una via *per Formianum montem*, Livio menziona anche «*molem ad Neptunias aquas, ut iter populo esset».* Non possiamo indicare con certezza la località così definita, ma non è da escludere che il passo si riferisca ad interventi realizzati da Flacco nello stesso comparto territoriale del Lazio meridionale costiero; la stessa mancanza di una precisa indicazione geografica in Livio potrebbe essere un indizio in tal senso[25]. Oltretutto, è stato notato che Vitruvio (VIII, 3, 15) parla di «*Terracinae fons, qui vocabatur Neptunius»*[26]; questa sorgente è stata più volte ricollegata ad un impianto termale che dista effettivamente poche decine di metri dal Pisco Montano[27]. Non è possibile stabilire con certezza l'identità dei due toponimi, ma è possibile che *fons* ed *aquae* indicassero la stessa località[28]. L'accenno liviano *ut iter populo esset* rafforzerebbe l'idea che la *moles* avesse la funzione di agevolare l'aggiramento del Pisco Montano. Inoltre, la combinazione dei due interventi di Flacco (*moles* e *via*) potrebbe fornirci la conferma del fatto che questi potevano essere in qualche modo collegati tra di loro, e che anche la *moles* doveva avere una funzione principalmente legata ai trasporti. In tal caso sarebbe opportuno chiedersi in che relazione sono la *moles* di Flacco e quella di Lepido, e se quest'ultima fosse un rifacimento della prima[29].

Fig. 1: Nel cerchio, Terracina ed il Pisco Montano

Questa discussione non ci porta fuori dal nostro ambito territoriale, come potrebbe sembrare. Se infatti è plausibile che l'interesse di Lepido fosse precipuamente di natura economica, in tal caso è facile che i terreni posseduti da Lepido si trovassero nel territorio fondano, e non in quello terracinese come invece comunemente ritenuto[30]. Considerando infatti la topografia della zona, il Pisco Montano si trova a sud rispetto all'abitato romano di Terracina, e ri-

---

[20] Sul processo di arricchimento delle classi dirigenti romane già nel corso del III secolo, cfr. GABBA 1981 (1988) e più di recente MERSCH 2001.

[21] *MRR* I, 392.

[22] Cfr. D'ARMS 1981, 36; di recente MERSCH 2001, 163; STORCHI 2002, 31 n. 54. Più cauto SHATZMAN 1975, 242 n. 3. D'Arms sottolinea anche che lo stesso Lepido, durante la sua edilità, aveva dato inizio ai lavori di realizzazione della *porticus Aemilia* e dell'*emporium* sul Tevere, cosa che con tutta probabilità facilitava i suoi commerci (cfr. anche MERSCH 2001, 185).

[23] Così anche COARELLI 1990, 53. L'interpretazione del termine *moles* come una piattaforma a ridosso del Pisco Montano è già in PRATILLI 1745, 125, e GESUALDO 1756, 8; *contra* LUGLI 1926, 210, che pensava piuttosto ad un'opera in relazione alla sella che collega il Pisco ed il monte retrostante (Monte S. Angelo); ma in questo caso la *moles* sarebbe legata all'Appia, non alla nuova strada aperta da Flacco.

[24] La datazione della tagliata oscilla tra quella tradizionale, che chiama in causa Traiano, e quella più recente, che arriva agli ultimi anni della Repubblica (cfr. COARELLI 1998, 47-48). La vulgata settecentesca ricollegava anche la tagliata a Valerio Flacco (GESUALDO 1756, 8).

[25] MALIZIA 1986, 41.

[26] Cfr. STORCHI 2002, 31.

[27] DE ROSSI 1980, 97 e 171; MALIZIA 1986.

[28] MIGLIORATI 2003, 64.

[29] Così MALIZIA 1986, 41.

[30] Cfr. ad es. SHATZMAN 1975, 242; D'ARMS 1981, 36.

spetto alle strutture portuali[31]; il territorio centuriato e coltivato che faceva capo a questa città si trova a nord, verso i monti Lepini, in una posizione interna che non avrebbe tratto alcuna agevolazione dalla realizzazione di una *moles*: per raggiungere questo territorio da Roma esisteva l'Appia, che lo attraversa, ed il collegamento con lo scalo marittimo era più che agevole. Invece a sud, oltrepassato il Pisco Montano, dopo un lembo di terra schiacciato fra il mare e le montagne, si apre la piana di Fondi. Se dunque l'azione di Lepido era volta ad ottenere vantaggio da un più facile aggiramento del Pisco, questo vantaggio poteva consistere in un più diretto ed agevole collegamento dei suoi *praedia* meridionali con lo scalo terracinese. Alla luce delle considerazioni svolte nel capitolo introduttivo, dobbiamo ritenere plausibile che questa zona fosse sotto la giurisdizione del municipio di Fondi.

In tal caso, la vicenda ci fornisce un dato prezioso: già agli inizi del II secolo il territorio fondano era sfruttato con una certa regolarità ai fini della produzione agricola. Dunque non sarebbe fuori luogo pensare ad una connessione fra il tracciato della via e gli inizi dello sfruttamento su vasta scala del territorio.

D) I CENSORI DEL 174 A.C.: I *FULVII*

Arriviamo poi ad un altro episodio (Liv. XLI, 27, 11), che fa parte di una serie di importanti interventi dei censori del 174 a.C.[32], ma che è di interpretazione controversa, per cui converrà riportarlo interamente: *et alter ex iis Fuluius Flaccus ++ nam Postumius nihil nisi senatus Romani populiue iussu se locaturum ++ ipsorum pecunia Iouis aedem Pisauri et Fundis et Potentiae etiam aquam adducendam, et Pisauri viam silice sternendam, et Sinuessae maga* aviariae, in his et cloum circumducen... et forum porticibus tabernisque claudendum et Ianos tris faciendos. Haec ab uno censore opera locata cum magna gratia colonorum (...) fuit.* Tra i numerosi problemi posti da questo passo, c'è l'ambigua posizione di Fondi: vi venne realizzato solo un tempio di Giove oppure un acquedotto[33]? Una tra-

dizione tutt'altro che accertata individua a Fondi un tempio di Giove sotto l'attuale chiesa di San Pietro, a ridosso delle mura[34]. Ma non è da escludere che il passo vada inteso piuttosto come prova della realizzazione di un acquedotto, e non del tempio: una struttura dunque di notevole importanza per la crescente attività agricola, ed estremamente impegnativa dal punto di vista finanziario[35].

Se così fosse, non è escluso che anche in questo caso si possano ravvisare interessi privati dietro la decisione di far realizzare un'opera così importante[36]. Infatti, nello stesso anno in cui forse veniva realizzato questo acquedotto, il 174, Marco Emilio Lepido era pontefice massimo e veniva eletto dai censori *Princeps Senatus* (XLI, 27, 1)[37], dunque ancora una volta in posizione di rilievo nel momento in cui venivano utilizzati (in maniera anche questa volta non esente da polemiche) fondi pubblici romani per opere in territorio fondano. Ma forse in questo caso possiamo chiamare in causa un'altra importante famiglia che, oltre agli Scipioni ed ai Valerii già citati, sembra rivestire un ruolo chiave: quella dei *Fulvii*. Nella ostinazione con cui Fulvio Flacco decide anche da solo di avviare i lavori che caratterizzano la sua censura, gioca forse un ruolo non secondario il fatto che due delle città coinvolte, *Pisaurum* e *Potentia*, erano state fondate nel 184 con la partecipazione in qualità di triumviri di Marco Fulvio Flacco (fratello di Quinto) e Quinto Fulvio Nobiliore[38]. È stato notato che tra il 180 ed il 170 si moltiplicano i cantieri nelle zone del Lazio di cui i *Fulvii* erano originari o in cui avevano possedimenti: per quanto riguarda Fondi, va sottolineato il particolare legame politico con la famiglia degli *Aufidii*, il cui ramo fondano inizia così la sua ascesa fino a raggiungere una posi-

---

[31] I resti del porto ancora visibili sono di epoca imperiale, ma tutto lascia supporre che anche in precedenza l'approdo fosse vicino, dunque ancora a nord del Pisco: LUGLI 1926, 126 sgg.
[32] «...un fatto del tutto privo di precedenti»: TORELLI 1983, 244; *MRR* I, 404. Sul passo cfr. GABBA 1976 (1994, 106 n.3), e di recente MIGLIORATI 2003, 64-65. Sulle attività edilizie del 174 (ma non sul passo specifico di Fondi), RICHTER 1962; ASTIN 1990.
[33] Fra le edizioni critiche, alcune assegnano l'acquedotto a *Potentia* (A. Schlesinger, ed. Loeb, Harvard 1938; P. Jal, ed. «Les Belles Lettres», Paris 1971; entrambi si richiamano

esplicitamente alla lettura di W. Weissenborn, Berlin 1864, IX, p. 269), altre anche a *Fundi* (K. Heusinger-O. Büthling, Leipzig 1929; H.J. Hillen, ed. Wissenschaftliche Buchgesellschaft, Darmstadt 1983).
[34] L'ex- cattedrale di San Pietro sembra effettivamente insistere su un edificio romano, considerando le epigrafi reimpiegate nella costruzione (PESIRI 1978, 163-167), e forse anche un frammento di colonna inglobato nell'edificio. Ma non si hanno prove della natura dell'edificio preesistente, se non una generica continuità tra edifici di culto.
[35] Secondo la STORCHI MARINO (2002, 32), la realizzazione di fogne e mura menzionata nel passo dopo «in his» comprende tutte le città elencate prima, dunque anche Fondi.
[36] L'utilizzo di strutture pubbliche per l'acqua a fini privati era un fenomeno ben noto: nel 184 proprio Valerio Flacco e Catone «aquam publicam omnem in privatum aedificium aut agrum fluentem ademerunt» (Liv. XXXIX, 44, 4). Cfr. FRACCARO 1911 (= 1956, 417 sgg.); FREDERIKSEN 1981, 271.
[37] *MRR* I, 404.
[38] Cfr. SCULLARD 1951, 192. Un velo di incertezza sulla loro identificazione è in DEVELIN 1985, 273 n.63.

zione di rilievo in ambito locale verso la fine della repubblica[39]. A complicare l'intreccio di interessi, le fonti ricordano che i censori del 179, Marco Emilio Lepido e Quinto Fulvio Nobiliore, non erano buoni amici: «*inter hos viros nobiles inimicitiae erant, saepe multis et in senatu et ad populum atrocibus celebratae certaminibus*» (Liv. XL, 45, 6-7)[40]. Ciò potrebbe spiegare tra l'altro le violente accuse indirizzate a Lepido nel 179[41]. Non potremo stupirci se, come apprendiamo dalla narrazione liviana, i due avversari si riconciliano una volta eletti (XL, 46)[42]; dopo la riconciliazione si stabilisce un'alleanza tra i Fulvii e Lepido, che spiana la strada del pontificato massimo a quest'ultimo[43].

Non è detto però, contrariamente a quanto ipotizzato di recente[44], che l'interesse dei *Fulvii* nella zona fosse legato a possedimenti di terra, cosa che invece per Emilio Lepido è specificata da Livio. La realizzazione della cosiddetta "Flacca", del tempio di Giove o dell'acquedotto, sono momenti di evergetismo (col conseguente vasto impiego di manodopera) che non si spiegano solo con interessi personali e possedimenti terrieri, ma anche con la volontà di acquisire nuove clientele in un territorio che aveva da poco ottenuto la facoltà di voto, e dunque poteva costituire un serbatoio di consensi per carriere politiche[45].

Un altro discorso collegato alla vicenda del 174 è incentrato sull'inciso *ipsorum pecunia*: quali fondi furono utilizzati per realizzare le varie opere? È da intendere che il denaro fosse quello delle comunità stesse[46]: l'astensione del collega di Fulvio Flacco, motivata dalla necessità di ricevere un'autorizzazione dal senato, starebbe a dimostrare il divieto di utilizzare risorse economiche non romane per opere realizzate all'interno dell'*ager Romanus*[47].

Il territorio

A) LA VIABILITÀ

La funzione e l'importanza delle strade nel mondo romano sono oggetto di continuo dibattito: ad un tradizionale ridimensionamento nell'ambito del grande commercio, che si sarebbe sviluppato preferibilmente via mare per ragioni di costo, si è opposta di recente una rivalutazione del trasporto via terra, sicuramente più costoso di quello marittimo ma comunque importante nel sistema di diffusione e scambio delle merci[48]. Del pari, si discute sulla priorità di ragioni economiche piuttosto che belliche e militari per motivare la spinta che portò i Romani a dedicare tante energie alla costruzione di strade, specie nel II secolo a.C.[49].

Per quanto riguarda il caso in esame, dobbiamo ricordare che esisteva ed era pienamente in funzione l'Appia, che in alcuni tratti correva a distanza di pochi chilometri dal nuovo asse. La differenza tra i due tracciati, a prima vista, sembra consistere nel carattere costiero della maggior parte di quello più recente. Ciò ha indotto alcuni studiosi a collegare la "Flacca" con esigenze strategiche determinatesi durante l'avventura di Annibale in Italia: per evitare nuove incursioni del genere, sarebbe stata utile una via costiera, tramite la quale gli eserciti e la flotta

---

[39] MATHIEU 1999, 71-72, 79-80 e 115-116.

[40] *MRR* I, 392. Cfr. DEVELIN 1985, 193 sgg.; EPSTEIN 1986, 13 sgg. La questione va inquadrata nell'ambito delle lotte fra Claudii-Fabii e Emilii-Scipioni della prima metà del II sec.: cfr. SCULLARD 1951, 134 sgg. e 227 sgg.; VISHNIA 1996, 115 sgg. Si ricordi che nello stesso 179 i due consoli erano Q. Fulvio Flacco e L. Manlio (fratello di Q. Fulvio adottato da Manlio Acidino: MATHIEU 1999, 71).

[41] È per questo motivo, tra l'altro, che non convince Brunt quando sostiene che le polemiche contro Lepido avrebbero dimostrato che «there were few other owners to whom benefits accrued» (BRUNT 1971, 347 n.5): in realtà, è probabile che questi abusi fossero normali, salvo essere poi utilizzati come strumenti di lotta politica. Un florilegio di esempi del genere possiamo trovare in SCULLARD 1951.

[42] Già prima dell'elezione, secondo un'ipotesi di SCULLARD 1951, 180 (*contra*: DEVELIN 1985, 194 n.5 e 289, che mette in dubbio che la riconciliazione fosse stata completa).

[43] SCULLARD 1951, 180 sgg. Va sottolineato che i due censori del 179 procedono anche essi ad una riforma del sistema elettorale, che risulta però poco chiara (Liv. XL, 51, 9; cfr. TAYLOR 1960, 139-140; CASSOLA 1962, 96 e 119-120, secondo cui il provvedimento avrebbe avuto un senso restrittivo).

[44] MATHIEU 1999, 71.

[45] Cfr. HUMBERT 1978, 396-7; GUIDOBALDI 1988, che sottolinea come non a caso questi interventi siano mancati nelle colonie latine; più in generale TORELLI 1983, 244.

[46] Così MAZZARINO 1968, 176; GABBA 1976 (1994, 106 n. 3). Cfr. Anche STORCHI 2002, 32-33.

[47] GABBA 1976 (1994, 106 n.3).

[48] LAURENCE 1999, con bibliografia.

[49] Cfr. LAFON 1979; LAURENCE 1999, 145. Potrebbe non essere estranea a questo interesse per nuove strade agli inizi del II secolo la *lex Claudia* del 218 (Liv. XXI, 63, 3-4), che interdiceva la classe senatoriale dal commercio navale di grandi dimensioni. È inoltre quantomeno una curiosa coincidenza che la più antica apparizione sulla scena romana di compagnie di publicani sia datata al 215, cioè pochi anni dopo la *lex Claudia*: cfr. BADIAN 1972, il quale però ricorda che l'istituzione doveva essere di antica data, e solo la particolare situazione fece sì che l'episodio venisse registrato dalle nostre fonti (p. 16).

potessero tenersi in contatto[50]. Questa ipotesi sembra soffrire delle debolezze di ogni spiegazione monocausale. Se è probabile che nel tracciare il percorso della "Flacca" non si fossero trascurati gli aspetti strategici, appaiono tuttavia più solidi i motivi economici, che si concretizzano nella possibilità di raccogliere le risorse agrarie del bacino fondano-formiano per convogliarle sia nel porto di Formia che in quello di Terracina, da cui agevolmente potevano essere trasportate a Roma[51]. Se poi questa situazione favorì particolarmente eventuali possedimenti dei *Valerii Flacci* in zona e loro produzioni vinicole[52], è certo possibile, ma purtoppo è allo stesso tempo difficile da affermare con certezza. Ad ogni modo, la "Flacca" si pone come "testa di ponte" della penetrazione romana nel sud pontino costiero.

Va sottolineato come non si possa considerare questa arteria in qualche modo secondaria: la larghezza del battuto stradale, che in gran parte del tracciato corrisponde a quella delle maggiori strade del mondo romano dell'epoca, ne fa fede[53]. Vanno anche messi in evidenza gli enormi sforzi che la realizzazione della "Flacca" richiese: in particolare, nel tratto fra Sperlonga e Gaeta la via passa a strapiombo sul mare, ad un'altezza media di 40 metri[54] grazie a spettacolari sostruzioni con blocchi in opera quadrata di realizzazione tutt'altro che agevole. Ciò non fa che confermare l'importanza di quest'asse stradale, e pare escludere esigenze puramente tattiche alla base del progetto. Non va neanche escluso che la realizzazione di quello che è stato definito un "raddoppio" dell'Appia[55] si fosse reso necessario a causa delle difficoltà di transito create periodicamente dall'impaludamento del territorio attraversato dall'Appia[56]. L'esigenza di risolvere questo problema in fondo non è che un risvolto della penetrazione nel territorio a fini di sfruttamento commerciale: l'aumento del traffico, soprattutto di merci, dovette rendere necessaria la realizzazione di una seconda strada che permettesse collegamenti più rapidi col porto terracinese o con quello formiano, ed al tempo stesso garantisse una percorribilità tutto l'anno, grazie al percorso costiero a tratti realizzato in mirabile equilibrio tra il ciglio delle scogliere e le pendici dei

monti Aurunci[57].

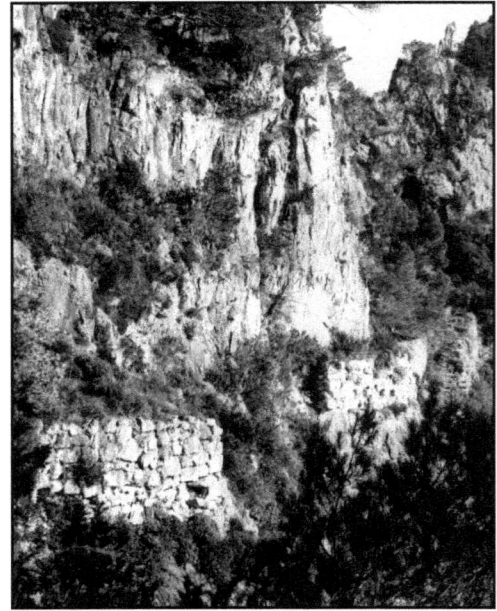

Fig. 2: Tratto della via "Flacca" con sostruzioni (da ADAM 1984)

Un grosso ostacolo al tentativo di far luce sulla storia della "Flacca" è nella persistente difficoltà a definirne il tracciato, in particolare per il tratto nel territorio fondano. I resti attualmente visibili sono pochi, a parte quelli che proprio in virtù della loro collocazione ardita erano difficili da raggiungere. In alcuni casi abbiamo informazioni da eruditi del 1700 e 1800[58], che però sono spesso poco precise. In particolare è stato osservato come, a differenza del tratto a sud di Fondi, piuttosto ben documentato dai resti odierni, tra Fondi e Terracina non siano rimaste tracce, cosa che ha portato qualche studioso a mettere in dubbio l'esistenza di questa parte del tracciato[59]. Ma fonti più o meno note si rivelano utili in tal senso, a partire dalla menzione di una *via communis* nelle vicinanze del lago di San Puoto in un documento del 1196[60]. Gesualdo riferisce di vedere «in mezzo alla selva sotto la Città di Fondi un buon trat-

---

[50] LUGLI 1957, 159; LAFON 1979, 409, con bibl. precedente.

[51] Cfr. anche STORCHI 2002, 41.

[52] Così BENQUET-OLMER 2002.

[53] LAFON 1979, 405.

[54] LAFON 1979, 400.

[55] BROISE-LAFON 2001, 187.

[56] Di queste difficoltà appaiono indizio i vari tratti sostruiti che ne caratterizzano il tracciato sia a nord che a sud del territorio fondano, e che probabilmente non riuscirono a risolvere stabilmente il problema.

[57] Ciò non comportò ovviamente un abbandono dell'Appia, su cui si muoveranno tra Terracina, Fondi e Formia Cicerone ed Orazio, tra gli altri. Questo dato rinforza l'idea che la "Flacca" fosse principalmente dedicata al traffico commerciale, mentre l'Appia conservò una sua funzione per i viaggiatori che spostandosi tra Roma e Napoli potevano sostare nel centro fondano. L'abbondanza di mausolei funerari allineati lungo l'Appia anche nei tratti compresi fra Terracina, Fondi e Formia, testimonia del carattere "di rappresentanza" di questa strada.

[58] GESUALDO 1754; SOTIS 1838; FERRARO 1912.

[59] LAFON 1979, 405-6.

[60] *Codex Diplomaticus Cajetanus* II, 317; cfr. FORTE 1998, 118.

to di via selciata»[61]. È poi Sotis che negli anni '30 dell''800 parla di strade lastricate in più punti della piana, tra cui la località "Tumoleti" che è una zona costiera ad ovest del lago di San Puoto[62]. Uno di questi tratti, secondo la testimonianza di Sotis, collegava la zona di S. Anastasia al bosco di Vetere, il che potrebbe indicare l'esistenza di diramazioni della "Flacca" verso la zona che, come vedremo, doveva ospitare probabilmente un *atelier* di anfore [C2][63].

Fig. 3: Ipotetico tracciato principale della "Flacca"

In ogni caso, mettendo insieme gli scampoli di informazioni, si può ipotizzare che su un ramo principale litoraneo, che verosimilmente collegava il porto di Terracina con Gaeta, si innestassero in territorio fondano uno o più diverticoli, uno dei quali, all'altezza del lago di S. Puoto, si dirigeva verso l'interno, e probabilmente finiva per riallacciarsi all'Appia nella zona di S. Andrea, verso Itri. È facile pensare che questo ramo interno fosse stato in realtà realizzato successivamente per collegare con la litoranea una serie di "ville" sorte nella zona successivamente alla realizzazione del tracciato stradale del II secolo; il collegamento con un asse stradale era ovviamente di fondamentale importanza per una villa di tipo produttivo[64]. Ma tutte queste supposizioni sono ovviamente passibili di modifica, in as-

senza di un quadro più chiaro. L'impressione che si poteva avere agli inizi del 1800, e che induceva gli studiosi dell'epoca a parlare di "Flacche"[65], sembra comunque indicare la presenza di vari rami stradali, funzionali ad una serie di strutture, ville, luoghi produttivi oggi cancellati dal tempo e dalla crescita edilizia incontrollata, ma ancora all'epoca in gran parte visibili, e "raccontate" dagli studiosi locali dell'epoca in descrizioni purtroppo poco utili dal punto di vista strettamente archeologico ma preziose per il quadro topografico.

B) LE TRACCE DI CENTURIAZIONE

Uno dei modi con cui il territorio "parla" della sua storia è attraverso le tracce di divisione terriera effettuate dai Romani: le operazioni agrimensorie, costituendo un impianto che condiziona fortemente non solo gli appezzamenti coltivabili ma anche i corsi d'acqua, l'orientamento di strutture, gli assi stradali, hanno prodotto una tale impronta (un «sostrato» in termini sereniani[66]) sui territori da essere a volte riconoscibili a millenni di distanza[67].

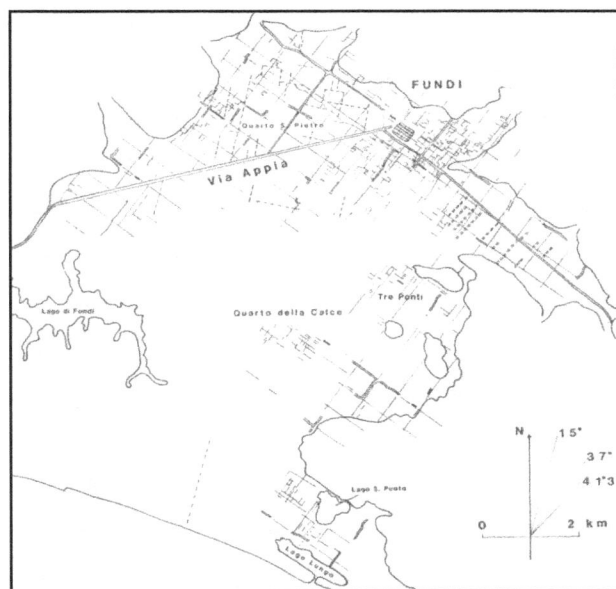

Fig. 4: Supposte tracce di centuriazione nel territorio fondano
(da CHOUQUER ET AL. 1989)

---

[61] GESUALDO 1754, 5-6.

[62] SOTIS 1838, 44; SOTIS 1838B, 19 e 22.

[63] Per altre strutture archeologiche osservate in passato nella zona di Canneto [C1], cfr. CANCELLIERI 1987, 89 sgg. LAFON (2001, 81-2: LT 53), pur riconoscendo le difficoltà dovute alla scarsa documentazione disponibile, propende per interpretare le strutture come una villa.

[64] Risulta comunque difficile applicare alla "Flacca" l'etichetta di "litoranea residenziale-turistica" (CONTICELLO 1991, 29): se di litoranea indubbiamente si tratta, l'aspetto "residenziale-turistico" dovrebbe presupporre insediamenti di carattere residenziale già esistenti al momento della realizzazione del primo tracciato, cosa che allo stato attuale delle nostre conoscenze appare indimostrabile.

[65] SOTIS 1838, 44.

[66] Cfr. GIARDINA 1997, 385, con riferimenti.

[67] «La sopravvivenza e anzi la vitalità (agraria e antropica) di numerose centuriazioni, dopo un paio di millenni, non può infatti dipendere che da una minuta e consapevole conoscenza del terreno, che non poteva semplicemente ottenersi con un'applicazione ciecamente meccanica del graticolato centrale alle pianure»: TIBILETTI 1972 (=TIBILETTI 1978, 333). Cfr. anche SERENI 1961 (1979), 52.

Per la piana di Fondi un già citato lavoro[68] è arrivato a distinguere ben tre operazioni agrimensorie. Una prima serie di tracce, con organizzazione in *lacineae*, sarebbe individuabile ad est della città, lungo il percorso della via Appia; questo sistema corrisponderebbe ad una centuriazione precoce, ricollegata alle vicende del IV secolo, ma gli stessi autori riconoscono la necessità di una verifica attraverso indagini più specifiche sul territorio[69]. Un secondo sistema in una zona ad ovest del centro abitato è solo ipotizzato, dal momento che le tracce sono alquanto labili. Ma le tracce più sostanziose si individuerebbero lungo un ampio arco pedemontano su pressoché tutta la piana, con identico orientamento del centro urbano: la misura di 15 *actus* ne farebbe ricondurre la realizzazione ad epoca augustea, e dunque all'assegnazione terriera ai propri veterani da parte di Augusto ricordata nel *Liber coloniarum*[70]. Questo intervento, che include il centro abitato e solo un breve tratto dell'Appia, avrebbe coperto i due precedenti. E qui si innesta la prima considerazione critica: come sottolineato da Gabba, «bisogna essere molto cauti nello scorgere, e nell'ammettere, sovrimposizioni di sistemi catastali diversi che avrebbero dovuto comportare mutamenti nell'orientamento delle acque di superficie e nella viabilità e specialmente costi enormi»[71]. I veterani che ricevevano terre in assegnazione non potevano aspettare che si effettuassero lunghe operazioni di strutturazione agrimensoria, ma pretendevano terre già sfruttabili[72]: se Augusto assegnò ai suoi veterani terreni nell'agro fondano, questi dovevano essere con tutta probabilità già organizzati. In questa direzione suggerisce di andare anche l'osservazione proposta da Vallat, secondo cui i centri menzionati nel *Liber* tra le 70 città della Campania (tra cui vi è *Fundi*) che rientrano nella categoria *iter non debetur*, hanno avuto assegnazioni in età graccana o sillana; *iter debetur* interviene invece in età augustea[73]. Va poi sottolineato che i più antichi esempi di centuriazione testimoniano la compresenza di più sistemi, riflettendo forse diversi modi di organizzazione e sfruttamento del territorio[74]. Ciò induce a pensare che la schematicità meccanica della ricostruzione degli studiosi francesi tenga poco conto della dinamicità del paesaggio agrario, di quella «viva e perenne elaborazione storica» che è sottolineata in tante pagine esemplari di Emilio Sereni[75].

Come altre modalità di intervento sul territorio, ad esempio le bonifiche, la centuriazione va studiata nei suoi propositi oltre che nei suoi effetti[76]. Nel caso fondano, se accettassimo le proposte di datazione su viste, risulterebbe la strana anomalia della mancanza di un intervento nel periodo di maggiore sfruttamento agrario. Anche questo dato dovrà far riflettere sulle possibilità di datare gli interventi che sembrano individuabili sul territorio. Se però spostiamo l'accento dagli esiti, appunto, ai propositi, non possiamo disgiungere queste tracce di organizzazione territoriale dal fervore agrario chiaramente riconoscibile nel II secolo, a costo di creare un'argomentazione circolare in cui le testimonianze archeologiche trascinano con sé le tracce di centuriazione e viceversa. Ma la testimonianza di assegnazioni augustee del *Liber coloniarum* non comporta, come ritengono Chouquer ed i suoi collaboratori[77], interventi agrimensori: li presuppone; questi saranno più correttamente inquadrabili in quell'opera di riorganizzazione dei contesti agrari delle comunità italiche entrate nello stato romano[78] che, anche per quanto riguarda Fondi, dovette avviarsi proprio agli inizi del II secolo a.C. e raggiungere il suo culmine nel corso del I.

C) LE ATTIVITÀ DI BONIFICA

La storia delle bonifiche della Pianura Pontina vanta una lunga bibliografia. Una nicchia di questa bibliografia corrisponde agli studi dedicati alla Piana di Fondi, che dalla Pontina si distingue per lineamenti geomorfologici e storici. Gli studi al riguardo sono prevalentemente dedicati a periodi dal 1600 in poi[79]. Eppure la storia del difficile rapporto col territorio e la natura ha un inizio ben più lontano. Leggendo i segni che lo stesso territorio ci restituisce, possiamo seguire questa storia, attraverso un alternarsi di contrazioni ed espansioni che coinvolge già le prime forme di presenza umana, e che concorre a formare quella «seconda Natura, che opera a fini civili» che

---

[68] CHOUQUER *ET AL*. 1989; su cui però si vedano le critiche di GABBA 1989B (1994, 197-201); QUILICI 1994; cfr. la replica in CHOUQUER-FAVORY 1999.

[69] CHOUQUER *ET AL*. 1989, 109-111.

[70] L 234, 8-10; CHOUQUER *ET AL*. 1989, 74 e 111-112. Su questo passo ci soffermeremo nel prossimo capitolo.

[71] GABBA 1989B (1994, 198).

[72] GABBA 1989B (1994, 200).

[73] VALLAT 1981, 293.

[74] GABBA 1992; QUILICI 1994, 127; ma vedi anche su questo punto le repliche in CHOUQUER-FAVORY 1999.

[75] Ad es. SERENI 1961 (1979, 19); SERENI 1972; cfr. GIARDINA 1997, 191-192 e 371-415.

[76] Cfr. TRAINA 1990, 77.

[77] CHOUQUER *ET AL*. 1989, 111. Cfr. QUILICI 1994, 130: «...non in ogni centuriazione dobbiamo riconoscere una distribuzione dell'*ager publicus*».

[78] GABBA 1989B (1994, 200).

[79] Bibliografia recente in *PIANA DI FONDI* 1993. Per la storia dell'interesse per le bonifiche, è da segnalare DE GIORGIO 1900.

Goethe rilevava nel suo *Reise*[80].

Una prima indicazione, come abbiamo visto nel "Prologo", è restituita dalle fonti relative alla città di *Amyclae*, o *Amunclae*, che una tradizione vorrebbe distrutta dai serpenti. Questi, secondo una vecchia interpretazione[81], avrebbero simboleggiato i rivoli delle acque, alle quali si dovrebbe attribuire la responsabilità dell'abbandono del sito di *Amyclae* nel quadro di una lotta con le forze della natura che avrebbe visto gli Amiclani soccombere. È indicativo che si sia ritenuto di poter indicare come causa della fine di un insediamento la preponderanza di acque[82].

Un dato chiave risulta dalla presumibile collocazione dell'abitato preromano sulle alture del circondario, ipotizzata nel capitolo precedente. La posizione d'altura ovviamente risponde ad esigenze strategiche e di sicurezza; ma è più che probabile che nella scelta del sito abbiano giocato un ruolo di primo piano anche le condizioni del territorio. Del pari, è questa la chiave per intendere il particolare andamento della via Appia, che dopo aver superato Terracina piegava sensibilmente verso l'interno probabilmente per via delle condizioni poco agevoli della piana. Anche le tracce di centuriazione individuate sul territorio[83], come abbiamo visto, suggeriscono questo stato di cose: opere di *limitatio* infatti sarebbero presenti proprio in quell'arco pedemontano non coinvolto nella situazione di ristagno, grazie alla posizione più elevata[84].

Quali altri dati possiamo utilizzare per questa ricostruzione? Importanza notevole assume una testimonianza epigrafica, se la lettura proposta di recente[85] è corretta: si fa riferimento infatti ad un'importante opera pubblica ed a *paludibus redundantibus*[86]. La datazione di questo documento al II-III secolo parla chiaramente in favore di una persistenza del problema-paludi attraverso i secoli.

Infine, anche l'archeologia può fornire un proprio contributo. Anni fa sono state riconosciute[87] alcune importanti opere di bonifica idraulica attuate nel territorio tramite una serie di anfore sotterrate disposte per filari, secondo una tecnica che trova confronti in altre zone della penisola e che pare finalizzata principalmente ad impedire il riemergere delle acque stagnanti[88]. Si tratta di opere decisamente di rilievo, se possiamo accettare la cifra proposta per le anfore utilizzate (circa cinquemila). Questi interventi sono stati individuati in particolare in tre punti, ovvero in corrispondenza dei due canali che collegano il Lago di Fondi col mare, Canneto e S. Anastasia [C1-2], e lungo le sponde nord dello stesso lago, verso il comune di Monte S. Biagio [C18][89].

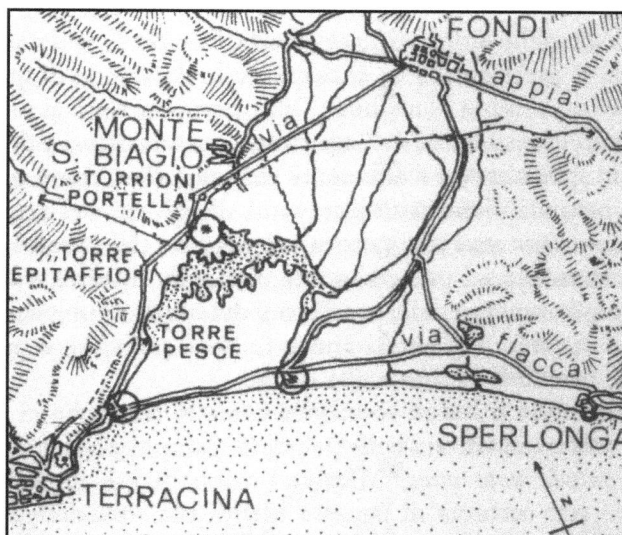

Fig. 5: Interventi di bonifica riconosciuti nella Piana di Fondi (da QUILICI GIGLI 1998)

Ma se estendiamo il discorso anche a rinvenimenti occasionali ed altre notizie di cui disponiamo, emerge un quadro ben più ampio: interventi di bonifica sarebbero avvenuti su un ampio tratto di territorio che corrisponde a tutta la parte occidentale della fascia costiera, quasi fino al punto in cui sulla odierna Flacca si innesta la strada che porta al centro di Fondi. Basti pensare alle frequenti menzioni da parte delle fonti antiquarie locali, che ricordano spesso e non senza sorpresa la facilità con cui i contadini durante i loro lavori si imbattevano in anfore: «Non saprei poscia comprendere né spiegare come in tutt'i siti del salto [cioè la zona tra i laghi ed il mare] l'uno dall'altro distante si disotterrano tante

---

[80] Cit. in SERENI 1961 (1979, 47).

[81] M. CIRELLI, *cit. in* SILVESTRI 1993, 110.

[82] Va ovviamente considerata l'eventualità di una inconsapevole proiezione verso i tempi passati di una situazione che caratterizzava l'epoca in cui questa teoria vide la luce, quando il paesaggio della piana di Fondi era segnato da acquitrini e paludi. Ma altri indizi fanno pensare che il problema delle acque stagnanti fosse ben presente già in epoca protostorica.

[83] CHOUQUER *ET AL.* 1987.

[84] Ciò a prescindere dal fatto che, come sappiamo, non tutto il territorio di una comunità veniva necessariamente diviso ed assegnato (cfr. SERENI 1961 (1979, 46)).

[85] PESIRI-NUNZIATA 1993, 14.

[86] *CIL* X, 6226, su cui torneremo nell'"Epilogo".

[87] QUILICI GIGLI 1987, 152-166; QUILICI GIGLI 1998.

[88] Cfr. GALLINA 1998, 76-7.

[89] DELLA CORTE 1911. Riferimenti bibliografici a rinvenimenti effettuati in passato sono raccolti in HESNARD 1977, 214-5.

anfore di creta di una solidità di pareti, e di un colorito tanto vivido, che sembrano esser nuove; e queste sono quelle usate dagli antichi per riporre il vino, e che graziose nell'aspetto finiscono aguminate nella base per fissarle nel terreno, e conservare per molti anni il vino»[90].

La datazione proposta per questi interventi alla fine del I secolo a.C.[91] si basa sulla prevalenza dell'impiego di esemplari di Dressel 1. In verità i tre siti meglio esplorati hanno restituito anche anfore del tipo greco-italico e Dr. 2-4[92]. Quanto a queste ultime, dobbiamo pensare che il passaggio tra le Dr. 1 e le 2-4 fosse avvenuto con gradualità: l'ansa di una Dr. 2-4 dal sito di Canneto, con il bollo impresso con la stessa matrice utilizzata per Dr. 1 trovate sul relitto della Madrague affondato intorno al 70, ci induce a collocare l'inizio della produzione di questo tipo di anfora alla prima metà del I secolo a.C.[93] Resta il problema delle greco-italiche: ma purtroppo non è facile capire se questi esemplari fossero collocati in fila come quelli di tipo 1, oppure se si trovassero al di fuori di quello che doveva essere il sistema di bonifica. Anche ammettendo che in questi interventi fosse stato utilizzato con assoluta prevalenza il tipo Dr. 1, avremmo così poco più che un ampio *terminus post quem*. Ad ogni modo, sembra quanto meno plausibile che un intervento di risanamento agrario fosse avvenuto nel momento di maggiore sfruttamento del territorio. In tal caso, la datazione ad un generico I secolo a.C. appare suggerita non solo dal tipo di anfora impiegato, ma anche da logiche economico-agrarie più ampie. Questo discorso presuppone che l'intervento fosse stato unitario, e condotto in un'epoca precisa: ma non possiamo escludere che si fosse trattato piuttosto di una serie di interventi scaglionati nel tempo.

È degna di approfondimento, a questo punto, la singolarità agronomica che vede nelle zone paludose del territorio fondano un luogo particolarmente favorevole alla coltivazione del vitigno del Cecubo. Sono infatti le zone paludose, secondo Strabone, Marziale e Plinio, ad ospitare il tanto apprezzato vitigno[94]. Sarà il caso ovviamente di raccogliere il recente invito[95] a non guardare alle paludi con occhi antichi, ovvero a non dare eccessivo credito ad una schematica contrapposizione tra pianure palustri primitive e campi bonificati e "civilizzati". Va riconosciuto invece come anche i territori paludosi «ebbero un ruolo importante, tutt'altro che improduttivo, nell'equilibrio delle forme economiche di sfruttamento del territorio»[96]. Ciò non toglie che da un punto di vista agronomico l'associazione vite-palude appare quanto meno singolare, dal momento che la vite necessita di posizioni assolate e salubri. Ora, se il passo di Marziale potrebbe essere interpretato come esaltazione della feracità tenace del vitigno («fiorisce perfino in terreni paludosi»)[97], il testo pliniano è invece piuttosto chiaro nel parlare di ambiente palustre. Plinio introduce una informazione interessante: il Cecubo fiorisce «*in palustribus populetis*» (*NH* XIV, 61), dunque vi è una associazione tra vitigno e pioppi. L'associazione fra vite ed alberi ad alto fusto non è nuova[98]. Sappiamo in effetti che uno dei metodi di coltivazione della vite era quello definito dalle fonti *vitis arbustiva*, appoggiata ad alberi; ed uno degli alberi preferiti in tal senso è proprio il pioppo nero[99]. Del resto Strabone tramanda per la vite del Cecubo un nome significativo: *dendritis*, «vite che cresce avvolta agli alberi» (V, 3, 5)[100]. Vale la pena notare, a livello di sistema produttivo, che, in base alle informazioni che leggiamo nel trattato agronomico dei Saserna, un vigneto con vite maritata richiedeva un numero maggiore di schiavi per il raccolto[101].

---

[90] Soris 1838b, 12.

[91] Quilici Gigli 1987, 160.

[92] Hesnard-lemoine 1981, 252 e 254-5.

[93] Tchernia 1986, 134-5. Bollo e relitto saranno oggetto di approfondimento nei prossimi paragrafi.

[94] «τὸ δὲ Καίκουβον, ἑλῶδες ὄν, εὐοινοτάτην ἄμπελον τρέφει τὴν δενδρῖτιν» (Strab. V, 3, 5); «*vitis et in media nata palude viret*» (Mart. XIII, 115).

[95] Traina 1990, 15.

[96] Traina 1990, 15. Non possiamo d'altronde trascurare un portato molto problematico delle paludi quale era la malaria: cfr. Sallares 1999, 147 (ma vedi le perplessità di Lo Cascio 1999).

[97] Leary 2001, 182: «The purpose of the epigram seems to be to highlight the surprising fact that the wine which produced such quality Caecuban not only grew in a swamp but thrived there»

[98] Alcuni studiosi, partendo da un proverbio ciceroniano, hanno sottolineato l'importanza dri boschi per l'impianto di vigneti (André 1980; cfr. Giardina 1981 (1997, 184 n. 118)), ma si tratta prevalentemente di alberi, come il castagno, disposti a buona esposizione solare (André 1980, 5).

[99] White 1970, 236: «black poplar, elm and ash» sono gli alberi preferiti per via dell'esiguità di foglie. Sul sostegno vivo, già Sereni 1964, 75-204 (= Sereni 1981, 101-214).

[100] cfr. Traina 1988, 104. Da non confondere con altre accezioni di *dendritis*, vocabolo latino (ps. Apul. 109) per indicare l'*Euphorbia dendroides* (André 1985, 88; Stirling 1999, 195). Le informazioni straboniane riguardo il Cecubo ed altri vini del Lazio meridionale, secondo F. Lasserre (commento a Strabone, *Géographie*, t. III, Les Belles Lettres, Paris 1967, p. 83 n. 1), risalirebbero a Posidonio. Ma è più probabile che esse riflettessero la situazione di epoca augustea, e dunque una visione diretta di Strabone (così Coarelli 1988, 78).

[101] Kolendo 1980, 42-3; ma, come ricorda lo stesso Kolendo, nel caso della vite maritata le norme di lavoro sono

Casi di vini prodotti in ambienti paludosi non sono rari[102]. Columella ricorda i fondi dello zio in Baetica, riferendosi ad *iis fundis in quibus palustres vineas habebat* (XII, 21, 4); ed in un altro passo parla del territorio ravennate, paludoso ma coltivato a vigneti (III, 13, 8). Anche in Plinio troviamo un'indicazione simile, quando menziona *vindemiae in palustribus* nel territorio di Padova (*NH* XIV, 110)[103]. Riconsiderando questi esempi, possiamo fornire una chiave di lettura ricordando che gli stessi autori antichi distinguono fra diversi generi di terreni paludosi. Quando l'acqua ristagna senza possibilità di ricambio, la palude è irrimediabilmente mefitica, e diventa il regno della zanzara anofele e quindi della malaria. Ma se vi è possibilità di ricambio attraverso canali artificiali o deflussi naturali, allora si può perfino pensare di costruire una città vicino ad una palude, come nel caso di Ravenna (Vitr. I, 4, 11-12; Strab. V, 1, 7)[104]. In effetti anche la piana di Fondi è collegata al mare da canali che probabilmente erano già attivi in epoca romana, come vedremo meglio più avanti. È forse questa possibilità di ricambio delle acque stagnanti che rendeva la palude fondana non deleteria per qualche coltivazione particolare, a differenza dell'attigua pianura Pontina, che lo stesso Vitruvio ricorda insanabile per l'impossibilità di far defluire le acque. Il cerchio si chiude notando come Strabone, sempre a proposito di Ravenna, ricordasse oltre alla mirabile situazione dell'aria non infetta nonostante la presenza degli acquitrini, un altro fatto mirabile, e cioè l'abbondante produzione della vite (Strab. V, 1, 7).

D) PROPRIETÀ FONDIARIA E GESTIONE DEL TERRITORIO

Il territorio di Fondi si trova in una zona intermedia tra Lazio meridionale e Campania, ovvero in quella zona d'Italia che è assolutamente centrale per gli sviluppi del sistema di produzione agraria romano. Ciò permette di considerare con una certa attenzione ad esempio i trattati agronomici (Catone su tutti): dal punto di vista rurale la piana di Fondi trova maggiori confronti con la Ciociaria interna (in cui si trovavano i terreni di Venafro da cui probabilmente

il Censore traeva i suoi precetti[105]) che con la Pianura Pontina[106]. Ma le possibilità di confronti hanno dei limiti precisi: specie dopo la grande cesura della guerra annibalica, si riscontra in Italia meridionale «una notevole varietà nei rapporti di produzione, nelle forme della proprietà, nei modi di sfruttamento della terra»[107]. Non possiamo dimenticare che l'impressione di omogeneità che si può trarre dal confronto tra aree diverse è spesso dovuta ad un modello egemonico di appropriazione del territorio, che di frequente si configura in termini di sfruttamento[108]. Ciò è evidente nei casi in cui si verifica l'imposizione di determinate attività produttive estranee alla vocazione di un territorio, oppure la concentrazione delle risorse locali su un unico modello a spese di attività tradizionali: sono casi in cui si estrinsecano interessi di tipo «quasi coloniale», e che possono costituire un proficuo modello interpretativo per leggere alcuni fenomeni che si verificano nel territorio fondano a partire dal II sec. a.C.

Anche per il caso fondano ci si scontra con notevoli difficoltà nel tentativo di far luce sulla gestione dei territori in epoca preannibalica[109]. È possibile che l'assetto territoriale della piana di Fondi non fosse estraneo a quel sistema per *pagi* e *vici* che conosciamo per l'Italia preromana e romana[110]; ma non abbiamo testimonianze attendibili di questa situazione. A livello di erudizione locale vengono riferite alcune epigrafi in cui effettivamente si menzionano *vici*: in particolare un *vicus Settaquis*, ricollegato al toponimo ancora esistente di Settacque, ed un *vicus Laci Fundani*, ovviamente riferito al lago di Fondi[111]. C'è da dire che il primo, per nostra sfortuna, non pare verificabile: non a caso Mommsen decise di non accoglierlo nel suo *corpus*; in effetti ha piuttosto il sapore di una ricostruzione pseudoerudita a partire da un toponimo moderno ("Settacque", ancora

---

difficili da stabilire, dal momento che le variabili legate al tipo di albero sono numerose (vedi già Colum. V, 6).
[102] Fra questi, dovremo forse espungere l'*heleos* menzionato nel trattato *Geoponica* (II, 47, 9), citato da TRAINA (1988, 104), nel quale è più agevole riconoscere nient'altro che il sambuco, che con i suoi frutti (drupe globose nere) poteva essere confuso colla vite. Cfr. ANDRÉ 1985, 118, s.v. «heleos acte» («"sureau des marais", plante des clairières humides: *Sambucus ebulus*», Plin. XXIV, 51; Diosc. IV, 173); cfr. anche STIRLING 1999, 309, s.v. «heleos acte».
[103] Cfr. TRAINA 1990-'91.
[104] FEDELI 1990, 105.

[105] Cfr. le riflessioni in GABBA-PASQUINUCCI 1979, 29 sgg.
[106] Ancora negli anni '70 del 1800, nell'ambito della "Inchiesta Jacini" si poteva scrivere che «il Pontino raffigura un pestifero deserto albergo di vipere e di armenti, mentre il tratto da Fondi a Mondragone porta impresso il tipo di una robusta vegetazione dovuta all'impiego diligente dell'umana attività» (E. SORRENTINO, in DI FAZIO 1991, 97).
[107] GIARDINA 1981 (1997, 172).
[108] TRAINA 1990, pp. 35 e 65; GIARDINA 1981 (1997, 154-155).
[109] Di recente CURTI 2001, 20.
[110] Fondamentale il lavoro di SERENI 1955 (su cui GIARDINA 1997, 371-415; CAPOGROSSI 1999); di recente cfr. CAPOGROSSI 2002, ed i vari casi considerati in CALBI-DONATI-POMA 1993. La strutturazione paganica è tipica di aree non raggiunte dalla civilizzazione greca od etrusca (GARNSEY 1979, 5-6).
[111] FORTE 1998, 67-68; già NOTARIANNI 1814 (1995, 74) e CAYRO 1816, 334-335.

oggi in uso). Per quanto riguarda il secondo, la vicenda è più complessa: l'epigrafe in questione venne infatti rinvenuta da Fulvio Orsini alle pendici del Quirinale nel 1600[112], e successivamente confluì nella collezione Farnese (famiglia presso cui Orsini prestò servizio come bibliotecario), per finire in tempi recenti nel Museo Nazionale di Napoli, ove tuttora è conservata[113]. Chiaramente il testo si riferisce al *Lacus Fundanii*, attestato proprio nei dintorni del Quirinale[114], e nulla ha a che vedere con Fondi; ma fu tentazione irresistibile per gli antiquari locali riferire arbitrariamente il testo al territorio fondano, assumendolo a prova della esistenza di un'organizzazione vicanica[115]. Venendo meno queste due indicazioni, cade ogni plausibile testimonianza di una presenza di *vici* o *pagi* in zona.

Non abbiamo notizie di un diretto coinvolgimento del territorio fondano nelle vicende della guerra annibalica. L'unico riferimento alla zona riguarda il passo liviano in cui si registra che «*Poenus inter Formiana saxa ac Literni harenas stagnaque et per horridas siluas hibernaturus esset*» (XXII, 16). Da questo passo Broise e Lafon deducono che il comprensorio fondano-formiano, non essendosi prestato a favorire Annibale, sarebbe risultato poi immune da confische e ritorsioni: ciò avrebbe permesso la creazione di una grande proprietà locale, affiancata da grande proprietà romana[116]. Si tratta di una ricostruzione che lascia qualche dubbio: certo, la necessità cartaginese di svernare *inter Formiana saxa* farebbe pensare ad una ostilità dei centri locali; ma i danni alle economie cittadine non furono dovuti solo alle ritorsioni romane, quanto non meno alle devastazioni belliche, all'allontanamento degli uomini dai campi, alla perdita dei raccolti ed a numerosi altri fattori[117]. Data la posizione di passaggio tra Roma e la Campania, è più che probabile che la zona fosse stata teatro di scontri, e che anche il territorio fondano fosse uscito dal periodo del conflitto con grossi danni, impoverimenti ed uno stato di crisi della piccola proprietà terriera[118].

È in questo quadro che, in molte zone dell'Italia romana, si verificò il fenomeno dell'appropriazione di

larghi spazi coltivabili da parte di pochi proprietari, pronti a sfruttare il momento di crisi[119]. Ma non sarebbe corretto utilizzare un modello schematico in cui da un assetto per piccoli appezzamenti sparsi si passa ad una concentrazione terriera che non lasciava più spazio a modesti poderi: è ormai un dato acquisito che la piccola proprietà sopravvisse anche parallelamente alla grande azienda agricola[120]; senza contare le forme intermedie di aggregazione messe in atto da piccoli proprietari, una delle quali si concretizza ad esempio nell'istituto dell'*ager compascuus*[121]. In un passo sicuramente trasfigurato ma non privo di utilità, Orazio ricorda due importanti caratteristiche dell'epoca di Catone: «*Privatus illis census erat brevis / commune magnum*» (Hor. *Od.* II, 15, 13-14). Come modello per le "regole di proprietà" dovremo dunque pensare che nel territorio fondano, a partire dal II secolo, si affiancassero più sistemi principali: piccola proprietà contadina, prevalentemente di sussistenza; proprietà medio-grande di tipo schiavistico, "catoniano"; tratti di *ager publicus* (il "*commune*" oraziano). Proprio l'*ager publicus* è stato riconosciuto da tempo come un punto chiave dell'accumulo di proprietà terriere nelle mani di pochi[122]. É stato merito del Salvioli mettere in luce i rapporti tra *ager publicus* e "latifondo"[123]. Per chiarire le dinamiche ed i rapporti tra questi diversi assetti sarà necessario tentare di combinare al massimo dati storici ed archeologici[124].

E) LA DOCUMENTAZIONE ARCHEOLOGICA

Se dalle fonti possiamo con cautela ipotizzare che

---

[112] Cfr. DI FAZIO 1997, con riferimenti.

[113] *CIL* I², 721=VI, 1297; VIHONEN, in CAMODECA-SOLIN 2000, n. 32.

[114] COARELLI 1996.

[115] Curiosamente, però, la prima svista fu dovuta non ad un erudito locale ma ai geografi Leandro Alberti ed Abraham Ortelius: cfr. DI FAZIO 1997, 224.

[116] BROISE-LAFON 2001, 188.

[117] Cfr. la ricostruzione in BRUNT 1971, 276 sgg.; FREDERIKSEN 1981, 265-7; GABBA 1989, 200 sgg.

[118] Cfr. per il quadro generale il classico TOYNBEE 1965.

[119] La bibliografia sull'argomento è vasta; si veda fondamentalmente Appiano, *BC* 7-8, con il commento di E. GABBA, Firenze 1958, p. 16; GABBA-PASQUINUCCI 1979.

[120] Cfr. GABBA 1982 (=1988, 63). La persistenza di «libero contadiname» è anzi la garanzia dell'efficienza del sistema-villa (LO CASCIO 1991).

[121] Cfr. LAFFI 1999, 119.

[122] Già MONTESQUIEU (*Considérations sur les causes de la grandeur des Romains et de leur décadence*, Amsterdam 1734; tr. it. Milano 2001, p. 93) individuava un germe di decadenza nel fatto che le proprietà terriere, prima utilizzate per mantenere soldati, vennero destinate poi al mantenimento di schiavi ed artigiani, «strumenti del lusso dei nuovi proprietari».

[123] SALVIOLI 1929 (1985, 43 sgg.); cfr. GIARDINA 1997, 342 sgg.

[124] In questo tentativo sarà utile rifarsi alle riflessioni elaborate in particolare dagli anni '70 in poi, a partire dall'incontro di studi tenuto a Pontignano nel 1969 (ROMA E L'ITALIA 1970-71), passando per i contributi di J. D'ARMS, E. GABBA ed altri, fino al lavoro dell'Istituto Gramsci confluito in GIARDINA-SCHIAVONE 1981, ed ai dibattiti da questo suscitati («Quaderni di Storia» 16, 1982; «Opus» 1, 1982; cfr. GIARDINA 1997, 346 e n.).

sul volgere del IV secolo nel territorio fondano si fosse creato un tratto di *ager publicus*[125], quali informazioni possiamo ricavare dal punto di vista archeologico? La possibilità di utilizzare dati archeologici è ostacolata dalla mancanza di un'indagine sistematica su tutta la piana. Eppure un primo dato inequivocabile sta nella constatazione che in particolare tra II e I secolo a.C. il territorio rivela una presenza di testimonianze archeologiche pressoché capillare[126]: si nota una rilevante diffusione di strutture e/o di materiali soprattutto sulle colline dell'entroterra e sulla fascia litoranea, con esclusione naturale delle zone che si può supporre fossero meno frequentabili a causa dello stato di impaludamento.

La povertà di informazioni sul periodo precedente (comunque di per sé significativa) ci impedisce di apprezzare il salto di qualità compiuto nel territorio fondano, che del resto coincide perfettamente con il dato che possiamo ricavare da gran parte dell'Italia romana nello stesso secolo[127]. La costante presenza dell'indicatore principale, ovvero frammenti di anfore di tipo Dressel 1, è la testimonianza più chiara sia di questa capillarità di sfruttamento, sia della natura prevalentemente agricola e produttiva. Del resto, possiamo dire che fu la presenza di un grande mercato, quello costituito da Roma, a determinare un impulso alle attività produttive locali: «I Romani fanno venire di là i vini migliori», ricorda Strabone (V, 3, 4) parlando della Campania con una frase che è indubbiamente valida anche per la zona di cui ci occupiamo[128].

Le ricognizioni effettuate sul territorio restituiscono il dato di almeno una decina di casi in cui si riscontra la compresenza di un considerevole accumulo di reperti superficiali -soprattutto anforacei e laterizi databili con sufficiente approssimazione al periodo compreso tra il II ed il I secolo a.C.- e di strutture in opera incerta e quasi reticolata o di basamenti in poligonale che si possono supporre coevi al materiale (ad es. [C6-7-8-9-10-11-12-14-17], ma l'elenco è parziale). In mancanza di approfondimenti non è possibile affermare che a ciascuno di questi addensamenti corrisponda una struttura produttiva del tipo della "villa" catoniana piuttosto che di una "fatto-

ria" od una generica struttura a scopo agricolo[129]. Ma se a questi punti di addensamento si sommano le numerose aree in cui è possibile rilevare una presenza di materiale più rada o disgiunta da resti di strutture, è difficile sottrarsi all'impressione di una capillarità nell'occupazione del territorio.

Fig. 6: Struttura agricola in loc. "S. Raffaele" [C11]

Non è facile stabilire in che misura incida su questo quadro la selezione delle testimonianze materiali a noi pervenute. La resistenza dell'opera incerta è ben altra rispetto a strutture murarie più povere o addirittura ad edifici lignei che potrebbero aver caratterizzato il paesaggio agrario fondano prima del II sec. a.C.[130]. Ma per il territorio fondano non sembra di potersi rilevare tracce di quel fenomeno di continuità tra strutture agricole di IV-III e ville di II-I secolo che si è rilevato in altre zone del Lazio e della Campania[131]. E' più probabile dunque che si tratti di un effettivo salto di qualità, cosa che dovette avere tra l'altro profonde implicazioni anche da un punto di vista demico. Non potendo parlare di drastico incremento di popolazione, dobbiamo riconoscere in questi spazi frequentati ex-novo l'indizio della comparsa di quelle masse di schiavi che furono il vero motore dell'economia romana, e che conferiscono il proprio nome a quel sistema di produzione che proprio a partire dal II secolo si impone nell'Italia romana. Non ne abbiamo notizie altrimenti, salvo riferimenti a centri non lontani: Sezze, teatro di una drammatica rivolta nel 198-7 che vede coinvolti anche i territori di *Norba* e *Circeii* (Liv. XXXII, 26), e

---

[125] Cfr. quanto detto nel capitolo I.
[126] Cfr. QUILICI 2004, 538-9, che, pur nell'analisi del solo segmento relativo alla via Appia tra Fondi ed Itri, parla di «esplosione edilizia» a partire dal II secolo a.C.
[127] Cfr. LO CASCIO 1999, 237. Un parallelo da tenere presente è quello della Campania settentrionale: JOHANNOWSKY 1981, 308-9; ARTHUR 1991, 64 sgg.
[128] Cfr. STORCHI 2002, 34 sgg.

[129] Cfr. le definizioni di *Villa, Farm* e *Pottery scatter* in ARTHUR 1991, 19-21, che appaiono ben utilizzabili anche per la realtà fondana. Per le recenti discussioni sull'origine e lo sviluppo del sistema-villa nell'Italia romana, cfr. TERRENATO 2001B e CAMBI 2001.
[130] Cfr. le considerazioni di TORELLI 1990, 128.
[131] Vedi ANDREUSSI 1981, in partic. 354; TORELLI 1990, 128 sgg.

Minturnae nel 135 (Oros. V, 9)[132]. Ma il binomio villa catoniana-sistema schiavistico è inscindibile. Andrà comunque considerata con attenzione la critica di Gabba: non vi è automatica connessione tra la presenza di schiavi ed il modo di produzione schiavistico, che non può essere assunto come aprioristico[133]. Accogliendo questa riserva, utilizzeremo con cautela l'etichetta di "sistema di produzione schiavistico".

A prima vista, la capillarità delle presenze potrebbe far pensare ad un sistema di proprietà diffusa, non concentrata, di medie dimensioni: in una situazione che si presenta in qualche modo analoga, quella della Campania settentrionale coeva, Johannowsky leggeva la presenza di numerose ville rustiche come indizio di una scarsa incidenza del "latifondo"[134]. Questa ipotesi si scontra però da un lato con la difficoltà ad individuare e quantificare l'*ager publicus*, dall'altra con l'impossibilità di ricondurre i complessi individuabili ad una specifica proprietà: non si può escludere, in altre parole, che più complessi avessero un unico proprietario[135]. D'altronde, in presenza di più complessi abitativi, è lecito supporre che la situazione di partenza fosse proprio quella di diversi proprietari, con un successivo accorpamento. Vedremo inoltre più avanti come sulla scorta dei dati epigrafici si possa presumere, almeno per il I secolo ma in parte anche per il II secolo a.C., una certa varietà di famiglie di rilievo, sia locali che appartenenti all'aristocrazia senatoria.

Un discorso più approfondito su questi aspetti della storia di Fondi deve necessariamente passare attraverso una attività di puntuale ricognizione e studio delle strutture presenti nel territorio; attività, questa, che esula dagli scopi del presente lavoro. Una "carta archeologica" dovrebbe, tra l'altro, permettere di stabilire con maggiore precisione il momento in cui questo fenomeno di ampio sfruttamento territoriale declina: vedremo infatti nel prossimo capitolo che la situazione di epoca imperiale appare ben diversa, con una rarefazione delle presenze archeologiche rurali. Il cambiamento ebbe luogo durante i primi secoli dell'Impero, di pari passo con la creazione dei latifondi imperiali, oppure seguì il modello proposto per la meglio indagata area limitrofa di Itri, in

cui le ville di III e II secolo cessano di essere attive già prima dell'Impero, quando vigne ed oliveti sono sostituiti da pascoli ed aree boschive[136]?

Aspetti produttivi

In chiusura della relazione commissionata nell'ambito della famosa "Inchiesta Jacini" all'indomani dell'Unità d'Italia, Erasmo Sorrentino rievocava le antiche radici agrarie del territorio affidatogli, il circondario di Gaeta, in cui rientrava anche Fondi. Sorrentino si spingeva a sostenere che se Plinio fosse tornato a gettare lo sguardo sui territori in questione, non vi avrebbe notato eccessive differenze[137], dimenticando forse che nel frattempo erano arrivati tra l'altro le arance dalla Sicilia araba ed i pomodori sulle navi di Colombo[138]. Dobbiamo dunque tener presente questo tipo di trasformazioni, che non permettono di utilizzare in maniera troppo generale documenti come la stessa opera del Sorrentino e prima ancora la panoramica sullo stato del territorio fondano realizzata da Biagio Sotis nei primi decenni del 1800[139]; documenti che altrimenti sarebbero preziosi, specie dal momento che risalgono ad un'epoca precedente quell'intervento di bonifica del ventennio fascista che possiamo additare come il momento di maggiore trasformazione del territorio nell'arco della sua storia. Purtuttavia non si potrà sottacere (come già accennato nell' "Introduzione") una certa "continuità" nelle tecniche agrarie, entro certi quadri e certi contesti territoriali, dall'antichità al secolo XX: determinati elementi di confronto, utilizzati con accortezza ed in senso "microstorico", potranno risultare utili per tentare di restituire un quadro approssimativo della produzione dell'antico territorio fondano, e di dare risposta ad alcune domande, ricordando col de Neeve che «ancient agrarian history is first and foremost agrarian history, that is, economic history, and only secondly ancient»[140].

Sarà ovviamente opportuno sfuggire alla tentazione di individuare nel vino l'esclusivo volano dell'economia della zona in epoca romana. Ma uno sguardo alle emergenze archeologiche della piana di Fondi non potrà non restituire, come abbiamo già visto, la netta impressione che intorno ai secoli II e soprattut-

---

[132] Cfr. TOYNBEE 1965, II, 317 n.2 e 319; STORCHI 2002, 42.
[133] GABBA 1982 (= 1988, 58-59).
[134] JOHANNOWSKY 1971, 471. Cfr. anche, per rimanere nel Lazio, la situazione di Anagni in ANDREUSSI 1981, 350.
[135] Cfr. ancora una volta l'analoga situazione della Campania settentrionale in ARTHUR 1991, 66. Dubbi su questo punto erano stati sollevati da LA PENNA e TORELLI già nelle discussioni dell'importante incontro di studi ROMA E L'ITALIA 1971, 360.

[136] DE'SPAGNOLIS 1982. Cfr. TCHERNIA 1986, 161 e 187-8, con un punto di vista che forse accentua troppo l'importanza della produzione vinicola.
[137] E. SORRENTINO, in DI FAZIO 1991, 189.
[138] Cfr. quanto detto nell' "Introduzione".
[139] SOTIS 1807 (2001 A e B).
[140] DE NEEVE 1990, 364.

to I a.C. abbia avuto luogo una notevolissima e-spansione, una attività edilizia capillare, dalle proporzioni raggiunte solo nel XX secolo. Anzi, sappiamo dalle vicende storiche successive che a partire dall'epoca medievale fino alla metà circa del XX secolo la frequenza insediativa di epoca romana in tutta la piana non sarà mai raggiunta. Questo fenomeno conosce un netto declino a partire dal I secolo d.C., guarda caso cioè dal momento in cui, come vedremo, la produzione del Cecubo viene meno. Lungi dallo stabilire un nesso vincolante e troppo stretto fra questi due fenomeni, tuttavia la coincidenza è un dato che andrà tenuto nel debito conto per far luce sugli sviluppi storico-economici del territorio che stiamo esaminando.

A) LA PRODUZIONE OLEARIA

Se è fuori di dubbio l'interesse di esponenti dell'aristocrazia romana per Fondi almeno dal II secolo, è lecito chiedersi cosa motivasse questo interesse. La certezza di J. D'Arms, che rispondeva ricordando il valore della produzione vinicola della zona, è stata messa in dubbio di recente da H. Broise e X. Lafon nell'edizione dello scavo di una importante villa di tipo produttivo nel territorio, villa Prato [C9]. Gli studiosi francesi hanno ritenuto di poter indicare nell'olio il primo prodotto di qualità della zona: una produzione altamente speculativa quanto il vino, che sarebbe testimoniata dal rinvenimento di alcune anfore per il trasporto oleario realizzate proprio nel territorio fondano ed esportate anche ad Alessandria[141], ma soprattutto dalle strutture produttive individuate in Villa Prato, finalizzate proprio alla produzione dell'olio. Riguardo il primo indizio, va detto che le anfore da olio in questione appartengono alla stessa officina di *Veveius Papus* di cui parleremo più avanti, collocabile nei primi decenni del I secolo a.C., e dunque non possono in alcun modo testimoniare di una precedenza della produzione olearia rispetto a quella del vino.

Sempre secondo Broise e Lafon, è solo nel I secolo a.C. che il vino assume un aspetto preponderante: segno di questo mutamento sarebbe la riconversione operata nell'ambito di Villa Prato, con la produzione riorientata proprio in direzione del vino a scapito dell'olio, in virtù (si suppone) dell'incremento della richiesta vinicola. Sarebbe tuttavia un errore estendere questo schema a tutta la piana di Fondi. L'attitudine olearia di Villa Prato può non essere un *unicum* nella zona: ad esempio, in una inedita struttura in località "Valmaiura" [C14] (ancora oggi ricca di uliveti) una notevole quantità di frammenti di

dolii è associata a resti di pavimento in *opus spicatum*, abbinamento che può far pensare ad una struttura funzionale alla produzione olearia, proprio sull'esempio di Villa Prato[142]. Ma difficilmente questi pochi esempi possono diventare paradigma da generalizzare. Anche la data che gli studiosi francesi propongono per l'inizio della produzione del Cecubo è priva di sicuri riferimenti: non abbiamo motivo di escludere che qualche vino di rilievo fosse prodotto localmente già nel II secolo, come vedremo. Su questo punto forse Broise e Lafon hanno conferito eccessiva importanza al famoso Cecubo, sottovalutando altre produzioni vinicole locali, che però dal punto di vista economico potevano avere pari se non maggiore incidenza, come vedremo nei prossimi paragrafi.

B) ATTIVITÀ PRODUTTIVE "MINORI" E ARTIGIANATO

Il discorso di Broise e Lafon può peraltro ben essere accolto per non rischiare di sopravvalutare l'importanza della produzione vinicola del territorio fondano a scapito di altre produzioni agricole pure rilevanti, che però spesso rimangono al margine nella ricerca storico-economica. Dopo decenni di attenzione pressoché esclusiva verso il prodotto-vino, è recente la rivalutazione dell'*arable agriculture*: possiamo oggi dire che lo sviluppo di attività specializzate ad alto rendimento non comportò una trasformazione radicale dell'agricoltura italica, che dovette continuare a basarsi in larga misura sulla cerealicoltura[143].

È stato sottolineato che Emilio Lepido, nei suoi *praedia*, oltre a vino poteva forse produrre anche grano[144]: in questa direzione porterebbero alcuni indizi, fra cui in particolare la realizzazione a Roma della *porticus Aemilia*, interpretata da Zevi come un granaio, ma anche dell'*emporium* sul Tevere, entrambi lavori avviati da Lepido sotto la sua edilità[145] e collegati alla distribuzione frumentaria. Ovviamente è facile supporre che un personaggio come Emilio Lepido avesse proprietà terriere sparse in varie zone, e non solo nel territorio fondano. Ricordiamo inoltre che la cura dell'approvvigionamento granario rientra a pieno titolo fra le competenze di un edile quale era Lepido[146].

---

[141] BROISE-LAFON 2001, 189; cfr. anche LAFON 1993.

[142] LAFON 1997, 30; cfr. anche SETTEFINESTRE 1985, I,2, 243 sgg.
[143] Cfr. di recente SPURR 1986; SCHEIDEL 1994; LO CASCIO 1999.
[144] ZEVI 1994, 65-66.
[145] D'ARMS 1981, 36; WISEMAN 1991 (1998).
[146] Non potremo comunque stupirci del fatto che l'*emporium* venne completato e la *porticus Aemilia* pavimentata e

Un altro prodotto da tenere in considerazione è quello ittico: l'attività di itticoltura dovette essere più intensa nel comprensorio formiano, ma che non è assente nel fondano. Abbiamo, proprio nella zona di Villa Prato (ma non solo), tracce di peschiere che fanno supporre un'attività di itticultura, quasi ovvia data la prossimità al mare[147]. La stessa famosa villa di Tiberio a Sperlonga mostra tuttora tracce di peschiere[148], anche se in questo caso dobbiamo probabilmente supporre una produttività finalizzata prevalentemente, se non esclusivamente, al consumo interno della villa, piuttosto che a commercio. Un indizio prezioso è conservato nei *Deipnosofisti* di Ateneo (III, 121a), dove si ricorda come particolarmente apprezzato lo sgombro (σκόμβρος) di *Amyclae*, dunque del litorale fondano.

Va ricordata poi un'ampia gamma di attività produttive che possiamo solo immaginare: in particolare pastorizia ed allevamento, attività svolte in quegli spazi non urbani che è difficile riempire di uomini[149]. Qualcosa di più specifico forse è possibile dire sullo sfruttamento dei boschi. Un indizio potrebbe venire dalla toponomastica, in particolare dai nomi di "Salto di Fondi" e "Selva Vetere" conservati ancora oggi per zone a vocazione decisamente boschiva: il "*Saltus*" e la "*Silva vetus*" sembrano conservare un legame con l'età antica, anche se ovviamente imprecisabile (non se ne può escludere un'origine in epoca medievale)[150]. Un ruolo importante devono aver rivestito in quest'ottica i canali Canneto e soprattutto S. Anastasia [C1-2], presso la cui foce non a caso si è rinvenuta traccia di una struttura di tipo portuale di piccolo cabotaggio[151]. Questi due canali mettono in collegamento il mare ed il Lago di Fondi, e sono entrambi navigabili, specie quello di S. Anastasia[152]. È probabile che entrambi fossero già in uso in epoca romana: in particolare la banchina del canale S. Anastasia conserva ancora ai livelli più bassi uno strato di conglomerato di frammenti laterizi romani. Inoltre dal Lago di Fondi partono altri canali, alcuni dei quali

certamente risalenti all'epoca delle bonifiche del XX secolo; ma tra questi, il canale "Acquachiara" giunge fino in prossimità del centro urbano, proprio in corrispondenza di un ponte di epoca romana sull'Appia, ed è probabile una sua esistenza già in epoca romana. Il tutto farebbe pensare ad un sistema di canali navigabili funzionale al trasporto di merci. Già nell' 880-881 Docibile I aveva guidato i Saraceni fino a Fondi utilizzando il canale navigabile di S. Anastasia (Leo Mars. I, 43). Sembrano, questi, indizi sufficienti per collegare il sistema, che attraversa proprio la già citata zona del "Salto", allo sfruttamento delle zone boscose dell'entroterra, anche in virtù dello stretto rapporto riconosciuto tra presenza di corsi d'acqua navigabili e sfruttamento del legname[153].

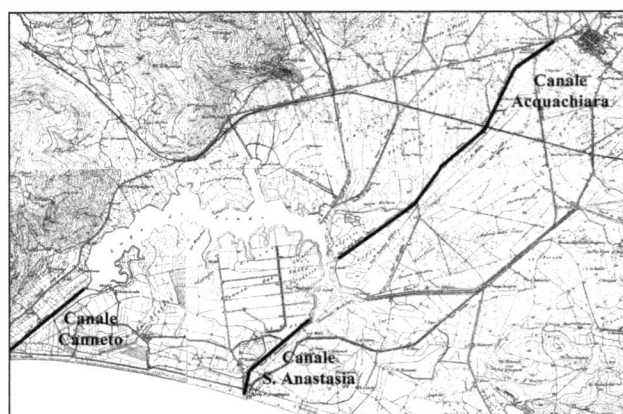

Fig. 7: Sistema di canali navigabile

Scarse sono le informazioni di cui disponiamo anche per la sfera della produzione artigianale, che pure dovette conoscere al pari del resto d'Italia un incremento in questo periodo, conseguente all'afflusso di manodopera schiavistica[154]. L'unica traccia importante, in maniera senza dubbio indicativa, sembra collegata alla produzione vinicola, e riguarda gli *atelier* per anfore localizzati proprio lungo il litorale, nei siti di Canneto e S. Anastasia, e lungo le sponde del Lago di Fondi in territorio di Monte San Biagio [C1-2-18][155]. Queste officine avrebbero prodotto, secondo gli studiosi francesi che li hanno pubblicati, anfore greco-italiche (certamente il sito di Monte S. Biagio, senza certezza gli altri due), Dressel 1, soprattutto del tipo b, e Dr. 2-4. Va certo sottolineata la "strategicità" della collocazione dell'officina nei pressi del mare, dei due canali navigabili e dell'asse stradale costituito dalla "Flacca", che permetteva un

---

fornita di scalinata di accesso al fiume proprio nel 174, anno in cui Lepido era pontefice massimo (Liv. XLI, 27, 8).

[147] LAFON 1997, 30; BROISE-LAFON 2001, 192-6.

[148] JACOPI 1963, 22 sgg.

[149] GIARDINA 1989 (1997, 196).

[150] Il toponimo Vetere è attestato già nel 954 d.C.: DEL LUNGO 2001, 9.

[151] HESNARD-LEMOINE 1981, 245. Recenti scavi potranno fornire nuove indicazioni sull'assetto topografico di questa località.

[152] SCTIS 1807, 29: «Il lago mette foce al mare per un gran canale detto la foce di *S. Anastasio*: nella sua apertura a mezzo giorno nel mediterraneo (*sic*) si osservano gli avanzi di un antico ancoraggio, o per dir meglio d'un picciolo Porto».

---

[153] GIARDINA 1981. L'importanza del trasporto per acqua è sottolineata dalla presenza della nave nell'*instrumentum fundi* di Ulpiano (D. 33.7.12.1: cfr. MANACORDA 1985, 142).

[154] Cfr. di recente DAVID 1994 (2002), 80-81.

[155] HESNARD 1977; HESNARD-LEMOINE 1981.

rapido collegamento con lo scalo portuale più importante del circondario, ovvero quello di Terracina[156]; a queste considerazioni, possiamo aggiungere la presenza delle aree boscose di Selva Vetere e del Salto, su menzionati: la possibilità di approvvigionarsi di legname a breve distanza era fondamentale per una officina. La questione però è più complessa. Infatti, le anfore a S. Anastasia e tra il Lago e Monte S. Biagio erano disposte in filari, cosa che suggerisce senza dubbio l'ipotesi che fossero finalizzate piuttosto a quell'intervento di bonifica idraulica al quale abbiamo già fatto riferimento[157]. D'altro canto, la presenza di frammenti di pareti di forno e di scarti di lavorazione nel sito di S. Anastasia[158] lascia pensare in effetti alla presenza di un luogo di produzione. Tutto sommato, la presenza di uno o più *atelier* non deve per forza essere in contrasto con l'intervento di bonifica idraulica, per il quale furono certamente necessari di grandi quantità di anfore. Purtroppo la rapida espansione edilizia sul litorale fondano non ci permette di verificare direttamente la concretezza di questa ipotesi, dal momento che, specie a Canneto, già all'epoca dell'intervento francese le tracce archeologiche erano pressoché svanite. Diverso appare il discorso per l'*atelier* nei pressi di Monte San Biagio, dal momento che gli indizi si limitano alla presenza di anfore allineate: qui più verosimilmente dovremo riconoscere solo un intervento di risanamento dalle acque reflue[159].

C) IL "*FUNDANUM*"

Va comunque sottolineato come tutte le fonti antiche attribuiscano senza alcun dubbio la preminenza nel sistema produttivo locale al vino. Sarebbe però improprio riferirsi, come sovente avviene nei contributi su Fondi, unicamente al rinomato Cecubo: non possiamo sottovalutare la presenza di altre qualità, come il *Fundanum*[160], un vino rosso di medio livello[161] che anzi forse meglio del Cecubo si presta ad un discorso economico in senso moderno, come vedremo più avanti. Del *Fundanum* abbiamo notizie da Strabone (V, 3, 6), che lo menziona insieme al Cecubo ed al Setino, con un accostamento che presumibilmente è da vedere solo da un punto di vista geo-

grafico e non qualitativo. Per Plinio è uno di quei vini che sono coltivati in *vineae* e in *arbusta*, cioè in cultura specializzata a ceppo basso o a sostegno morto (Plin., *NH* XIV, 67: *et quae in vineis arbustisque nascuntur Fundana*)[162]. E' corposo e dà alla testa, tanto da non essere molto usato nei banchetti, secondo Ateneo (I, 27a). Anche in Marziale (XIII, 113) troviamo un riferimento al *Fundanum*, associato al nome del console Opimio[163]: *Haec Fundana tulit felix autumnus Opimi./ Expressit mustum consul et ipse bibit.* E' difficile stabilire se da queste parole si possa dedurre una attitudine anche di questo vino alla conservazione, e dunque una sua buona qualità, secondo i canoni che vedremo per il più famoso Cecubo. Ad ogni modo, il *corpus* delle fonti suggerisce piuttosto chiaramente che il *Fundanum* pur non essendo ai livelli del Cecubo e di altri grandi vini dell'epoca, fosse comunque apprezzato e considerato come un prodotto di buona qualità[164].

Non abbiamo informazioni che ci consentano di precisare il settore della Piana di Fondi in cui il *Fundanum* potesse essere prodotto. Ma non è da escludere che, in quell'ottica di continuità nelle vocazioni agrarie di un territorio su cui ci siamo soffermati nell'Introduzione, questo settore sia da individuare nella parte est della piana, in quella che è oggi la contrada S. Raffaele, caratterizzata effettivamente da una discreta produzione di uve da vino rosso. Questa proposta assume validità dal momento che, come vedremo nel prossimo paragrafo, è possibile che il settore ovest della piana fosse quello dedicato all'altro vino, il più famoso Cecubo. Inoltre, recenti ricognizioni hanno permesso di individuare in questa zona una serie di basamenti in opera poligonale [C8-10-11], presumibilmente da riferire a strutture di tipo produttivo, letteralmente disseminate di resti di anforacei e di dolii, a testimoniare di una impli-

[156] DI PORTO 1984, 169 sgg. (che però si riferisce erroneamente all'Appia). Ricordiamo anche i tratti lastricati che collegavano S. Anastasia alla zona di Selva Vetere, di cui abbiamo parlato nel paragrafo dedicato alla viabilità.
[157] QUILICI GIGLI 1987, 152-166; QUILICI GIGLI 1998.
[158] HESNARD-LEMOINE 1981, 245.
[159] Come peraltro era stato già intuito dal primo studioso che diede notizia delle scoperte: DELLA CORTE 1911.
[160] TCHERNIA 1986, 324-5 e *passim*.
[161] Sulla distinzione tra vino di alta qualità e vino "di massa", cfr. TCHERNIA 1986, 38.

[162] SERENI 1964 (= SERENI 1981, 149-150).
[163] TCHERNIA 1986, 159-160; LEARY 2001, 179. Per una coincidenza che può essere o meno casuale, in un passo di Cicerone (*Brutus* 287) si ricorda un'annata particolarmente positiva per i vini, quella del consolato di Lucio Opimio (121 a.C.), citato anche da Plinio (XIV, 55 e 94). Nel brano ciceroniano Opimio è nominato in associazione col Falerno, dunque non è scontato identificare questo console con il personaggio menzionato da Marziale. Tuttavia fra le varie qualità di Falerno che venivano prodotte nel mondo romano, una parte della produzione era collocata non lontano dal territorio fondano: è Strabone a confemarlo, menzionandolo non soltanto in relazione alla Campania settentrionale (V, 4, 3) ma anche al Lazio meridionale nel circondario del golfo di Gaeta, proprio poco dopo aver ricordato il Cecubo, il Fondano ed il Setino (V, 3, 6). È dunque possibile che alcune fonti abbiano conservato il ricordo di Opimio quale produttore di vini di qualità.
[164] TCHERNIA 1986, 345.

cazione nella produzione vinicola[165].

Fig. 8: Struttura agricola in loc. "San Raffaele" [C10]

Emerge dalle incertezze delle fonti, il rosso fondano, grazie ad alcune anfore rinvenute a Roma e Pompei, recanti la dicitura *Fund.* o, in un caso, esplicitamente *Fundanum*, interprestate da Dressel come chiaro segno di "etichetta"; le datazioni sono assicurate dai riferimenti consolari, per cui sappiamo che gli esemplari sono scaglionati tra il 33 a.C. ed il 25 d.C.[166]. Tra questi, particolare rilevanza assumono gli esemplari in cui il riferimento al vino è accompagnato da un "marchio", presumibile specificazione del fondo di produzione. Abbiamo un *Fund(ani) Pasiani* (CIL XV, 4566) per il quale si dovrebbe indagare il possibile collegamento col toponimo Passignano (da *Pasianianus*?) attestato già nell'anno 935 d.C.[167]; peraltro, nonostante le certezze del Dressel, non è da escludere che l'abbreviazione stia semplicemente per un generico *fundi Pasiani*, perdendo così ogni rapprto con Fondi. Ma soprattutto si trova un interessante *Fundanum Tria...* (CIL XV, 4568) che potremmo collegare, in via del tutto ipotetica, a quel *Caius Valerius Triarius* edile (su cui torneremo più avanti) attestato in un'epigrafe fondana (CIL X, 6242) come promotore di opere edilizie. Sappiamo quanto il prestigio aristocratico in epoca repubblicana poggiasse sulla proprietà terriera[168]: non è da escludere dunque che un magistrato di spicco quale Valerio Triario possedesse terreni e producesse vino

nel suo *"Fundus Triarianus"*,[169] anche senza addentrarci nella dibattuta questione dell'effettivo ruolo che i possidenti locali avevano nel commercio[170].

D) IL CECUBO

Per inquadrare subito l'importanza del Cecubo per Fondi, basti dire che a questo vino è legata buona parte delle menzioni che della città troviamo negli autori antichi.

Ricordiamo brevemente alcuni momenti dell'*exploit* poetico del Cecubo, che trova nei versi oraziani la sua consacrazione[171]: un vino da festa che Mecenate ha in serbo per le grandi occasioni, e che Orazio non vede l'ora di bere con l'influente amico (*Epod.* IX, 1 e 39)[172]. È il vino degli avi, che non poteva essere consumato mentre Cleopatra tramava inganni contro Roma (*Od.* I, 37, 5); *merum* e *superbum*, si spande su mosaici durante cene degne di pontefici (*Od.* II, 14, 25); *reconditum*, è bevuto durante i *Neptunalia*, da un'anfora che attende dall'anno del consolato di Bibulo, nel 59 a.C. (*Od.* III, 28, 3). Ancora, è Cecubo, insieme a pregiati vini greci, che il ricco Nasidieno offre ai suoi commensali in un banchetto che anticipa per certi versi l'opulenza di Trimalcione (*Sat.* II, 8, 15).

Quali sono le caratteristiche del Cecubo? Dioscoride e Galeno conservano una preziosa informazione: per entrambi si tratta di un vino di antica tradizione, un bianco (*xanthos*) dolce, ambrato, che invecchiando assume il colore del fuoco[173]. Sappiamo che in generale i grandi vini del mondo romano della tarda repubblica sono proprio bianchi, ambrati e liquorosi[174]. Ciò potrebbe indurci a fugare le perplessità relative all'utilizzo di Dioscoride e Galeno, due fonti successive all'epoca in cui possiamo collocare la fine della produzione di questo vino, come vedremo. E'

---

165 Queste strutture saranno oggetto di specifici studi prossimamente.

166 *CIL* XV, 4566, 4567, 4568, 4569; IV, 2552; cfr. Zevi 1966, 214; Hesnard-Lemoine 1981, 254.

167 *C.D.C.* I, 64,31; 121,28; cfr. De Santis 1938 (2001, IV, 74).

168 A titolo d'esempio, cfr. le riflessioni in Schiavone 1996, in particolare 85 sgg., e in ottica sociologica Merlo 2003, 106 sgg.

169 La distanza che separa Valerio Triario dall'anfora che porterebbe il suo nome, databile al 25 d.C. per l'indicazione dei consoli, sarebbe comunque spiegabile nell'ottica di una continuità familiare nella gestione del *fundus*.

170 Si veda il "classico" D'Arms 1981 e di recente Paterson 1999.

171 «Orazio vuol dare ai vini romani, nel regno delle Muse, un posto non meno prestigioso di quello che i poeti greci avevano dato ai loro vini: si tratta insomma di una consacrazione poetica. La fama del Cecubo o del Falerno per due millenni dimostra con evidenza che il poeta romano conseguì pienamente il suo scopo»: La Penna 1995, 279-280.

172 Vale la pena notare il particolare rapporto che sembra stabilirsi tra il Cecubo e Mecenate.

173 Diosc. V, 6, 10; Gal. (Kühn) VI, 809; X, 834; cfr. Tchernia 1986, 109 e 342.

174 Tchernia 1986, 204; Carandini 1988, 272.

vero che Galeno riflette una realtà in cui l'etichetta "Cecubo" era ormai applicata ad una qualità di vino, e non ad un vino specifico, che d'altronde alla sua epoca non era più prodotto[175]. Ma sarebbe difficile pensare che la qualità detta "Cecubo" fosse così diversa dal prodotto originale, per il quale dunque sono da supporre valide le principali caratteristiche ricordate dai due medici.

Per quanto riguarda le qualità organolettiche, può essere utile richiamare la testimonianza di Ateneo (I, 27a), che lo ricorda esplicitamente come un vino che invecchia dopo un adeguato numero di anni, alla stregua di vini di grande qualità come l'Albano, il Falerno ed altri, che sono ritenuti bevibili dopo dieci, quindici, a volte anche venti anni. A questa testimonianza possiamo affiancare il già ricordato passo delle Odi di Orazio (III, 28): in occasione dei *Neptunalia* si beve Cecubo, aprendo un'anfora che attende dall'anno del consolato di Bibulo (59 a.C.). Nella difficoltà di datare la produzione poetica oraziana, possiamo comunque ammettere uno scarto di qualche decennio tra il consolato di Bibulo ed il momento in cui l'anfora venne aperta: c'è dunque un processo di invecchiamento del vino, e quindi una sua attitudine alla conservazione[176]. Questa capacità di invecchiare è proprio uno degli aspetti che caratterizzano un vino di buona qualità[177].

Un'altra informazione interessante è in Plinio e Marziale: il Cecubo attecchisce particolarmente in terreni semipaludosi. Questo argomento è stato già al centro della nostra attenzione nel trattare delle opere di bonifica che vennero realizzate nel territorio fondano. Il Cecubo è citato spesso da Marziale[178], ma perlopiù in contesti in cui ha una funzione alquanto generica di vino prelibato. Interessante però notare che, come diremmo oggi, va servito fresco, raffreddato con neve: «*per niveam Caecuba potat aquam*» (XII, 17, 6), raffinato dettaglio che rafforza l'idea di un vino liquoroso.

Utilizzando l'esempio del successo dello *champagne* a partire dal 1600, A. Tchernia ha sottolineato l'incidenza di fattori che oggi chiameremmo "pubblicitari" nel processo per cui un vino assurge a fama di qualità[179]. Secondo questa interpretazione, la fama del Cecubo non sarebbe dovuta ad una sua qualità particolare, ma piuttosto alla presenza di un *Titus Aufidius* (siciliano, ma il nome ne tradirebbe l'origine fondana) nel circolo del famoso medico Asclepiade di Prusa, presso cui il vino come sappiamo ebbe una notevole importanza. In questo come in altri casi, dunque, sarebbe stato un personaggio influente a far scattare la molla dell'interesse degli amanti del vino, presumibilmente (ma Tchernia non arriva a trarre esplicitamente questa conclusione) per un proprio tornaconto personale. Va però sottolineato che la proposta si basa su un assunto indimostrabile, cioè che *Titus Aufidius*, ricordato dalle fonti come siciliano, fosse in realtà di origine fondana solo perché il nome è ben attestato nel territorio fondano ma non in Sicilia: in realtà si tratta di un nome ampiamente attestato anche altrove[180]. Qualche perplessità emerge anche nel momento in cui si contestualizza questa ricostruzione: dovremmo ammettere che Tito Aufidio fosse stato molto convincente nella sua opera. Se Asclepiade morì poco dopo la metà del I secolo[181], già prima del 67 Varrone cita l'*Ager Caecubus* fra le fonti proverbiali di ricchezza[182]; qualche decennio dopo, nella produzione poetica di Orazio, il Cecubo è un prodotto mitico, il cui riferimento accresce l'aura di leggenda e di sfarzo di certe situazioni. È difficile pensare che in poco tempo il prodotto fosse già entrato nell'immaginario collettivo.

Questo discorso si ricollega al problema dell'inizio della produzione del Cecubo. Un generale spartiacque veniva indicato da Plinio (*NH* XIV, 55 e 87) nel 121, anno di consolato di quell'Opimio che abbiamo già avuto modo di citare: in quel momento, secondo il naturalista, non esisteva ancora la possibilità di distinguere le grandi qualità. Tchernia ha ricordato numerosi indizi che ci fanno ritenere che già prima del 121 almeno alcuni grandi vini tra cui il Falerno e lo stesso Cecubo fossero prodotti[183]. Tra questi indi-

[175] TCHERNIA 1986, 342.
[176] Il numero di anfore di vino prodotte sotto il consolato di Bibulo era ovviamente limitato, e dunque un vino (già di per sé prestigioso) conservato da parecchi decenni costituiva il corrispettivo di un buon vino invecchiato di oggi. Ciò sarebbe valido però solo per vini di prestigio: che il vino ordinario d'annata non fosse comune nella quotidianità romana sembrerebbe confermato dalla definizione in apparenza "lapalissiana" di Ulpiano, secondo cui un vino vecchio è già semplicemente quello dell'anno precedente (*Dig.* 33, 6, 11): cfr. TCHERNIA 1986, 29.
[177] TCHERNIA 1986, 29 sgg.
[178] II, 40, 5; III, 26, 3; VI, 27, 9; X, 98, 1; XI, 56, 11; XII, 17, 6; XII, 60, 9; XIII, 115.

[179] TCHERNIA 1997. Cfr. anche TCHERNIA 1986, 203-5; Plin., *NH* XIV, 64.
[180] MATHIEU 1999 (in part. 135).
[181] La RAWSON (1982), seguita anche da altri autori, rialza l'epoca della vita di Asclepiade, sostenendo che sarebbe morto nel primo decennio del I secolo. Altri invece sono del parere che la sua attività si sarebbe protratta nel corso della prima metà del I secolo (VEGETTI-MANULI 1989, 400 e 411-12).
[182] *Sat.* II, 3, 38. Cfr. TCHERNIA 1986, 62.
[183] TCHERNIA 1986, 61-63.

zi, però, la presenza di anfore di tipo greco-italico databili tra la fine del III secolo e gli inizi del II, probabilmente prodotte nel territorio fondano[184], fa pensare certo ad una produzione vinicola già importante. Ma ciò non comporta ovviamente che si trattasse di quello stesso vino che poi a partire dal I secolo diventerà nella penna di importanti autori qualcosa di più che una semplice bevanda: quelle anfore potrebbero aver trasportato il più prosaico *Fundanum*. Resta dunque solo il riferimento varroniano, che ci permette di posizionare un *terminus ante quem* agli anni 60 del I secolo a.C., e la poesia oraziana, che si riferisce al Cecubo sempre come ad un vino genericamente di antica data.

E' possibile individuare anche per il Cecubo il settore della piana in cui veniva realizzato? Le fonti al riguardo sono puttosto vaghe, ricordando genericamente un *Ager Caecubus*. Unica eccezione da questo punto di vista è un testo purtroppo conservato in maniera non ottimale: Vitruvio (VIII, 3, 12). Il passo originale tramandato dai codici è il seguente: *inter-racinam et fundis Caecubum*. Una prima frequente correzione portava a *In Terracina et Fundis*; con una seconda correzione, oggi comunemente accolta, il testo diventa *Inter Terracinam et Fundos Caecubum*[185]. In tal caso, avremmo un'indicazione interessante: la zona produttiva sarebbe da collocare fra i due territori di Terracina e Fondi, in un settore che indubbiamente rientra in quelle «possibilités culturelles»[186] che definiscono il territorio fondano. E' una zona, questa, limitrofa al Lago di Fondi, e doveva in antico essere acquitrinosa, come provano i numerosi rinvenimenti di anfore a fini di bonifica di cui abbiamo già parlato; una zona semipaludosa, dunque, proprio del tipo che le fonti ricordano come ideali per il Cecubo. Anche in questo caso, con la dovuta cautela, non possiamo non notare che proprio in questa zona oggi viene prodotto un apprezzato moscato, ovvero un vino bianco liquoroso che, pur non essendo qualitativamente paragonabile ad un vino da poesia, ha comunque caratteristiche simili a quelle del favoloso Cecubo.

Il dossier relativo al Cecubo non si ferma qui, ma continua con le vicende relative alla fine di questo importante prodotto; queste vicende si svolgono però in età imperiale, sulla quale forniscono indicazio-

ni preziose, e saranno perciò esaminate nel prossimo capitolo.

E) PRODUZIONE E DISTRIBUZIONE

Importanti contributi per analizzare gli aspetti della produzione vinicola potrebbero venire dall'indagine archeologica delle ville esistenti nel territorio fondano, che paiono aver conosciuto una importante fase edilizia proprio in epoca tardo-repubblicana; ma purtroppo non esiste ancora un'indagine adeguata su questo argomento[187]. Tra le poche ville oggetto di indagine, una presenta, come vedremo nel prossimo capitolo, caratteristiche più di *otium* che produttive, e per di più conobbe il suo massimo splendore in età imperiale. L'altra, la già menzionata "Villa Prato"[188], non può essere assunta ad esempio per tutta la piana. Dunque dovremo tentare di combinare al massimo i dati provenienti da questa documentazione discontinua ed esigua, dalla produzione anforaria, e le fonti letterarie.

Il protagonista di queste righe sarà *P. Veveius Papus*: il suo nome, raro nel mondo romano[189], compare su numerosi bolli anforari rinvenuti nel territorio di Fondi nei pressi del canale Canneto nel 1881 (*CIL* X, 8050, 1-12) ed ancora negli anni '70 del XX secolo in prossimità dei canali Canneto e S. Anastasia, tanto da far riconoscere l'esistenza in questi luoghi di centri di produzione di anfore per il vino[190]. Lo stesso timbro è presente su anfore imbarcate sul relitto affondato al largo delle coste della Provenza, alla Madrague de Giens, intorno agli anni 70 del I secolo a.C.[191], e su un altro relitto francese, quello *Fos 1*[192]. Gli studi francesi hanno portato a stabilire che, con tutta probabilità, le anfore "firmate" da *Veveius* furono prodotte proprio nel territorio fondano ed im-

[184] HESNARD-LEMOINE 1981, 252.
[185] Così H. MÜLLER-STRÜBING-V. ROSE per l'edizione «Teubner», Leipzig 1867; cfr. L. CALLEBAT, *Vitruvius*, «Belles Lettres», Paris 1973, pp. 104-5. Cfr. HESNARD 1977, 157-8 n.4.
[186] Secondo la formula di LEVEAU (1987-'89, 94) citata nell'Introduzione.
[187] Programmatica l'opinione di Gabba: occorre «uno studio comparato regionale delle "ville rustiche" sicuramente identificate, che fissi con maggior precisione, ove possibile, le cronologie, per risalire poi ai probabili o possibili modi di produzione agraria, alle culture, alle differenti possibilità di commercializzazione delle produzioni, alle dissimili infrastrutture regionali, e tenendo anche conto della presenza di altre forme di proprietà agraria e di organizzazione del lavoro e specialmente della sopravvivenza del lavoro libero» (GABBA 1982 = 1988, 60).
[188] BROISE-LAFON 2001.
[189] Oltre che a Fondi e Terracina si trova a Sezze e a Venafro (*MADRAGUE* 1978, 14-15, in cui si ipotizza un'origine volsca) e Delo (PENSABENE 1987, 75, con bibl.).
[190] HESNARD 1977; HESNARD-LEMOINE 1981. Come già detto, alcuni di questi rinvenimenti si inquadrano meglio nell'ambito di un intervento di bonifica (QUILICI GIGLI 1987; QUILICI GIGLI 1998).
[191] HESNARD-GIANFROTTA 1989, 408.
[192] AMAR-LIOU 1984, 156 e 187; HESNARD *ET AL.* 1989, 33.

barcate su una nave che dalla località "Canneto" era diretta verso le coste francesi.

Fig. 9: Il relitto della Madrague (da *MADRAGUE* 1978)

Un primo dato interessante che si può ricavare dall'analisi del relitto della Madrague è il numero di anfore che la nave trasportava, calcolato tra le 5800 e le 7800 unità[193], stivate su un'imbarcazione di dimensioni ragguardevoli. Il fatto che le anfore del relitto della Madrague avessero tappi anepigrafi ha indotto a ritenere che il carico fosse stato effettuato nella stessa località, circostanza che avrebbe reso inutile indicare la provenienza[194].

Nella prima pubblicazione del relitto Tchernia, ricordando la fama del Cecubo, proponeva che la nave avesse trasportato anfore di questo vino[195]. Ma sempre le accurate ricerche archeologiche francesi sul relitto hanno evidenziato che il vino trasportato dalle anfore di *Veveius* non era quel bianco liquoroso che avremmo potuto attenderci, bensì un rosso[196]. A ben vedere, le analisi che hanno indotto Tchernia a cambiare idea sono state realizzate, stando all'edito, su una quantità di campioni piuttosto limitata; dunque non possiamo dare per scontato che il carico di migliaia di anfore (di tipo diverso, peraltro) fosse strettamente omogeneo quanto a contenuto. Ad ogni modo, la presenza di un vino rosso sarebbe perfettamente coerente con le più attente riflessioni sul commercio del vino nel Mediterraneo romano: non erano infatti i vini di grande qualità ad essere smerciati più diffusamente, come ovvio, ma quelli di "se-

conda fascia", rossi di livello medio, opportunamente trattati per una buona conservazione[197]. Sono questi vini ad essere protagonisti sui mercati mediterranei, a differenza dei grandi "liquori" consumati prevalentemente dal ceto aristocratico in occasioni importanti. Dunque non ci si potrebbe stupire se la grande nave affondata al largo delle coste provenzali avesse trasportato vino rosso del territorio fondano, destinato ad un mercato piuttosto ampio. Non è casuale neanche l'assenza del Cecubo e del Falerno dal grande mercato di La Lagaste, notato dai francesi[198], proprio perché i vini di pregio arrivavano direttamente ai grandi proprietari, attraverso canali commerciali diversi[199]. Ciò coincide con quanto sottolineato da Carandini[200] in tempi non lontani: quando si parla di consumi, si tende a sopravvalutare in ruolo delle città a scapito di quello delle grandi ville, che pure erano dei centri di consumo non indifferente, se non dal punto di vista numerico sicuramente da quello del tenore di consumi. Non è un caso che in mercati come quelli di Roma e di Pompei siano attestate anfore contenenti *Fundanum*, riconoscibile dalla dicitura riportata su alcuni esemplari[201], e non Cecubo[202].

Tra le anfore caricate sul relitto della Madrague, sono numerose quelle che presentano uno o più bolli. Il nome che predomina assolutamente è quello di *Veveius Papus*, come abbiamo visto; ma non è l'unico: troviamo anche un *Ovinius* su cui non abbiamo altre informazioni. Ma una riflessione interessante può derivare dal fatto che più di una volta sulla stessa anfora è presente il nome di *Veveius* o di *Ovinius* associato a quello di un altro personaggio di condizioni servili[203] che, in almeno due casi, è comune ai due "proprietari", per così dire. A meno di omonimie (curiose però in una situazione simile, su anfore affini imbarcate nello stesso luogo sulla stessa nave e realizzate con tutta probabilità nello stesso

---

[193] *MADRAGUE* 1978, 103-107.
[194] HESNARD-GIANFROTTA 1989, 401.
[195] *MADRAGUE* 1978, 15.
[196] CONDAMIN-FORMENTI 1976; FORMENTI-HESNARD-TCHERNIA 1978; cfr. TCHERNIA 1986, 109. La tesi che le anfore del relitto della *Madrague* trasportassero Cecubo è però ancora presente in recenti indagini scientifiche: cfr. GARNIER *ET AL.* 2003, 140, 151, 155. Ringrazio in dott. E. Cappellini per le informazioni sulle indagini scientifiche sul vino antico.

[197] CARANDINI 1988, 267.
[198] HESNARD *ET AL.* 1989, 53.
[199] Ma forse è eccessivo sostenere che «la stragrande maggioranza dei beni prodotti in Italia e nelle province non passava per i mercati» (CARANDINI 1988, 260).
[200] CARANDINI 1988, 272.
[201] *CIL* XV, 4566 (con qualche dubbio: cfr. *supra*), 4567, 4568, 4569; IV, 2552. Cfr. ZEVI 1966, 214.
[202] DRESSEL riconosceva, non senza dubbi, anche il nome del Cecubo su alcune anfore rinvenute a Roma (*CIL* XV, 4545, 4546, 4548); ma tutti e tre i casi paiono piuttosto da sciogliere in altro modo (*Caec(ilianus)* per 4545 e 4548; *Cae(sar)* per 4546, cfr. 4547).
[203] *Sabina Ovini Q(uinti) s(erva)*; *Acime Ovin(i)*; *N[i]col(aus?) A. Ovin(i)*; *Hermo...* (*CIL* X, 8050, 1-12; *MADRAGUE* 1978, 36-7), ai quali vanno aggiunti quelli attestati nel relitto di Fos: *Alexsand* e *Ascl*, associati a *Veveius*, e *Dades*, *Timotes*: AMAR-LIOU 1984. Cfr. HESNARD *ET AL.* 1989, 33.

posto), è forse possibile pensare a due ipotesi. La prima è che *Veveius* ed *Ovinius* partecipassero ad un'impresa di *publicani*, che avessero a disposizione gli stessi schiavi[204]. Oppure, ma è un'ipotesi più complessa, ci troviamo di fronte ad una differenziazione nell'indicare funzioni e competenze, senza avere peraltro la possibilità di specificarne meglio i contenuti[205].

Un *Veveius* è ricordato in una *tessera nummularia* rinvenuta sul Palatino, datata al 55 a.C., in cui è menzionato il *nummularius Rufius*, forse schiavo o liberto di Veveio[206]. La rarità del nome ed ancor più la coincidenza cronologica fanno pensare che si tratti dello stesso Veveio delle anfore fondane. Si tratta di un documento che purtroppo lascia solo intravedere le intense attività commerciali che coinvolgevano il Lazio meridionale ed altri luoghi come la Narbonese ed il porto di Delo, in cui tra i *negotiatores* italici non a caso si ritrovano molti dei nomi che compaiono su tessere nummularie (tra cui proprio un C. Veveio). Un ruolo importante devono aver giocato in quest'ambito gli scali portuali di *Tarracina*, *Formiae* e *Minturnae*.

Altre anfore di produzione locale (le analisi sulle argille hanno rivelato la provenienza fondana), ancora di tipo Dr.1, sono state rinvenute di recente nell'importante villaggio minerario di La Loba, in *Hispania* meridionale[207]. Si tratta di un dato di grande importanza per chiarire l'ampiezza dei commerci basati sul vino fondano. Se la presenza di un'anfora non è indice di per sé di rapporti commerciali, dal momento che nello stesso sito spagnolo come pressoché ovunque nel mondo romano le anfore erano spesso riutilizzate per scopi vari, il rinvenimento di sei tappi in pozzolana (cosa piuttosto rara in contesti archeologici di terraferma) dovrebbe far pensare che questi esemplari fossero arrivati nel centro spagnolo ancora pieni del loro contenuto. Se queste anfore partivano dall'atelier nei pressi di S. Anastasia,

secondo gli editori del complesso spagnolo, logica vuole che contenessero Cecubo, dal momento che era questo il vino prodotto in quella parte della piana di Fondi. In realtà, la collocazione degli *atelier* presso i due canali è facilmente spiegabile alla luce di esigenze di trasporto; va inoltre ricordato che l'area in cui possiamo immaginare fosse prodotto il *Fundanum* (S. Raffaele?) non è molto più lontana da S. Anastasia di quanto non lo fosse la zona del Cecubo. A queste osservazioni va aggiunta la perplessità già mostrata dagli editori dello scavo di La Loba: possibile che in un modesto villaggio minerario potesse arrivare vino di così alta qualità? Non sembra sufficiente avanzare la spiegazione che il Cecubo finisse sulla tavola dei "dirigenti" della miniera[208]. Appare decisamente più plausibile che le anfore fondane portassero lo stesso prodotto del relitto della Madrague, ovvero il rosso di media qualità, il *Fundanum*.

Un esemplare delle anfore restituite dagli scavi di La Loba presentava un bollo, *Flaccus*[209], che ha fatto pensare ad un collegamento con C. Valerio Flacco, governatore in *Hispania Citerior* nel 92 a.C., e ad un possibile ulteriore nesso con il console Lucio Valerio Flacco, artefice dell'asse stradale di cui si è detto in apertura di capitolo. Ma sull'attendibilità di una simile ricostruzione è difficile pronunciarsi. Infatti l'esemplare è unico, e peraltro anche decisamente lacunoso.

F) LE ATTIVITÀ EDILIZIE

L'attività sociale ed economica del periodo in esame si traduce in una serie di realizzazioni edilizie di notevole portata[210]. Su tutte, spicca il rifacimento pressoché totale della cinta muraria, che ancora oggi resiste ad abusi vari. I tratti tardorepubblicani formano una cinta pressoché completa, interrrotta saltuariamente da tratti di blocchi poligonali che dovrebbero essere riconosciuti come residui di una cinta precedente, risarcita in alcuni punti e sostituita completamente in altri (ma anche su questo non vi può essere certezza). Un esame della nuova cortina induce a riconoscere almeno due fasi distinte: una in opera incerta, di fattura non buona, che dà l'impressione di una realizzazione affrettata; un'altra, invece, in semi-reticolato, più curata. Ciò non basta per supporre che si tratti di due fasi distinte anche cronologicamente: le differenze potrebbero essere do-

---

[204] Cfr. gli studi di DI PORTO 1984.
[205] Potremmo pensare che Veveio ed Ovinio fossero i produttori del vino, e lo schiavo il fabbricante dell'anfora? Entriamo con questa domanda in un terreno spinoso, che riguarda il significato dei nomi apposti sulle anfore. È ragionevole escludere la possibilità che i nomi che abbiamo in questo caso si riferiscano al proprietario della nave o al gestore del commercio, dal momento che pur nella preporderanza di *Veveius* abbiamo anche altri nomi; dunque rimane la possibilità che si tratti dei fabbricanti di anfore o dei produttori di vino. Ma non sarà certo con questi dati che potremo fornire un contributo risolutivo alla questione. Sugli aspetti generali del problema, vedi NONNIS 2004.
[206] PENSABENE 1987, 74-6.
[207] BENQUET-OLMER 2002. Ringrazio il dott. David Nonnis per la segnalazione.

[208] BENQUET-OLMER 2002, 329.
[209] Esemplari analoghi sono stati rinvenuti in passato anche a Bibracte, La Lagaste, Vieille-Toulouse (BENQUET-OLMER 2002, 310).
[210] Basilare GABBA 1972 (1994); sintesi recenti in JOUFFROY 1986, 15 sgg.; GROS 1990.

vute anche alla presenza di due diversi cantieri che lavoravano simultaneamente. Ad ogni modo, l'impressione di lavoro frettoloso che emerge dai dettagli tecnici di alcuni tratti ben si sposa con le preoccupazioni di difesa sorte durante il conflitto tra Mariani e Sillani, e farebbero il paio con le mura che cingono il santuario di Monte S. Angelo a Terracina[211]. Non è da escludere dunque che questo intervento sia riferibile all'età sillana[212]. Siamo inoltre sicuri che vi dovettero essere altri interventi di restauro e ripristino, documentati in maniera chiara dalle epigrafi che vedremo nel prossimo paragrafo; è possibile che a questi interventi siano riferibili gli altri tratti, più curati.

Oltre alle mura, rimangono alcune delle torri che dovevano irrobustire la fortificazione, ed una delle quattro (o tre?)[213] porte urbiche, la cosiddetta "Portella". Sotto l'attuale centro storico si trovano ancora *domus* più o meno ben conservate[214]. Recenti indagini sul sito della ex chiesa di San Martino hanno permesso di effettuare il primo intervento archeologico in area urbana, rivelando resti di una *domus* che dall'età tardorepubblicana ha una continuità di occupazione che si spinge fino al VI secolo; purtroppo la ristrettezza dell'area di scavo non permette per ora maggiori informazioni[215].

Le testimonianze edilizie dell'aristocrazia locale si materializzano nei numerosi monumenti funerari presenti nei dintorni del centro urbano. Molti, come di consueto, si allineano lungo la via Appia: alcuni sono in stato di conservazione precario, altri hanno retto meglio al tempo. Su uno di questi doveva essere montato un frammento di fregio dorico successivamente reimpiegato in un tratto di rifacimento medievale delle mura, dove ancora oggi è visibile[216], e che meritò al luogo l'appellativo popolare di "ca-

po di bue"[217]. Monumenti di tal genere, secondo un vecchio lavoro di Torelli[218], si trovano in prevalenza nelle zone in cui più intensa fu la colonizzazione militare a partire dal II secolo a.C.: i proprietari dei monumenti funebri arricchiti da fregi dorici sono i nuovi "borghesi", cioè un ceto aristocratico locale in rapida ascesa, in un periodo in cui la cultura artistica di Roma non era ancora così nettamente superiore, sul piano qualitativo, a quella di aree più o meno limitrofe. È dunque importante sottolineare la presenza di questo tipo di monumenti nel territorio fondano: va ricordato tra l'altro che questo esemplare non doveva essere l'unico, vista la frequenza di riferimenti a "teste di giovenca" in tutto il territorio che troviamo in testi di eruditi locali dell' '800, come abbiamo visto nel capitolo precedente.

Fig. 10: Frammento di "fregio dorico" inserito in un tratto delle mura urbiche

È un rammarico non poter attribuire alcuno di questi monumenti al suo proprietario. La vulgata locale assegna il più fine, situato tra Fondi e Terracina, addirittura all'imperatore Galba, effettivamente nativo della zona, come vedremo meglio più avanti (Suet., *Galba*, 4); ma caratteristiche tecniche del monumento, inquadrabile all'interno del I secolo a.C., inducono a rigettare questa tradizione. Del pari, non si hanno prove sulla pertinenza del mausoleo in località "Ponte selce", che sorge nelle vicinanze di un ponte lastricato (da cui il toponimo) inserito nel circuito dell'Appia; una tradizione locale lo attribuisce a Gavio Nauta, la cui epigrafe si vuole fosse stata rinvenuta nelle vicinanze[219], ma anche l'epigrafe di un importante personaggio anonimo, che fu *aedilis* ed *interrex* (X, 6232), proviene dalla stessa località. È

[211] Cfr. COARELLI 1987, 125. Conforto cronologico a questa interpretazione si trova anche in ADAM 1984 (1996, 80 e 140). Importante il confronto con la situazione campana: JOHANNOWSKY 1970-71, 468.

[212] GABBA 1972 (1994, 92-93); GIULIANI 1966, 75; BRANDS 1988, 124-5.

[213] Se di tre porte vi è comunque traccia, la quarta, quella che doveva aprirsi sulla via Appia, è supposta solo in virtù di un gusto per la rispondenza geometrica; ma materialmente non abbiamo indizi della sua presenza, e non va escluso che su quel lato una porta mancasse.

[214] Cfr. ad es. la documentazione fotografica in FORTE 1998, 83-4.

[215] Su questo intervento è in corso di pubblicazione una notizia a cura della locale Soprintendenza Archeologica in un prossimo fascicolo degli «ATTA»; ringrazio la dott.ssa N. Cassieri per le informazioni fornitemi.

[216] DI FAZIO 1999.

[217] Cfr. PALMIERI 1980, 414. Nello stesso punto era visibile l'epigrafe [---]*orei* / [---]*uravit* (*CIL* X, 6290 ma con le due linee invertite, seguendo la lettura che forniva il Daniele a fine '600: PALMIERI 1980, 414 n.20) che, se integrata come [*marm*]*orei* potrebbe essere effettivamente riferita ad un monumento funerario.

[218] TORELLI 1968.

[219] SOTIS 1838, 52.

probabile in realtà che in zona sorgessero parecchi monumenti funerari, come consuetudine nelle zone di uscita dalle città.

Fig. 11: Monumento funerario alle porte della città [C4]

Ma è indubbiamente il territorio che restituisce, in questo periodo, i segni più vistosi della floridezza e dell'importanza di questo tratto di Lazio meridionale. Le imponenti sostruzioni in opera poligonale di cui abbiamo già fatto cenno in un precedente paragrafo, sono la testimonianza più evidente degli interessi produttivi: pur ripetendo l'avvertimento di non sopravvalutare l'importanza del prodotto-vino, è difficile non vedere dietro queste strutture disseminate di anfore e dolii una fiorente attività vinicola. Se tale attività fosse esclusivo affare di famiglie aristocratiche romane (Emili, Valeri) è difficile stabilire; ma sembra più ragionevole immaginare che anche importanti famiglie locali avessero preso parte a questo processo. Nei prossimi paragrafi analizziamo più da vicino la società fondana, cercando di dare una risposta anche a queste domande.

Politica e società

A) *DOMI NOBILES* E MAGISTRATI

Tra le magistrature locali, il dossier epigrafico più ampio è senza dubbio quello relativo alla carica di *aedilis*, che appare ben diverso dalla ominima carica attestata in tutto il mondo romano. Si tratta innanzitutto con chiara evidenza della magistratura supremo della città, cosa che ha riscontro solo a Formia, *Arpinum*, *Tusculum* e *Peltuinum*[220]. Inoltre, per Fondi

come per Formia ed Arpino, siamo in presenza dell'anomala situazione di una triplice edilità, sulla cui natura si è dibattuto parecchio[221]. E' stato ipotizzato che questo assetto sia in qualche modo un relitto di una realtà precedente, forse volsca o comunque preromana, che, "rivestita" di forme romane, si sarebbe perpetuata anche dopo la romanizzazione: queste situazioni caratterizzano le comunità già costituzionalmente definite prima della loro incorporazione nello Stato Romano[222]. Sono numerosi del resto i casi di «magistrature anomale» determinati da questo tipo di rapporto instaurato da Roma con le comunità locali già formate[223]. È stato proposto che l'aggiunta di un edile alla coppia standard avesse tratto origine dalla presenza di un terzo magistrato, inviato presso le comunità locali ad affiancare i due magistrati come rappresentante dell'autorità romana[224]. Una sola testimonianza epigrafica fondana parrebbe attestare una situazione di squilibrio fra i tre edili, con la superiorità di uno rispetto agli altri due: è il caso dell'iscrizione che sormontava una delle porte della città, andata distrutta durante l'ultimo conflitto bellico, in cui il primo dei tre nomi era riportato in caratteri maggiori (*CIL* X, 6239)[225]. Ma è più credibile che avesse ragione Mommsen a ritenere che uno dei tre edili assumesse particolare importanza, con la qualifica di *quinquennalis* o *solus*, nei casi in cui c'era da effettuare il censimento della popolazione[226].

L'assenza di documenti per il periodo precedente la tarda Repubblica ci impedisce di stabilire se effettivamente vi fosse continuità tra le magistrature precedenti la "Romanizzazione" e quelle tardorepubblicane. La mancata menzione di *aediles* sulla *tessera hospitalis* di cui si è parlato nel capitolo precedente lascia però qualche dubbio, nonostante l'opinione di Humbert secondo cui questa assenza si spiega con la pertinenza della collettività a stipulare l'atto[227]. Anche un atto come quello registrato dalla *tessera*, tra una collettività ed un patrono, poteva plausibilmente chiamare in causa coloro che di quella collet-

[220] *DizEp* I, s.v. "Aedilis", 251.

[221] SHERWIN WHITE 1973, 66 sgg.; *status quaestionis* in LAAKSONEN 1996, 132-3; LO CASCIO 2002, 12-13.
[222] Cfr. MANNI 1947, 123 sgg.
[223] CAMPANILE-LETTA 1979, 34 sgg.
[224] Così già ROSENBERG 1913, 4 sgg. *Contra*: COLOMBINI 1966, 139; LAAKSONEN 1996, 132.
[225] Se è vero che questo è l'unico esemplare che attesti una simile situazione, è pur vero che si tratta di un'epigrafe di valore rilevante, data la collocazione sopra una delle porte d'ingresso della città: ciò segna una differenza rispetto alle altre epigrafi commemorative di lavori edili, collocate lungo le mura in posizioni meno enfatiche.
[226] MOMMSEN, in *CIL* X, p. 603; cfr. anche ZAMBELLI 1960, 450-1.
[227] HUMBERT 1978, 398.

tività erano in qualche modo rappresentanti. Questo indizio lascerebbe pensare piuttosto che l'edilità sia posteriore al conferimento dei pieni diritti a *Fundi*, rimettendo così in discussione l'ipotesi della sopravvivenza di un assetto preromano.

Fig. 12: Epigrafe *CIL* X, 6233, oggi scomparsa

Dalla documentazione, ad ogni modo, emerge nettamente il ruolo dell'edile come massima autorità cittadina. Segno di questa autorità sono le funzioni per le quali gli edili vengono ricordati: in particolare, la realizzazione di mura, torri e porte, attività che, come nella vicina Formia[228], sono di competenza del collegio degli edili[229]. Un indice di importanza è anche l'incarico in occasione dei censimenti: in due casi sono proprio edili ad essere ricordati come *quinquennales* (X, 6240 e 6244), anche questa volta in analogia con Formia[230]. L'edilità sopravvisse in epoca imperiale: ne abbiamo prova grazie ad un edile che fu *quaestor alimentorum*, Marco Ulpio Natale (X, 6243)[231], ed a Lucio Runzio Gemello che, in qualità di edile, organizzò giochi pubblici *splendide* (X, 6240)[232].

La possibilità di datare gli edili tramandati a livello epigrafico è offerta proprio dal loro coinvolgimento nelle grandi opere edilizie che ebbero luogo nel centro fondano tra II e I secolo a.C. Potrebbe apparire però eccessivo il dato di ben quattro interventi edilizi sulla cinta muraria nell'arco di meno di un secolo, attestati dalle fonti epigrafiche; al riguardo, non paiono particolarmente indicative le leggere diver-

genze nella terminologia adottata. In tre dei quattro casi gli edili si fregiano di aver avviato opere di realizzazione: *faciundum coerarunt eisdemque probarunt* (*Quintus Gavius Nauta, Marcus Caius, Gaius Braccius*: X, 6233; X, 6234; I², 1557a=X, 6235=*ILS* 6280= *ILLRP* 601; *Marcus Nellius, Aulus Octavius, Lucius Ursius*: X, 6238; *Lucius Numistronius Decianus, Caius Lucius, Marcus Runtius Messianus*: X, 6239); in un quarto caso *locaverunt* in tre, e poi i primi due *probaverunt* (*Caius Valerius Triarius, Marcus Runtius Messianus, Caius Afiedius Sexstianus*: X, 6242)[233]. In ogni caso, la frequenza di questi interventi può essere compresa sia con la loro portata, che eccedeva naturalmente la durata di un'edilità, sia col prestigio che ne derivava, per cui ogni magistrato che vi prese parte ha tenuto a ricordarlo, ed infine nel contesto del travagliato periodo degli scontri tra Mariani e Sillani, che numerosi danni dovettero arrecare ai centri del Lazio meridionale.

Tra i casi noti dall'epigrafia locale e databili con sufficiente certezza nel periodo che stiamo considerando, è di rilievo la presenza di *C. Rubrius C.f., Aim(ilia), aidilis, praefect(us) soc(iorum) in navibus long(is)* (*AE* 1980, 197)[234]: si tratta di un caso al centro di discussioni. Collocato da Palmieri ad età mediorepubblicana in virtù dell'assenza di *cognomen* e dalla grafia (*ai-* per *ae-*), ed i particolare a prima dell'anno 89 per via del riferimento ai *socii*[235], veniva poi riferito al passaggio tra età repubblicana e principato da Solin[236]. Si tratta di una carica magistratuale per la quale mancano confronti, cosa che rende difficile intenderne la natura. Palmieri richiama la presenza nella vicina Formia di un *armamentarium* (*AE* 1966, 67), arsenale per navi, che potrebbe essere legato alle navi da guerra comandate da Rufrio. Per Lo Cascio, si può trattare di un incarico legato in qualche modo all'ultimo periodo delle Guerre Civili[237].

I *Runtii*, alla luce della pur scarna documentazione epigrafica disponibile, appaiono una famiglia di spicco, avendo portato al successo politico due

---

[228] *CIL* X, 6105 e 6108; cfr. LAAKSONEN 1996, 132.
[229] Cfr. CÉBEILLAC 1998, 81 sgg.
[230] LAAKSONEN 1996, 132.
[231] MENNELLA 1986, 388 n. 48.
[232] FORA 1996, 55-56. Sui *Runtii* ci soffermeremo più avanti.

[233] Questioni terminologiche sono analizzate in CÉBEILLAC 1991, 193 sgg.
[234] L'iscrizione sarebbe stata rinvenuta nelle vicinanze di S. Maria Materdomini, nelle cui adiacenze doveva sorgere l'anfiteatro (PESIRI 1977), ed è nota attraverso i manoscritti di Francesco Daniele, erudito campano della fine del XVIII secolo, editi in PALMIERI 1980.
[235] PALMIERI 1980, 399 sgg.
[236] SOLIN 1984; concorde LO CASCIO 2002, 13-14. Successivamente FERONE (1991) ha proposto di riportare la datazione al II secolo; ma cfr. la replica di SOLIN 1993.
[237] LO CASCIO 2002, 14.

membri, entrambi edili (*CIL* X, 6239, 6240 e 6242)[238]; ma se Marco Runzio Messiano può essere agevolmente ricondotto al I secolo per aver legato il suo nome ai lavori edilizi di quel periodo, diverso è il caso di Lucio Runzio Gemello, le cui formule onorarie portano a collocarne la carriera nella seconda metà del II secolo d.C.[239]. Va anche sottolineata la presenza di un'iscrizione menzionante *Lucius Runtius L.l Hilarus* (*CIL* X, 6270), che fu vista nell' '800 da un erudito locale[240] in località "Cerque di Cesare" a circa due km dal centro storico in direzione N-E, in una zona a vocazione agraria e tutt'altro che priva di resti archeologici[241]. Potrebbe essere ipotesi suggestiva quella di riconoscere nella zona i possedimenti terrieri su cui i *Runtii* avranno fondato la loro ascesa politica. Notarjanni aggiunge: «*ogni punto ha la figura di un core penetrato da una freccia*». Evidentemente le parole erano separate da *hederae distinguentes*, che dovrebbero ricondurre l'epigrafe ad età imperiale. Ciò farebbe pensare ad un collegamento con Lucio Runzio Gemello, del quale oltretutto il liberto avrebbe non solo il gentilizio ma anche il prenome.

Ricordiamo anche il caso di *Caius Valerius Triarius* (*CIL* X, 6242), al cui *cognomen* potrebbe affiancarsi il riferimento al *(fundus) Tria(rianus?)* che abbiamo visto su un'anfora vinaria contenente *Fundanum* trovata a Roma (*CIL* XV, 4568). Il nostro è stato identificato con il pretore del 78, poi legato di L. Lucullo negli anni 73-67, menzionato da Cicerone nelle sue lettere (*Fam.* VIII, 7, 2 e IX, 8, 1), oppure con l'omonimo *praefectus classis* del 49-8, a sua volta fratello di *P. Valerius Triarius*[242]. Potrebbe avere una sua coerenza la vicenda di un membro dell'aristocrazia locale che, grazie ai ricchi proventi dello sfruttamento agrario e del prodotto vinicolo, fa carriera prima a livello locale per poi approdare nell'Urbe. Ma non è da escludere che l'omonimia sia più correttamente inquadrabile nell'ottica del noto fenomeno della "ripresa di nomi illustri da parte di comuni cittadini"[243].

Un nuovo documento relativo all'assetto politico è costituito da un'epigrafe proveniente dal territorio fondano[244], purtroppo lacunosa: la parte conservata presenta la menzione di un *Messi[a---?]* / *[---]us* /*[p]raef(ectus) pro ae[---?]*. Purtroppo le dimensioni del frammento non possono dare indicazioni sullo spazio mancante; né la paleografia né il contesto dell'epigrafe ci aiutano a ricavare informazioni sicure sulla natura e sulla datazione. Per quanto riguarda il nome conservato, *Messi[a* può facilmente richiamare, a livello locale, il nome del già citato edile *M. Runtius L.f. Messianus* (*CIL* X, 6239 e 6242). È possibile che la magistratura attestata in questa iscrizione vada ricollegata alla anomala magistratura della triplice edilità. È tutt'altro che raro trovare in epoca imperiale un *praefectus pro duoviris* o magistrati simili, eletti in casi straordinari; in questo caso, nonostante l'assoluta mancanza di confronti, potremmo leggere il nostro titolo come *praefectus pro aedile* o *pro aedilibus*. Non è semplice stabilire se si debba ipotizzare un sostituto per un edile, o per l'intero collegio, né se si tratti di un episodio di epoca tardorepubblicana o di prima età imperiale[245]. Ricordiamo la presenza a Fondi di altre magistrature dall'apparenza "anomala": più che il famoso Aufidio Lusco che Orazio (*Sat.* I, 5, 34) qualifica come *praetor*, di cui tratteremo di seguito, è importante la figura di un anonimo personaggio che fu *aedilis* ed *interrex* (*CIL* X, 6232) in quest'epoca.

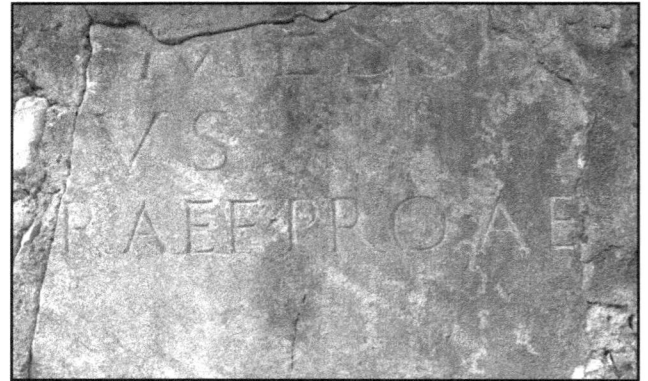

Fig. 13: Epigrafe inedita in località "Querce"

Dall'analisi epigrafica emerge un dato di rilievo. Abbiamo venti attestazioni di edili, di cui almeno 17 databili con sufficiente approssimazione; tre di questi risalgono ad epoca imperiale, gli altri 14 sono cir-

---

[238] *Marcus Runtius Messianus* sarebbe, secondo la Cébeillac, un *Messius* di nascita, adottato da *Runtii*, ma di probabile origine da Formia, dove sono attestati *Messii* (CÉBEILLAC 1998, 220).

[239] FORA 1996, 55-56.

[240] NOTARJANNI 1814 (1995), 207.

[241] Cfr. DI FAZIO 2002A, 77-78.

[242] TAYLOR 1960, 261-2; WISEMAN 1971, 269 nn. 458-9; SCUDERI 1989, 136; SALOMIES 1996, 56.

[243] SOLIN 2001; cfr. anche CÉBEILLAC 1991B, 196.

[244] L'epigrafe è murata in un canale sul bordo della strada in contrada "Querce", a circa 2 km dal centro storico in direzione nord: cfr. DI FAZIO 2002A, 79 n.7.

[245] Per l'età imperiale conosciamo M. Giulio Massimo, che fu *quinquennalis solus* a Formia sotto Traiano quando la città era ancora municipio e dunque era ancora retto dagli edili (ZAMBELLI 1960, 451), ed Arrio Salano, che fu *praefectus quinquennalis* e *aedilis* (*CIL* X, 6101) in epoca tiberiana (ARNALDI 1998, 68-70).

coscrivibili in età tardorepubblicana, probabilmente tra la fine del II secolo a.C. e la fine della Repubblica[246]. Su questi 15 casi, sono presenti ben tredici gentilizi diversi: *Afiedius* (variante di *Aufidius* o di *Alfidius*?), *Aufidius, Braccius, Caius, Gavius, Lucius, Numistronius, Nellius, Octavius, Rubrius, Runtius, Ursius, Valerius*. Un caso dubbio però è quello di *Rubrius*, che secondo Solin non fu un edile locale[247]. L'unica ripetizione è nel *cursus* di *Marcus Runtius Messianus* che ricopre la carica per due volte (X, 6239 e 6242). Va sottolineato comunque che i casi non databili sono anch'essi caratterizzati da gentilizi diversi da quelli elencati: *Fuscus, ...urius*; stesso discorso per i *nomina* che arrivarono all'edilità in epoca imperiale: *Allidius, Sextilius, Ulpius*. L'unico esempio di continuità gentilizia è quello dei *Runtii*, con *Lucius Runtius Gemellus* edile per due volte nella seconda metà del II d.C. (X, 6240).

Lungi da mere considerazioni statistiche, che potrebbero essere ribaltate da nuove acquisizioni, un dato di fatto è la discreta quantità di famiglie che esprimono un edile: segno di un'ampia partecipazione alla vita politica, ma anche di un elevato numero di *gentes* di prestigio[248]. Il dato è tanto più significativo, in quanto come abbiamo detto i dodici gentilizi sono con tutta probabilità scaglionati nell'arco di meno di un secolo. Una situazione del genere appare significativamente coincidente con ciò che si può appurare tramite l'analisi archeologica del territorio, ovvero quella situazione di presenza diffusa che abbiamo esaminato nei paragrafi precedenti, e che difficilmente potrà essere attribuita esclusivamente ai possedimenti di aristocrazia urbana. Considerando insieme questi due dati, potremmo concludere che con tutta probabilità anche le *élites* locali presero parte allo sfruttamento delle risorse agricole del territorio fondano[249].

B) AUFIDII-ALFIDII

Un paragrafo a parte va dedicato alla famiglia degli *Aufidii*, al centro di alcune situazioni piuttosto complesse[250]. Vale la pena innanzitutto ricordare che un importante documento epigrafico rinvenuto nei pressi del santuario di Marica alle foci del Garigliano permette di individuare la presenza del gentilizio, nella sua forma osca *Ahuidies*, nel Lazio meridionale già nel corso del V secolo[251].

Il problema ruota almeno in parte attorno alla presenza nell'onomastica fondana del gentilizio *Alfidius*, che alcuni studiosi hanno voluto vedere come una variante di *Aufidius*, mentre altri hanno sottolineato l'opportunità di tenere distinte le due forme[252]. L'autorità di Schulze induce a pensare che sia più corretto considerare i due gentilizi distinti[253]. A ben vedere, la situazione è anche più complessa: infatti, oltre alle due forme *Aufidius* ed *Alfidius*, troviamo anche *Afiedius, Fufidius, Alfius*[254]. È possibile (ma tutt'altro che certo)[255] che la prima sia una variante delle due forme principali, e sarebbe interessante stabilire di quale delle due, dal momento che è l'unico caso di magistrato (un edile). Per la seconda, *Fufidius*, si sarebbe potuto pensare ad una cattiva lettura della lettera inziale, ma non mancano confronti nell'onomastica latina[256]: si tratta di un gentilizio autonomo. Più complesso è il caso di *Alfius*: Wiseman ricorda che la latinizzazione di nomi in area centro-italica produce a volte differenti terminazioni per gli stessi gruppi di nomi, e ritiene dunque possibile che *Alfidii* ed *Alfii* fossero collegati[257]; ma è anche possibile che i due gentilizi siano da considerare distinti, come sostengono altri studiosi[258]. La particolare antichità, come abbiamo ricordato, potrebbe indurre a pensare che da un comune ceppo (*Ahuidies* in lingua osca) si siano sviluppate forme simili; ma questo non comporta ovviamente che in età tardorepubblicana i vari gentilizi possano essere considerati come equivalenti.

Gli *Aufidii* sono noti epigraficamente a Fondi solo in due casi[259]; il numero sarebbe più alto se potessimo

---

[246] La CÉBEILLAC (1998, 22) restringe l'arco cronologico tra la fine del II e gli inizi del I secolo, dal momento che le formule *ex senatus sententia* o *ex senatus consulto* che troviamo in queste epigrafi vengono abbandonate dopo Silla. Ma nell'impossibilità di estendere questo discorso a tutte le attestazioni che abbiamo, appare preferibile comprendere almeno la metà del I secolo.

[247] SOLIN 1984; su *Rubrius* cfr. *supra*. In tal caso, su 14 magistrati vi sarebbero 13 gentilizi, per un rapporto di 1,07 (così calcola CÉBEILLAC 1998, 61).

[248] Cfr CÉBEILLAC 1998, 22.

[249] Stessa conclusione in CÉBEILLAC 1998, 130.

[250] In generale, cfr. MATHIEU 1999.

[251] CRISTOFANI 1996; VINE 1998.

[252] LICORDARI (1982, 28), parla di alternanza tra le due forme, seguito da TCHERNIA (1997, 1258); SALOMIES (1996, 54 nt. 66) invece le tiene distinte.

[253] SCHULZE 1904 [1991], 119: *Alfidius*; 203 e 269: *Aufidius*.

[254] *Afiedius*: CIL X, 6242; *Fufidius*: X, 6250; *Alfius*: X, 6247.

[255] Cfr. SCHULZE 1904 (1991), 112.

[256] *RE* VII,1, 1910, s.v. "Fufidius", 200 sgg.; un nome per tutti è quello del celebre giurista di prima età imperiale.

[257] WISEMAN 1965, 334; cfr. anche SCHULZE 1904 (1991), 119.

[258] Cfr. il ragionamento di LINDERSKI 1974, 465 nt. 11

[259] Oltre ad *Aufidius Vinicianus Epagatinus* (CIL XII, 4357) finito in Narbonese, su cui ci soffermeremo nel prossimo capitolo, è nota una *Aufidia Salv[---]*, liberta (PESIRI 1978, n. 12 = *AE* 1978, 83). Una provenienza fondana (ma anche da Formia o da *Mevania*), è stata proposta per *P. Aufidius Cot-*

riferire a Fondi alcuni degli *Aufidii* che conosciamo in varie zone del mondo romano (Africa, Oriente) e di cui ignoriamo la provenienza[260]. Stessa occorrenza piuttosto ridotta caratterizza le menzioni di *Alfidii*, che troviamo in due casi[261]. La compresenza di queste due forme nel territorio fondano rende impossibile l'integrazione laddove troviamo due [---]*fidii*[262].

Oltre all'epigrafia, sono le fonti letterarie a ricordare vari personaggi della famiglia degli *Aufidii*. La prima menzione è in un famoso passo di Orazio; nel suo viaggio verso Brindisi, il poeta ricorda: «*Fundos Aufidio Lusco praetore libenter / linquimus, insani ridentes praemia scribae, / praetextam et latum clavum prunaeque vatillum*» (*Sat.* I, 5, 34-36)[263]. Il passo ha stimolato l'esegesi di diversi studiosi[264] per via dell'anomala presenza di un *praetor*, agghindato con tanta ostentazione di insegne da offrire il destro agli strali ironici del poeta venosino. In sintesi, le opinioni riguardo questo *praetor* si possono raggruppare intorno a due ipotesi: la prima vede in Aufidio Lusco effettivamente un magistrato in carica a Fondi nel momento del passaggio di Orazio; la seconda attribuisce la vicenda alla vena satirica del poeta[265]. Tra i sostenitori della prima ipotesi la Cébeillac, che ricorda come queste "sfumature" nelle figure di certi personaggi delle *élites* municipali siano meglio comprensibili se si considera il contesto locale[266]. È degna di nota la proposta di Degrassi, secondo cui *praetor* sarebbe semplicemente in Orazio il «titolo convenzionale dei magistrati delle città italiane», in analogia con quanto detto dal poeta per *Canusium*[267]. Ma piuttosto che tentare di inquadrare la menzione di un *praetor* nell'ambito dello sviluppo della struttura magistratuale locale, come è stato a volte fatto, appare forse più opportuno sottolineare l'intento satirico di Orazio, che poteva aver buon gioco nell'irridere un edile locale appellandolo "pretore"[268]. Sembra in effetti rischioso voler desumere

complesse particolarità politiche da un breve passo satirico quale è quello oraziano. È più probabile che la questione fosse stata ben intuita da un viaggiatore francese del XVIII secolo, Grosley: capitato a Fondi durante una fiera, egli si imbatte in un'udienza pubblica all'angolo della piazza, e la vista del giudice agghindato di tutto punto gli richiama proprio la figura di Aufidio Lusco[269].

Fig. 14: Epigrafe con menzione di una *Aufidia* (*AE* 1978, 83), oggi scomparsa

Dall'*Aufidius Luscus* ricordato da Orazio passiamo ad un *M. Aufidius Lurco* a cui corrispondono ben quattro diversi numeri della Pauly-Wissowa (24-27)[270]. Il primo è un personaggio di cui si ricorda che ottenne onori a Roma, probabilmente un senatore (Suet. *Cal.* 23, 2); il secondo è un *tribunus plebis* menzionato da Cicerone (*Ad Att.* I, 16, 13; I, 18, 3); il terzo è noto dalle fonti come *gourmet* ed inventore di una tecnica per ingrassare i piccioni a fini di lucro, da cui il cognome *Lurco* ("ghiottone": Varr. *RR* III, 6, 1; Plin. *NH* X, 20, 45; Tertull. *De Pallio* V, 6); infine, ancora un protagonista della vita politica romana menzionato da Cicerone (*Pro Flacco* X, 86-89). Proprio la particolarità del cognome deve indurre a ritenere, secondo alcuni studiosi, che i quattro siano in realtà un'unica persona[271]. Va sottolineato come in nessuna fonte relativa a questo o questi personaggi sia possibile trovare un loro collegamento con Fondi: *Aufidii* sono noti in varie zone d'Italia, e dunque non vi è motivo di ritenerli fondani[272]. Se ne

---

ta (*CIL* VIII, 7223) sepolto a Cirta in Numidia, che nella sua epigrafe dichiara appartenenza alla tribù Emilia (MATHIEU 1999, n. 32); ma è impossibile stabilire la sua origine con certezza.

[260] Cfr. i vari casi riportati da MATHIEU 1999, 115 sgg.

[261] *C. Alfidius Rufio* (*CIL* X, 6248); *Alfidia* (PESIRI 1978, n. 9 = *AE* 1978, 81).

[262] PESIRI 1978, n. 15 = *AE* 1978, 86, due personaggi menzionati nella stessa epigrafe.

[263] Di recente, su Aufidio Lusco, MATHIEU 1999, 137-8.

[264] Ricordiamo tra gli altri SHERWIN WHITE 1973, 66-67; LETTA 1979, 40.

[265] Riassunto delle posizioni principali in GRANINO CECERE 1996.

[266] CÉBEILLAC 1983, 55.

[267] DEGRASSI 1949, 315-6.

[268] Cfr. D'ARMS 1984, 449; LO CASCIO 2002, 13.

[269] P.J. GROSLEY, *Nouveaux mémoires, ou observations sur l'Italie et sur les Italiens*, London-Nourse-Napoli 1765, III, 129-30 (cit. in DE SANTIS 1935B (2001, 55)).

[270] Cfr. MATHIEU 1999, n. 17 e 79-80.

[271] Cfr. LINDERSKI 1974, 469-72 e nt. 47; MATHIEU 1999, 79-80; *MRR* III, 29.

[272] L'assonanza col fondano Aufidio Lusco, pur essendo sospetta, non è evidentemente utilizzabile come argomento per la loro origine. L'unica possibilità sarebbe pensare

parliamo qui è per il motivo che spesso Aufidio Lurcone è stato chiamato in causa nell'ambito della questione dei familiari di Livia Drusilla[273]. Il tutto parte da un passo di Svetonio, che riporta tra le denigrazioni di Caligola a danni di Livia proprio l'accusa di discendere da un oscuro decurione fondano: su questo punto il biografo ritiene di dover correggere l'imperatore, ricordando che in realtà Aufidio Lurcone *Romae honoribus functum* (Suet. *Cal.* 23, 2)[274]. Ma un lucido saggio di Linderski ha fatto giustizia dell'equivoco, ricordando l'evidenza epigrafica per cui la madre di Livia era una *Alfidia*[275], e dunque le congetture precedentemente espresse vanno messe da parte: il nonno materno di Livia era un *M. Alfidius*, non *Aufidius Lurco*[276]. Torneremo ad occuparci della questione di Livia nel prossimo capitolo.

C) GLI AMICI DI CICERONE

Informazioni preziose relative al periodo che stiamo esaminando provengono dall'epistolario di Cicerone. L'Arpinate soggiornò nel centro fondano, stando alle sue lettere, il 12 aprile dell'anno 44 (*Ad Att.* XIV, 6), in un *deversorium* di sua proprietà[277], ed in questa occasione fa riferimento a due cittadini fondani di spicco: Curtilione e Sestullio. Di Sestullio Cicerone ricorda il *fundus*, che era passato sotto la proprietà di Curtilione. L'unico Sestullio che potrebbe essere identificato con questi è il senatore *P. Sestullius*, padre del senatore del 39 a.C.[278], legato a Pompeo, scelta di cui pagò le conseguenze[279]. Di

Sestullii a livello locale è noto solo un liberto (X, 6273: *P. Sestullius P.l. Salvius*)[280].

Non si hanno elementi per stabilire l'origine di questa famiglia, in generale poco attestata; un importante riferimento è quello del *SC de Panamareis*, in cui è elencato un Sestullio della cui tribù è sopravvissuta nel testo solo la terminazione -εντινα[281]. Le integrazioni proposte[282] sono state le seguenti: *Oufentina, Tromentina, Pomptina*, ovvero quelle in cui rientrano città dei dintorni di Fondi, e che dunque permettessero di mantenere il collegamento tra i Sestulli ed il circondario di Fondi, nonostante i Fondani fossero iscritti nella *Aemilia*. Anche in questo caso, un ruolo importante ha avuto l'equivoco legato ad Aufidio Lurcone. Sappiamo infatti che P. Sestullio aveva sposato una Aufidia, sorella proprio di Lurcone[283]: collegare le due famiglie e riferire anche i Sestulli a Fondi risultava in tal modo una agevole quadratura del cerchio. Ma se, come abbiamo visto nel paragrafo precedente, Aufidio Lurcone non può essere considerato con certezza fondano, anche i Sestulli vanno riportati nel limbo delle famiglie di cui ignoriamo la provenienza. Se è fuori di dubbio che essi abbiano avuto possedimenti in territorio fondano, ai quali sarà stato legato il liberto Sestullio Salvio, è però tutt'altro che certo che fossero di origine locale.

Per quanto riguarda Curtilione, si tratta di un personaggio che non gode della stima di Cicerone, che lo qualifica col desueto termine di *verbero*. Il gentilizio è attestato nella vicina *Minturnae*: nella lista dei *magistri Minturnenses* troviamo un personaggio che è stato identificato proprio col Curtilione ciceroniano[284]. Un'iscrizione menzionante anche un *Curtilio* potrebbe essere di provenienza fondana, ma anche formiana o minturnese[285]. Ad ogni modo, anche se l'epigrafia non ci soccorre, il testo di Cicerone risulta chiaro su questo punto, e dunque che terreni nella zona di Fondi fossero di proprietà di Curtilione non sembra dubbio.

nome; ma va ricordato che lo stesso Orazio, in un altro passo delle *Satire*, nomina in termini poco lusinghieri un Aufidio che probabilmente è ancora Lurcone (II, 4, 24: così E. KLEBS in *RE* II, 2, 1896, s.v. "Aufidius" (26); per TCHERNIA 1997, 1258, si tratta invece di *Titus Aufidius*, noto nella cerchia di Asclepiade).

[273] Ad es. COARELLI 1971, 478, e COARELLI 1973, 118-9, che propone che la prima fase tardorepubblicana della famosa villa di Tiberio a Sperlonga fosse appartenuta al fondano (?) M. Aufidio Lurcone, cosa che appare però al momento indimostrabile.

[274] Sembra difficile da accettare l'ipotesi di TORELLI (1982, 191) secondo cui il riferimento di Caligola ad Aufidio Lurcone sarebbe stato non un errore ma un gioco ironico basato sul *locus* delle Satire di Orazio: *Aufidius Lurco* però non è *Aufidius Luscus*.

[275] LINDERSKI 1974, in base a *CIL* II, 1667; IX, 3661; *IGRR* IV, 983.

[276] Cfr. *MRR* III, 14; ma l'equivoco continua: cfr. ad es. BADIAN 1980, 472; CÉBEILLAC 1998, 151.

[277] MANGIATORDI 2003.

[278] MITCHELL 1979; BADIAN 1980, 473-4.

[279] BADIAN 1980, 473-4.

[280] I *Sextilii* sono invece testimoniati in maniera leggermente più ampia (*CIL* X, 6241; 6275).

[281] MITCHELL 1979.

[282] BADIAN 1980, 471 sgg.

[283] MATHIEU 1999, n.19.

[284] BADIAN 1980, 474.

[285] Mi riferisco all'iscrizione di Sabbioneta (*CIL* I², 753= *ILLRP* 200); se BADIAN (1980, 474) si interroga comprensibilmente sulla sua provenienza, non può essere dimenticato che materiale fondano (e formiano e minturnese) venne trasferito a Mantova e dintorni ad opera di Vespasiano Gonzaga Colonna nella seconda metà del XVI secolo (VENTURA 1997, n. 76).

Un ulteriore indizio di questa vicenda può essere desunto dalla toponomastica, se il toponimo di "Curtignano" (località a pochi chilometri a nord del centro urbano, menzionata già negli Statuti trecenteschi)[286] potesse essere ricondotto ad un *Curtilianus (funaus)*[287]. La zona non è priva di testimonianze archeologiche, tra cui una doppia cisterna con rivestimento in cocciopesto [C17]; in generale ricognizioni anche superficiali rivelano notevoli quantità di tegole ed anforacei per i quali una datazione tra fine dell'età Repubblicana ed inizi dell'Impero sembra appropriata. Sembra dunque plausibile proporre, in via ipotetica, di riconoscere nella località "Curtignano" quel fondo a cui faceva riferimento Cicerone. È interessante concludere il capitolo proprio con quello che è forse l'unico caso di convergenza tra fonti letterarie e storiche e testimonianze archeologiche.

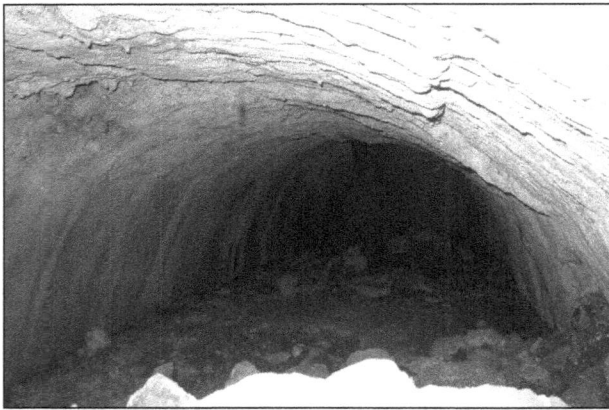

Fig. 15: Cisterna in loc. "Curtignano"

Conclusioni

Cercando di riassumere i dati principali emersi in questo capitolo, possiamo dire che si tratta evidentemente del periodo più ricco di novità e di cambiamenti nell'arco della storia di Fondi romana. È il momento in cui nasce e si sviluppa lo sfruttamento intensivo del territorio, che diventa rinomato grazie ad alcuni dei suoi prodotti (il Cecubo *in primis*). Ed è anche il momento in cui vediamo numerose famiglie, locali e non, partecipare alla gestione delle attività politiche ed economiche. Questa ampiezza di partecipazione e di attività trova riscontro lungo

tutta la piana di Fondi (più che nel centro abitato), dove ha lasciato grandi quantità di tracce: monumenti, strutture, anforacei, ma anche l'organizzazione della viabilità e l'orientamento del territorio stanno tuttora a testimoniare di questa realtà. Sembra di poter dire che, rispetto ai modelli più generali di gestione terriera che sono stati elaborati per il resto dell'Italia romana, non vi sia quella cesura tra II e I secolo che corrisponde all'avvio di un forte processo di accumulo terriero nelle mani di pochi possidenti. Questo fenomeno (che possiamo indicare per sintesi col discusso nome di "latifondo") pare essere posticipato, nel territorio fondano: sarà uno dei protagonisti del prossimo capitolo.

In conclusione, proviamo a richiamare alcune delle tessere presentate finora, e ad utilizzarle in combinazione. Queste tessere sono: l'*ager publicus* fondano, M. Emilio Lepido con la sua *moles*, il Cecubo. Sarebbe interessante poter supporre che la produzione del celebre vino fosse stata avviata proprio sull'*ager publicus*, e che l'opera di Emilio Lepido realizzata con fondi pubblici avesse come obiettivo un migliore collegamento proprio di questo *ager*, di una parte del quale non potremmo stupirci se in qualche modo lo stesso Lepido si fosse appropriato, al pari di altri nobili romani. Purtroppo, per delineare una simile vicenda mancano troppe tessere.

---

[286] FORTE 1992, 230-1.

[287] Questa derivazione sembra tutto sommato essere almeno altrettanto plausibile di quella da *Curtonius*, attestato epigraficamente nella vicina Lenola (*CIL* X, 6254), sostenuta da NOTARJANNI (1814 (1995, 28).

III. I primi secoli dell'Impero

Le vicende istituzionali

Gli inizi dell'età imperiale segnano una nuova cesura nella storia del territorio fondano. Questa volta non si tratta di una cesura legata ad eventi strettamente amministrativi, come nei casi precedenti, ma è piuttosto il riflesso a livello locale di una trasformazione che stava portando il mondo romano a diventare un impero universale.

Le ricadute a livello locale sono rilevanti per una serie di ragioni, che qui possiamo anticipare per meglio inquadrare il momento storico che andiamo ad analizzare. Un primo motivo è legato comunque ad una trasformazione di *status* giuridico: sappiamo infatti che, in un momento imprecisato della primissima età imperiale, almeno una parte del territorio fondano doveva essere entrata a far parte del demanio imperiale. Pur nelle difficoltà che abbiamo a comprendere pienamente alcuni aspetti della sfera delle proprietà personali degli imperatori («A history of the properties of the Roman emperors cannot be written», con le parole di F. Millar[1]), è superfluo sottolineare l'importanza che una presenza del genere dovette avere a livello locale. Un secondo punto importante, che è presumibile fosse collegato in qualche modo al primo, sta nel fatto che, a quanto consta dalle fonti, la zona aveva dato i natali alla madre di Livia Drusilla, moglie di Ottaviano Augusto. Come causa e conseguenza di questi due fattori, possiamo leggere nel territorio alcune importanti tracce dell'interesse da parte della famiglia imperiale, sopra tutte la celebre villa di Sperlonga attribuita all'imperatore Tiberio, che negli anni '50 del secolo scorso restituì quei meravigliosi complessi scultorei che ancora oggi fanno mostra di sé nel museo locale. Questa situazione, come è logico, non sembra essere priva di riflesso sulla situazione economica locale, anche se forse il risultato non è quello che sarebbe plausibile aspettarsi.

Va sottolineato, inoltre, che è in quest'epoca che giunge a compimento il lungo processo di municipalizzazione dell'Italia, che comportò la stabilizzazione di un modello di gestione del potere e dei rapporti con il cuore dell'impero[2]. È importante al riguardo notare, come vedremo in maniera dettagliata alla fine di questo capitolo, che, se non conosciamo (con certezza) senatori di origine fondana in età tardo-repubblicana, è proprio dagli inizi dell'Impero che invece il quadro dell'ascesa sociale sembra mutare. Sarà importante indagare se questo mutamento sia legato al processo di arricchimento che abbiamo delineato nel capitolo precedente, oppure se anche in questo caso la presenza di interessi della famiglia imperiale in zona abbia giocato un qualche ruolo.

A) Un decurione fondano

«*Tiberium quidam Fundis natum existimaverunt secuti levem coniecturam, quod materna eius avia Fundana fuerit et quod mox simulacrum Felicitatis ex S.C. publicatum ibi sit*» (Suet. *Tib.* 5, 1). Se è superfluo dire che di questo *simulacrum* sfortunatamente non sono rimaste tracce, non è facile stabilire in base alle parole di Svetonio quale fosse il luogo di origine della madre di Livia, e nonna di Tiberio[3]. Che l'imperatore fosse nato a Fondi, o piuttosto a Roma secondo la tradizione che lo storico definisce più sicura, non è poi così fondamentale, una volta stabilito che effettiva-

---

[1] Millar 1977, 175 (su cui vedi le critiche di Coarelli 2000, 139).

[2] Cfr. Gabba 1991.

[3] Alfidia: *PIR*[2] I, A 528; sulla figura di Livia cfr. di recente Fraschetti 1994.

mente il ramo materno era fondano[4]. In un altro passo Svetonio torna sulla questione, riferendo di una lettera di Caligola al Senato (*Cal.* 23, 2) in cui l'imperatore gettava scredito su Livia, definita un "Ulisse in gonnella" (*Ulixem stolatum*), richiamandone le umili origini «*materno avo decurione Fundano ortam*». Svetonio tiene a precisare puntigliosamente che il nonno di Livia era tutt'altro che un oscuro decurione municipale, essendo quell'Aufidio Lurcone che aveva avuto onori a Roma; ma, come abbiamo già visto nel capitolo precedente, il biografo confondeva *Aufidii* ed *Alfidii*[5]. Dunque è possibile che Caligola sapesse quel che diceva, tanto più che, è bene ricordarlo, egli stesso apparteneva alla lontana alla famiglia di Livia. Ma non possiamo neppure escludere che l'astio di Caligola nei confronti della bisnonna lo avesse spinto a mentire sulle origini. Non deve stupire, ma risulta comunque sconcertante, l'evoluzione dei rapporti tra Caligola e Livia. Da lei il futuro imperatore era stato accolto in casa dopo l'esilio della madre, e Caligola ne aveva pronunciato dai rostri l'elogio funebre (Suet., *Cal.* 10, 1; Tac., *Ann.* V, 3); il maggior numero di iscrizioni onorarie dedicate a Livia è attestato proprio durante il periodo di Caligola[6]. Ma ad un certo punto cominciò a venire a galla il suo risentimento, attraverso gli insulti alla memoria che abbiamo visto, e col tentativo per contro di riscattare i suoi genitori e nonni materni: «*Antoniae aviae, quidquid umquam Livia Augusta honorum cepisset, uno senatus consulto congessit*» (Suet., *Cal.* 15, 3). Svetonio ricorda peraltro come, con perversa coerenza, anche agli onori nei confronti della nonna Antonia avesse fatto seguito un trattamento tutt'altro che generoso, tanto che «*per istius modi indignitates et taedia causa exitit mortis, dato tamen, ut quidam putant, et veneno; nec defunctae ullum honorem habuit*» (23, 2).

Ad ogni modo, per tornare a Fondi, se si può discutere sul rango degli *Alfidii*[7], non ne sembra in discussione l'origine fondana. Abbiamo già visto nel capitolo precedente come questa famiglia fosse ben radicata nel territorio. Ma, a differenza degli *Aufidii*, essi non sono noti come magistrati o notabili, a parte quel M. Alfidio avo di Livia che, se concediamo attendibilità alle parole di Caligola, fu "decurione". D'altronde, sarebbe pericoloso utilizzare un argomento *ex silentio* in un territorio per il quale, a causa di un difetto di documentazione, il patrimonio epigrafico non corrisponde all'importanza storica.

Sappiamo con certezza che la madre di Livia, Alfidia, aveva sposato un personaggio di assoluto rilievo della nobiltà romana quale Marco Livio Druso Claudiano[8]: dato un matrimonio del genere, è difficile pensare che la famiglia di lei fosse di scarso conto a livello locale. Il matrimonio tra un membro di una importante *gens* romana (anzi, di due illustri *gentes* quali i Livii Drusi ed i Claudii)[9] ed una esponente dell'aristocrazia municipale priva di nobili ascendenti, deve presumibilmente trovare la sua ragion d'essere nella ricchezza di quest'ultima, e dunque in proprietà terriere consistenti: nonostante il silenzio dell'epigrafia, è pressoché ovvio che gli Alfidii fossero una famiglia ben in vista a livello locale. Ma questa conclusione è stata talvolta condotta ad estremi al momento non dimostrabili: alla famiglia di Livia sono stati infatti attribuiti sia la prima fase tardorepubblicana della famosa villa di Tiberio a Sperlonga[10], sia le già ricordate officine anforarie individuate sul litorale fondano[11]. È tuttavia evidente che né l'una né l'altra attribuzione possono essere provate in base ai dati disponibili.

B) LE PROPRIETÀ IMPERIALI

Che parte del territorio fondano fosse entrata a far parte del demanio imperiale, possiamo dedurlo dall'esistenza di un *Ti. Claudius Speclator, procurator Formis Fundis Caietae* e *Laurento ad elephantos* (*CIL* VI, 8583), riferibile ad età claudio-neroniana[12]. La questione appare pacifica, specie dal momento che abbiamo esplicita menzione dei territori di competen-

---

[4] Diversa l'opinione di WISEMAN (1965), che proponeva un'origine marruvina per Alfidia, ripreso da TORELLI (1982, 190-1); l'ipotesi, definita da LETTA «priva di serio fondamento» (in TORELLI 1982, 198), è smontata con valido ragionamento da LINDERSKI (1974, 464 e nt. 8). D'altronde, se qualcuno all'epoca di Svetonio poteva ritenere che anche lo stesso imperatore fosse nato a Fondi, evidentemente questa origine non può essere messa in dubbio.

[5] LINDERSKI 1974: in base all'evidenza epigrafica (*CIL* II, 1667; IX, 3661; *IGRR* IV, 983), la famiglia di Livia doveva essere *Alfidia*.

[6] Cfr. COGITORE 2000, 251 e 261.

[7] Sicuramente M. Alfidio non fu senatore: e questo premeva sottolineare a Caligola (cfr. WISEMAN 1965, 333; LINDERSKI 1974, 466).

[8] *PIR*² V, n. 294; FRASCHETTI 1994, 123-4; cfr. SYME 1986 (2001, 89).

[9] Vale la pena tra l'altro ricordare che segni di un interesse per la zona da parte di Claudii sono piuttosto precoci: in particolare un M. Claudio patrono della città di Fondi a cavallo tra III e II secolo è ricordato sulla *tessera hospitalis* di cui si è detto nel capitolo I.

[10] Ad es. COARELLI 1971, 478, e COARELLI 1973, 118-9; l'opinione appare al momento indimostrabile.

[11] CÉBEILLAC 1998, 151.

[12] HIRSCHFELD 1902 (1913, 539); BOULVERT 1970, 125 nt. 216; SABBATINI TUMOLESI 1988, 24-5; PANCIERA 1990, 179. Sulla figura del *procurator*, WEAVER 1972, 267 sgg., e più di recente PANCIERA 1990, 181 n. 4; CARLSEN 1995, 158 sgg.

za[13]. L'anomalo ordine in cui i tre centri sono disposti, che non è geografico, potrebbe forse intendersi per importanza del centro.

Un altro caso che è stato riferito al territorio formiano (e dunque anche fondano) è quello di *Acastus, Aug. lib., procurator provinciae Mauretaniae* e *tractus Campaniae* (*CIL* X, 6081)[14]; ma nonostante la sua presenza a Formia, dove l'epigrafe fu rinvenuta, dobbiamo probabilmente escludere che centri del Lazio meridionale come Fondi e Formia potessero rientrare sotto l'etichetta di *Tractus Campaniae*[15], che doveva partire almeno da Sinuessa, come attestato dall'iscrizione di *Graphicus procurator hereditatium tractus Campaniae* ivi rinvenuta[16]. Un terzo caso è quello di *Amazonicus Augg. lib. procurator* (*CIL* X, 6093)[17], dell'epoca di Marco Aurelio; il rinvenimento dell'iscrizione a Formia ha fatto pensare che il territorio sotto la sua procuratela fosse quello formiano (e dunque fondano)[18], ma non è possibile averne la certezza. Infine va ricordato *Aelius Aug. lib. Agylaeus procurator* (*AE* 1902, 187) attestato a Terracina, adrianeo o successivo; ma anche in questo caso non è possibile stabilire con esattezza quale fosse il territorio di competenza, né a rigore se si trattasse di un funzionario incaricato di amministrare terre di proprietà imperiali, benché la qualifica di *Augusti libertus* renda questa ipotesi plausibile. Va sottolineato comunque come si tratti in tutti i casi di liberti, e mai di procuratori di rango equestre; ma ciò coincide con il fenomeno della sopravvivenza di procuratori libertini anche dopo Adriano.

È difficile stabilire se, come sostenuto da Traina[19], la presenza di alcuni *praefecti* in zona (il formiano *Arrius Salanus*[20], in età tiberiana, ad esempio) sia collegata all'esigenza di controllare questi territori per conto della famiglia imperiale[21]. È invece arduo seguire Hirschfeld nell'attribuzione di una *villa Mamurrana*, rientrante in proprietà imperiali, al territorio fondano[22]: i Mamurra sono legati a doppio filo con Formia[23], e non vi sono motivi evidenti per individuare una loro presenza nella zona di Fondi[24].

Anche in questo momento, come abbiamo avuto modo di rilevare per altri momenti storici, i territori di Fondi e Formia appaiono sostanzialmente intrecciati quanto a vicende storiche ed istituzionali. Dunque dovremmo considerare l'affermazione di Laaksonen, secondo cui «le più antiche circoscrizioni amministrative di possedimenti imperiali» si trovano proprio a Formia[25], come sarebbe dimostrato dalle prime tre epigrafi di cui abbiamo parlato: è però evidente che la prima, *Speclator*, è di età giulio-claudia; per la seconda, *Acastus*, la procuratela della Mauretania (resa provincia sotto Claudio) ci impedisce di considerarla uno dei primi casi[26]; la terza, *Amazonicus*, è datata all'età di Marco Aurelio. Non si può dimenticare che già Livia e Tiberio affidano a procuratori l'incarico di amministrare il loro patrimonio. Dunque la precoce appartenenza del Lazio meridionale costiero alle proprietà della *domus Augusta* non può essere dimostrata per via epigrafica; né può esserlo in altro modo. Anche la presenza della famosa villa di Tiberio a Sperlonga non è indicativa in tal senso, potendosi configurare come eredità familiare piuttosto che come canonica proprietà imperiale. Certo, si tratta di una zona appetibile dal punto di vista sia del *negotium* che dell'*otium*, non mancando di risorse agricole e di qualità ambientali invitanti. Ma ciò non consente di stabilire una priorità rispetto, ad esempio, alla Campania settentrionale.

Tuttavia, se si riflette su quella che deve essere stata la formazione di questo demanio, è possibile che una datazione ad età augustea sia plausibile. Le no-

---

[13] *Speclator* è rimasto vittima di una serie di equivoci tra *Fundi* e *fundi*. Così, il procuratore in questione avrebbe avuto competenze su Formia e sui terreni di Gaeta (*fundus Caietae*) secondo CARLSEN (1995, 162). È possibile immaginare che Carlsen sia stato indotto a travisare dall'anomalia nella formula, per cui laddove usualmente viene usato il genitivo (*procurator villarum Tusculanarum, procurator villae Alsiensis*, etc.) troviamo utilizzato il dativo. Ma l'equivoco in questo caso deriva dalla errata lettura di *fundi* in luogo di *Fundis*. Corretto invece CARLSEN 2001, 54.

[14] Cfr LAAKSONEN 1996, 138. Sul concetto di *tractus* cfr. CARLSEN 1995, 162 e nt. 556, con bibl.

[15] Che «pare sinonimo di *Regio Campaniae*» (*DizEp* II,1, s.v. "Campania", 43). ARTHUR (1991, 83) inserisce *Acastus* tra le prove dell'esistenza di proprietà imperiali nella zona a sud di *Minturnae*. Sui confini tra *Latium* e *Campania*, cfr. SOLIN 1996B e quanto detto nell' "Introduzione". Ricordiamo che, sebbene le due zone fossero unite amministrativamente, varie fonti individuavano il confine naturale lungo il Garigliano.

[16] *AE* 1922, 122; cfr. ARTHUR 1991, 83.

[17] Su cui cfr. di recente HERRMANN-OTTO 1994, *passim* (spt. 121 e n. 63; 396).

[18] BOULVERT 1970, 125 nt. 215.

[19] TRAINA 2000, 78.

[20] *CIL* X, 6101. Cfr. LAAKSONEN 1996, 134; ARNALDI 1998, 68-70; SPADONI 2004, 19-20.

[21] Arrio Salano pare piuttosto un sostituto imperiale alle massime cariche comunali. Cfr. MENNELLA 1988, 76 sgg.

[22] *CIL* XIV, 2431; HIRSCHFELD 1902 (=1913, 539).

[23] ARNALDI 1998, 66-7, con bibl. precedente.

[24] Cfr. PANCIERA 1990, 184 nt. 34 («incerta ubicazione»), ed ora GRANINO CECERE 1995, con ubicazione nei dintorni di Roma.

[25] LAAKSONEN 1996, 138.

[26] Per una datazione al II d.C. ZUCCA 1994, 37.

stre ipotesi trovano ostacolo nella difficoltà di stabilire che genere di proprietà imperiale fosse quella attestata per il territorio fondano, se demanio o patrimonio familiare. In parte, è possibile che essa si fosse creata tramite confische ed acquisizioni delle ricche proprietà di membri delle *élites* locali e non: abbiamo visto nel precedente capitolo come l'interesse aristocratico per questo tratto di Lazio meridionale sia ben testimoniato tanto dalle fonti quanto dalla documentazione archeologica, anche se le due sfere solo raramente possono essere sovrapposte. Ma secondo alcuni studiosi, le proprietà imperiali nel territorio tra Fondi e Gaeta possono essere spiegate in virtù delle origini di Livia Drusilla[27]. Vale la pena ricordare che proprio Livia era titolare di vasti possedimenti in molte zone dell'Impero[28], e dunque niente di più facile che fosse proprietaria di terre nella sua città natale. Ciò non esclude peraltro che una proprietà originaria fosse stata ampliata tramite espropriazioni o confische, oppure anche attraverso acquisto diretto. Del resto, questi *status* giuridici risultano in generale molto difficili da distinguere[29].

Ma il dato della presenza di proprietà imperiali è stato a volte valutato in maniera eccessiva, fino a parlare di un territorio interamente compreso nel demanio[30], cosa che non è lecito inferire dalla documentazione disponibile. Non possiamo d'altro canto individuare quale tratto del territorio fondano rientrasse in questa giurisdizione: è possibile solo formulare qualche ipotesi. È evidente che il tratto più appetibile doveva essere quello costiero, sede ideale per fastose ville marittime, ma anche luogo di terre coltivabili situate in vantaggiosa prossimità di stabilimenti portuali e di corsi d'acqua, dunque in una situazione favorevole per trasporti e commerci. Non è un caso se lungo tutto il litorale tra il Circeo e Minturno troviamo una notevole concentrazione di ville e strutture produttive dalla media Repubblica fino ad età imperiale avanzata[31].

È proprio sul litorale compreso tra Terracina e Gaeta che troviamo possedimenti imperiali anche oltre il periodo che stiamo considerando[32]. Del resto, contrariamente a quanto si potrebbe pensare, la stessa villa che dovette appartenere a Tiberio, da lui lasciata in favore di Capri a seguito del noto episodio della caduta di un masso (Tac., *Ann.* IV, 59; Suet., *Tib.*, 39, 2), continuò ad essere abitata per qualche secolo[33].

Il territorio

Nel capitolo precedente abbiamo avuto modo di esaminare le attività edilizie nel periodo tardo-Repubblicano, che appaiono legate perlopiù allo sfruttamento agrario del territorio. L'età imperiale si presenta anche sotto questo profilo come segnata da novità rispetto al passato. I due fenomeni riconoscibili sono un tendenziale abbandono delle strutture di tipo agrario presenti nella piana, e per contro un sensibile aumento delle attività edilizie relative al centro storico ed ai suoi immediati dintorni. Sarebbe importante stabilire se questi due fenomeni debbano essere intesi come connessi: l'opposizione città-campagna era un punto su cui ha insistito Rostovzev nella sua classica opera, ma le più recenti tendenze sottolineano che questa interrelazione non è così stretta come si poteva immaginare[34]. Ad ogni modo, l'impressione che si ricava dall'analisi della situazione fondana è quella di una concentrazione delle attività principali nel centro urbano, fenomeno che è diffusamente riscontrabile a partire dagli ultimi decenni dell'età repubblicana nell'Italia romana, in corrispondenza di un aumento di interesse da parte delle classi aristocratiche per le attività politiche municipali[35].

In effetti non è semplice stabilire, in relazione al caso fondano, se questo fenomeno abbia preso il via con il Principato o se le testimonianze che abbiamo

---

[27] Una possibile difficoltà in tal senso potrebbe venire dalla vicenda del padre di Livia: fiero avversario dei cesariani, Marco Livio Druso finì per togliersi la vita a Filippi (Vell. II, 71, 3), e ciò potrebbe aver dato luogo a ritorsioni e confische di beni. Ma questa situazione purtroppo non è né confermata né smentita dalle fonti di cui disponiamo.

[28] Cfr. ROSTOVZEV 1933, 339-340; CRAWFORD 1976, 39-40.

[29] CRAWFORD 1976, 40-41.

[30] Cfr. ad es. LAFON 1981, 332; EGIDI 1985, 112; VALENTI 2003, 177.

[31] Per una panoramica cfr. LAFON 1981; VALENTI 2003, 175-178.

[32] Elenco in HIRSCHFELD 1902 (=1913, 539-40). Correva voce che la consorte di Marco Aurelio, Faustina, amasse concedersi a *condiciones nauticae et gladiatoriae apud Caietam* (SHA, *Vita Marci* 19, 7), che difficilmente avranno avuto altro teatro che lussuose ville imperiali di proprietà dell'imperatrice. Con la presenza di residenze imperiali in territorio fondano è stata collegata anche l'epigrafe funeraria di un liberto di un figlio di Alessandro Cozieo, maestro di Marco Aurelio (PESIRI 1978B, 165-7), su cui ci soffermeremo più avanti.

[33] Cfr. DE ROSSI 1980, 179-80; CASSIERI 2000, 24-5.

[34] Cfr. ad es. WHITTAKER 1994; già M. Weber aveva negato l'esistenza di un'opposizione tra città e campagna all'interno del modello della "consumer-city" (WHITTAKER 1994, 130).

[35] GABBA 1991; WHITTAKER 1994.

non siano altro che la conseguenza monumentale di una tendenza avviatasi già in precedenza. La discussione al riguardo è complicata dalla difficoltà nel datare con precisione molte delle strutture presenti nel territorio. Alla luce delle ricognizioni sul terreno, infatti, va senza dubbio accettata l'ipotesi di Quilici[36], secondo cui nel territorio fondano si sarebbe verificata una particolare continuità nell'uso anche oltre l'età repubblicana della tecnica dell'*opus incertum*, per praticità ed economia di utilizzo in un ambiente in cui la roccia calcarea abbonda.

A) LE ATTIVITÀ EDILIZIE NEL CENTRO URBANO

Un possibile indizio dell'accresciuta importanza del centro urbano si può leggere, anche se in maniera sporadica, nelle fonti: sembra infatti possibile cogliere una differenza tra l'età di Cicerone, che dalla sua villa formiana si spostava a cena da amici nel territorio di Fondi (certamente in una lussuosa villa in qualche punto della piana) (Cic., *Ad Att.* XIV, 6), e l'età in cui Galba riceveva la notizia della nomina a governatore della Tarragonese mentre soggiornava *in oppido Fundis* (presumibilmente in una *domus* del centro) (Suet., *Galba*, 8).

Le informazioni di cui disponiamo sul centro urbano, a livello archeologico, sono frutto di alcuni interventi casuali che ebbero luogo negli anni '30 del XX secolo. Un dato interessante può essere ricavato dal materiale che durante questi lavori venne recuperato: statue, fregi, rilievi, altri elementi plastici e decorativi sono per la maggior parte attribuibili agli inizi dell'età imperiale, in particolare da Augusto a tutto il I secolo d.C.[37]. È un dato che non può non rinforzare l'impressione su accennata dell'accresciuta importanza del centro in questo periodo, confermata ulteriormente da una serie di interventi urbanistici di prestigio[38], ben diversi da quelli messi in opera nei secoli precedenti, che erano invece relativi perlopiù all'ambito della sicurezza (mura e torri) e del commercio (strade).

Tra i principali edifici che vedono la luce almeno dagli inizi dell'età imperiale, varie fonti attestano la presenza di un anfiteatro[39]. È qui che verosimilmente dovettero aver luogo quei giochi pubblici per la

cui cura Lucio Runzio Gemello e Marco Ulpio Natale meritarono l'onore di una statua da parte dei loro concittadini nel II secolo d.C.[40]. Di questa struttura non sono rimaste tracce, ma è possibile individuarne il sito grazie ad un passo del *Codex Diplomaticus Cajetanus* che si riferisce alla chiesa di S. Maria *iuxta amphiteatrum*, da identificare con S. Maria Mater Domini; nelle adiacenze di questa chiesa si trova un'area non edificata che conserva ancora la forma ellittica in cui si può leggere la pianta della struttura[41]. La stessa area in un contratto di vendita nel 1076 ha l'icastico nome di *Conca Rotunda*[42]. Quest'area è a poche centinaia di metri ad ovest del centro, secondo una scelta di collocazione extraurbana che è consueta per l'età imperiale. Notizie d'epoca sostengono che l'anfiteatro sarebbe stato demolito a partire dall'età tardoantica per riutilizzarne il materiale. Ma è difficile accettare la notizia secondo cui i blocchi sottratti all'anfiteatro vennero utilizzati nel XV secolo per realizzare il basamento del maschio del Castello Caetani, ubicato ad almeno 500 metri di distanza in linea d'aria[43].

Dagli indizi a nostra disposizione non è possibile ricostruire le dimensioni della struttura se non a grandi linee: le mappe catastali suggeriscono una lunghezza di circa 95 metri per una larghezza di circa 75[44], misure ben confrontabili con la media degli anfiteatri noti nei centri limitrofi[45]. Il confronto con

---

[36] QUILICI 2004, 540.

[37] MUSTILLI 1937; PESIRI-NUNZIATA 1993.

[38] Sull'importanza ideologica dei lavori edilizi urbani: ZANKER 1994.

[39] Cfr. JOUFFROY 1986, 335; a rigore si tratta di una struttura extraurbana, ma la sua collocazione in prossimità della cinta muraria ed il profondo legame con la città fanno propendere per un inserimento in questo paragrafo. Solo un cursorio riferimento in GOLVIN 1988, 261.

[40] *CIL* X, 6240 e 6243: FORA 1996, 55-6 e 70-1; PRATILLI (1745, 133) ricorda anche i ruderi di un circo, ma la notizia appare dubbia, come vedremo più avanti.

[41] Sulla questione PESIRI 1977; scavi occasionali hanno messo in luce alcuni tratti superstiti delle fondazioni della struttura (PESIRI-NUNZIATA 1993, 15).

[42] *C.D.C.* II, 118-120 (cfr. DEL LUNGO 2001, 123).

[43] CONTE-COLINO (1901, 19-20) sostiene che grossi blocchi di travertino sarebbero stati tratti «dall'Anfiteatro e dal circo Fondano»: l'associazione delle due strutture ricorda un passo del Pratilli, secondo cui a Fondi dovevano esistere «un picciolo Anfiteatro, e 'l Circo, le cui rovine in parte appariscono poco lontano dalla porta che riguarda il Castello d'Itri» (PRATILLI 1745, 133: ma si rammenti quanto detto sulla sua attendibilità nell'Introduzione). Da notare che Pratilli non fornisce una collocazione per l'anfiteatro, a differenza del circo, collocato nelle vicinanze di Porta Napoli, proprio dove sorge il Castello Caetani: sicché, se materiale fu prelevato per costruire quest'ultimo, è assai più probabile che come cava fosse stata utilizzata una struttura vicina quale poteva essere quella che Pratilli chiamava "Circo", ma che è impossibile da identificare. Va però ricordato che sempre nelle vicinanze di Porta Napoli Sotis ricorda un tratto di acquedotto ed un monumento dedicato a Domizia Paolina, su cui torneremo, che avrebbero potuto altresì prestarsi come riserva di blocchi da reimpiegare (SOTIS 1838, 53).

[44] Cfr. PESIRI-NUNZIATA 1993, 72.

[45] Formia: 105 x 76; *Minturnae* l. ca. 100; Cassino: 80 x 68.

le analoghe strutture del Lazio meridionale suggerisce anche, in mancanza di altri dati, una datazione ad età imperiale, senza peraltro avere la certezza né la possibilità di maggiore precisione.

Fig. 1: Statua rinvenuta nel centro storico di Fondi, ed oggi scomparsa (da MUSEO 1996)

Attraverso fonti epigrafiche si ha notizia anche di un *macellum*[46]. Non è possibile stabilire l'epoca in cui venne realizzato, ma se consideriamo che spesso la costruzione del *macellum* era un atto di evergetismo[47], è possibile che l'iscrizione in cui si fa riferimento ad un'*impensa* in relazione proprio al *macellum* (*[----] / macellum / [---im]pensa feceru[nt]*)[48] possa essere riferita alla sua realizzazione[49]. Si tratta di un'iscrizione datata al I secolo d.C. in base a caratteri paleografici, a detta del primo editore, S. Aurigemma[50]. E' probabile che questa iscrizione, letta da Aurigemma nell'*antiquarium* comunale ed oggi non più visibile, sia da identificare con *CIL* X, 6289 (*]msa fecerun[t*), che Mommsen cita da Notarjanni. In tal caso avremmo anche una preziosa indicazione sulla

provenienza, dal momento che il primo a darne notizia, l'erudito locale Notarjanni, la dice rinvenuta «in un gradino di scala vicino la portella»[51], ovvero nelle vicinanze dell'unica porta urbica sopravvissuta; cosa che, lungi dall'indicare il luogo esatto in cui l'epigrafe era originariamente collocata, può però suggerire che questo fosse all'interno del centro urbano. Ad ogni modo sappiamo che ancora in età imperiale il *macellum* venne fatto oggetto di un intervento da parte di un privato cittadino, che investì una somma forse di 1500 sesterzi (*[---] ium marmore[um ---] / [---] et in macello [---] / sua pecunia / HS I [---]*)[52]. È importante sottolineare la funzione commerciale rivestita da questo tipo di edificio, che ben si colloca all'interno di una realtà come quella fondana molto legata ad attività di tipo agricolo e commerciale.

Fig. 2: Frammento di architrave da viale Manzoni

Non abbiamo elementi certi per stabilire dove sorgesse questa struttura, ma un'ipotesi al riguardo è stata avanzata[53]. Negli anni '30 del '900, durante lavori in pieno centro storico, vennero recuperati otto blocchi di un architrave marmoreo decorato con fiori d'acanto e palmette[54], databile alla prima metà del I sec. d.C. Il luogo del rinvenimento, via Manzoni, costeggia una piazzetta adiacente piazza della Repubblica, cioè quello che evidenti ragioni topografiche inducono a riconoscere come il foro dell'antica *Fundi*[55]. Dagli esempi di *macella* centro-italici sappiamo che questa struttura era spesso collocata proprio in prossimità del foro[56]; l'architrave recuperato negli anni '30, che per Mustilli doveva appartenere ad un edificio pubblico di notevole importanza, potrebbe ben essere appartenuto proprio al *macellum*. Se così fosse, il *macellum* fondano sarebbe più modesto rispetto ad edifici analoghi di città come Pozzuo-

---

[46] DE RUYT 1983, 72-3; JOUFFROY 1986, 86.

[47] Cfr. DE RUYT 2000.

[48] AURIGEMMA 1912, 59; cfr. PESIRI 1978, 165.

[49] Così anche DE RUYT 1983, 256.

[50] Purtroppo questa datazione non è più verificabile, essendo il pezzo scomparso da tempo.

[51] NOTARJANNI 1814 (1995, 66).

[52] PESIRI 1978, 164-5 (=*AE* 1978, 78).

[53] PESIRI-NUNZIATA 1993, 68.

[54] MUSTILLI 1937, 68-9.

[55] Così ad es. GIULIANI 1966, 76-7.

[56] Cfr. DE RUYT 2000, 183.

li, Pompei, e della vicina *Minturnae*. Vale la pena ricordare, a supporto di questa ipotesi, che una delle due iscrizioni su menzionate (X, 6289) viene proprio da un punto molto vicino a via Manzoni.

Gli ultimi decenni del I secolo a.C. vedono anche la creazione di un impianto termale immediatamente fuori del centro urbano, in corrispondenza dell'uscita S-E[57]. Si tratta di un complesso indagato solo parzialmente alla fine degli anni '60[58], e di cui si è potuto appurare che ebbe una continuità di vita almeno fino al IV secolo d.C. Successivamente venne obliterato dalla costruzione della chiesa di S. Rocco, demolita poi dai bombardamenti durante la seconda Guerra Mondiale. Di recente vi è stata l'opportunità (mal sfruttata) di effettuare ulteriori saggi, in occasione dei lavori di rifacimento della piazza che insiste sulla parte ancora sotterrata delle terme, ma non è stato possibile incrementare i dati a nostra disposizione, per cui rimangono aperti alcuni interrogativi.

In primo luogo, non è dato sapere quale fosse l'estensione del complesso, la cui area scavata (circa 20x20 m) è sicuramente parziale, considerando l'andamento delle strutture murarie. Inoltre, non è possibile sciogliere il dubbio formulato già dall'autrice dello scavo: si tratta di un *balneum* pubblico oppure faceva parte di una villa extraurbana? La notevole ricercatezza dei marmi utilizzati per la decorazione[59] in effetti farebbe pensare piuttosto ad un edificio di un privato di notevoli risorse, anche se forse più che di "villa" sarebbe corretto parlare di *hortus* per via della posizione molto vicina alla cinta muraria; ma si tratta di una congettura, complicata oltretutto dalla lunga durata di vita dell'impianto, che può aver visto differenti proprietà e funzioni.

Va però osservato che nelle vicinanze si trova un'area che, quantunque oggi risulti pressoché completamente muta dal punto di vista archeologico, diventa eloquente se guardiamo alla documentazione di fine '800-inizi '900. Innanzitutto è possibile che vi sorgesse un monumento dedicato dai Fondani a Domizia Paolina, di cui rimane parte della dedica reimpiegata insieme ad altri blocchi nella costruzione del monastero di San Francesco, e tuttora visibile (*CIL* X, 6220)[60]. Non va escluso che l'area avesse anche una destinazione cimiteriale, dal mo-

mento che abbiamo testimonianze piuttosto circostanziate (e dunque difficili da bollare come inattendibili) di rinvenimenti di urne cinerarie e suppellettili funebri datate all'età di Claudio, e di altre iscrizioni di carattere funerario[61]. Infine, il Sotis negli anni '30 del XIX secolo vi vedeva i resti di un acquedotto[62].

Se ricapitoliamo le informazioni utilizzate in questo paragrafo, possiamo avere un esempio delle difficoltà a ricostruire l'aspetto della Fondi romana in base alla documentazione disponibile: nello spazio di circa 300 metri intorno alla chiesa di San Francesco, nell'immediato esterno del centro urbano, sarebbero sorti in epoche pressoché contemporanee un impianto termale (visibile), una villa (di cui le terme avrebbero fatto parte), un monumento onorario (quello a Domizia Paolina di cui si conserva l'iscrizione), alcune sepolture (denunciate dai rinvenimenti d'epoca), un acquedotto (ricordato da vari autori ottocenteschi) ed un circo (ricordato dal solo Pratilli)! Cercando di sistemare il puzzle, possiamo scartare tranquillamente l'ipotesi del circo, la più debole; anche l'ipotesi di una villa, che mal si concilia con le attestazioni funerarie, potrebbe cadere, rilanciando così l'idea che l'impianto termale fosse pubblico. Rimangono le terme, forse il monumento imperiale, forse un tratto di acquedotto, ed un'area necropolare probabilmente di portata ridotta. E rimangono ancor più due impressioni: che le testimonianze utilizzate siano da considerare con estrema cautela, e che lo sviluppo urbanistico selvaggio dell'ultimo secolo abbia fatto perdere importanti testimonianze del passato di questa città.

B) Attività edilizie extraurbane

Sempre in relazione al centro urbano, ma con ovvia collocazione extraurbana, doveva essere l'acquedotto, destinato all'approvvigionamento idrico di Fondi. Di quest'opera parlano testimonianze più o meno recenti: già Notarjanni agli inizi dell' '800 ne vedeva resti all'incirca lungo la via Appia verso Itri a fianco delle "mura Varroniane" e poi in contrada San Magno, ovvero in direzione opposta, concludendo così che l'acqua fosse portata dalla sorgente di S. Arcangelo fino alla località di S. Magno passando per la città[63]; Sotis vedeva resti dell'acquedotto più vicino al centro, all'uscita est, di fianco a S. Francesco[64]; altri osservatori ne hanno visto tracce in località Madonna degli Angeli e nei pressi del mo-

---

[57] JOUFFROY 1986, 52.

[58] LISSI 1971.

[59] Ad es. "Breccia d'Aleppo" e "Lumachella d'Egitto". Cfr. appendice a LISSI 1971, 363 sgg.

[60] Ma non va ovviamente taciuta la possibilità che i blocchi che costituivano il monumento fossero stati trasportati *in loco* da altra zona.

[61] NOTARJANNI 1814 (1995, 63); SOTIS 1838, 53-4.

[62] SOTIS 1838, 53.

[63] NOTARJANNI 1814 (1995, 62).

[64] SOTIS 1838, 53.

nastero di S. Magno[65]. Mettendo insieme questi stralci, sembra in effetti individuabile un allineamento. Purtroppo, nonostante alcune testimonianze siano tutto sommato recenti, non è possibile verificare direttamente l'attendibilità delle informazioni, che però potrebbero essere con cautela considerate valide in virtù del fatto che provengono da più osservatori.

In tempi recenti Forte, che asserisce di aver visto un tratto di questa struttura in un'abitazione privata, parla di *opus reticulatum*[66]: ciò potrebbe indicare una datazione agli inizi dell'età imperiale, e sicuramente esclude che potesse trattarsi di quell'opera idraulica voluta dai censori del 179 a.C. a cui sembra fare riferimento il problematico passo di Livio su cui ci siamo soffermati nel capitolo precedente. Del resto non può sorprendere che un territorio densamente abitato come quello fondano fosse dotato di quello che, con la strada, era considerato da Sereni «un elemento costitutivo caratteristico del paesaggio agrario italiano»[67], che poteva contare tra l'altro su un'ampia disponibilità quanto a sorgenti per l'alimentazione. L'opinione comune degli studiosi locali è che la fonte principale fosse quella di S. Arcangelo, su un monte ad est della città[68].

Per quanto riguarda la viabilità, dopo i secoli delle grandi realizzazioni, l'età imperiale è il momento dei restauri. In particolare, l'importante intervento traianeo ben documentato per Terracina pare avere avuto qualche riflesso anche nel territorio fondano. Di ciò farebbero fede tre miliari di Traiano riportati dal Pratilli dalla località "Portella", in cui vengono ricordati interventi di riassetto della via, di costruzione di nuovi ponti, e di restauro di un ponte[69]. In effetti il tratto di Appia fra la "Portella" e Fondi è attraversato da numerosi fiumiciattoli e fossati, per cui l'abbondanza di ponti non appare eccessiva. Di queste strutture sono ancora visibili ben pochi resti, ma un quadro più completo è possibile grazie alle preziose fotografie scattate da Thomas Ashby agli inizi del XX secolo[70]. Resti di quello che era il ponte più vicino alla città, nell'eloquente località "Ponte Selce", con i tratti del basolato dell'Appia che vi

passava, sono stati messi in luce di recente durante lavori di sistemazione stradale, ma sono stati successivamente ricoperti.

C) LE VILLE DEL TERRITORIO

Il Lazio meridionale costiero è una zona centrale per il fenomeno delle ville soprattutto in età tardorepubblicana, come abbiamo avuto modo di ricordare nel precedente capitolo. In età imperiale sono ancora presenti alcuni impianti residenziali di notevole importanza, ed altri vengono realizzati: a parte il territorio formiano, che non interessa il nostro discorso se non a livello di confronto, vanno ricordate le grandi realizzazioni sulle Isole Pontine, in cui soggiornarono membri della famiglia imperiale (per scelta o obbligati), e la celebre villa di Tiberio nel territorio di Sperlonga, che però è situata di là da quella linea di confine che abbiamo individuato come margine del territorio fondano verso sud. Per contro, in quello che possiamo considerare in maniera certa come territorio di *Fundi*, sembra che i dati disponibili indichino una rarefazione del fenomeno delle ville, di cui sono noti con sufficiente certezza solo pochi casi. Si tratta di un dato che andrebbe suffragato da accurate ricognizioni nel territorio, ma purtroppo questo lavoro manca ancora, per cui ci si può basare unicamente sui dati disponibili. Tuttavia è evidente la differenza col contiguo territorio di Formia e di Gaeta, in cui la prima età imperiale vede un rifiorire di ville di prestigio[71]. Un confronto importante è quello con la limitrofa area di Itri, in cui è stato osservato per le strutture di tipo agrario di III e II secolo un declino già prima dell'età imperiale[72]. Indagini più specifiche sul territorio potranno fare ulteriore luce su questo punto, e permettere di stabilire con maggiore precisione quando si possa individuare questo fenomeno di declino, tenendo ovviamente conto del fatto che la trasformazione di queste strutture da aziende agricole "catoniane" a pascoli e boschi o addirittura il loro abbandono non dovette compiersi da un giorno all'altro.

Poche sono dunque le strutture afferenti al tipo della "villa" che caratterizzano questo momento storico nel territorio fondano. È al momento difficile fare una valutazione riguardo la "villa" che Lafon individua presso la foce del canale S. Anastasia [D1][73]. Una datazione agli ultimi decenni del I secolo a.C.,

[65] FORTE 1998, 107.
[66] FORTE 1998, 107.
[67] SERENI 1961 (1979, 49).
[68] Già NOTARJANNI 1814 (1995, 62). Nei dintorni di questa sorgente sono ancora visibili tratti di tubature in terracotta, il cui percorso è possibile seguire per parecchie centinaia di metri; ma è difficile stabilire quale relazione possa esservi tra queste e l'eventuale acquedotto.
[69] FRATILLI 1745, 130-1; dei tre testi, solo uno viene accolto dal Mommsen, dopo verifica autoptica (*CIL* X, 6853).
[70] Vedi LE PERA-TURCHETTI 2003, 137-138.

[71] LAFON 1981, 328 sgg.
[72] DE'SPAGNOLIS 1982.
[73] LAFON 1981, 331; LAFON 2001, 377, LT57. Lo studioso francese propone una datazione tra la seconda metà del I a.C. e la prima metà del I d.C. in base alla presenza di strutture in reticolato.

quella fornita da Lafon[74], risolverebbe secondo lo studioso francese la difficoltà causata dalla presenza nella stessa area di un *atelier* per la produzione di anfore, riconosciuto anni fa da alcuni studiosi francesi[75]: la villa avrebbe sostituito il precedente *atelier*. In verità l'officina, a quanto pare, produceva non solo Dressel 1, ma anche 2-4, per le quali la datazione andrebbe a sovrapporsi con quella della realizzazione della villa. Ma in realtà non è detto che le due presenze fossero incompatibili, dal momento che un'officina per anfore non ha necessariamente caratteristiche inquinanti o comunque tali da richiedere isolamento. Proprio di recente, alcuni saggi di scavo hanno portato in luce una serie di strutture, ed un busto marmoreo, forse ritraente Augusto giovane; ma il tipo di strutture e la pressoché totale assenza di materiali mobili rendono parecchio problematica l'identificazione delle strutture con una villa realizzata in riva al mare[76].

Se si abbandona la spiegazione-villa, una interpretazione alternativa non potrà non tenere conto della particolare posizione del complesso, in riva al mare ed allo sbocco di un canale navigabile. Varrebbe forse la pena di prendere in considerazione l'idea che si trattasse di *horrea* o comunque di depositi per lo stoccaggio di merci; è chiaro che in tal caso l'associazione con l'officina sarebbe ancora più cogente. Il recente intervento non permette purtroppo di chiarire quale sia il momento iniziale del complesso, limitandosi a confermare che ebbe una continuità di uso almeno fino al IV secolo[77]. D'altronde, una continuità di occupazione così lunga sembra contraddire il declino della sfera produttiva vissuto dal territorio a partire dall'età imperiale; ma è opportuno ricordare che nei mercati romani e di Pompei arrivavano anfore di *Fundanum* ancora almeno fino al 25 d.C. (*CIL* XV, 4568; IV, 2552)[78]. Altra possibilità è che il complesso possa in qualche modo essere in relazione alla presenza del *praetorium*, come struttura di appoggio ad uno scalo funzionale agli spostamenti dei membri della corte imperiale che venivano a soggiornare in zona; o come caserma dei pretoriani che, come vedremo tra poche pagine, erano stanziati nel territorio. La presenza di un ritratto di Augusto giovane ben si sposerebbe con la possibilità che in una villa poco lontana in quegli anni soggiornasse la fondana Livia. Al momento possiamo

dire che solo il proseguimento degli scavi potrà auspicabilmente chiarire la situazione.

I dubbi sono ancora maggiori per quanto riguarda la struttura nei pressi del monastero di San Magno esplorata agli inizi del '900 da Aurigemma [D3], il quale, avendovi rinvenuto un'epigrafe di prima età imperiale (su cui ci soffermeremo più avanti) e raro materiale reimpiegato largamente in un edificio paleocristiano, ritenne di poter indicare la presenza di una «fattoria o villa»[79]; la documentazione poco chiara e la pressoché totale distruzione dei resti impediscono di considerare questi rinvenimenti come indicativi di una villa.

Un altro caso poco chiaro è noto da scarsi indizi. Si tratta di una villa situata lungo la via Appia nel tratto che da Fondi porta a Terracina, all'altezza dell'odierno abitato di Monte S. Biagio, in località "Portella", ovvero nel punto che nei secoli successivi diverrà il confine tra Stato Pontificio e Regno Borbonico [D2]. La villa è menzionata da Pratilli, il quale ricorda che vi vennero trovati «alcuni doccioni, o sian canne di piombo, e di bronzo per uso di acquidotti»[80] su cui si leggeva *Sex. Iul. Frontinus*. Da questo indizio Pratilli concludeva che forse si dovesse trattare della villa del famoso Giulio Frontino, suffragando l'ipotesi con un verso di Marziale, da cui si deduce che Frontino avesse una residenza nei dintorni di Terracina[81]. L'attribuzione della villa fondana a Frontino è stata poi ripetuta nel corso dei secoli, fino ad essere considerata un dato di fatto[82], ma rimane purtroppo indimostrabile[83]. Sui ruderi della villa sarebbe sorto in età medievale un casale, ricordato nel 1039 come *Casale de Flexu*, con riferi-

---

[74] Così proponeva LAFON (2001, 377).

[75] HESNARD-LEMOINE 1981, 245.

[76] L'intervento è stato condotto dalla Soprintendenza Archeologica; ringrazio la dott.ssa N. Cassieri per le informazioni fornitemi.

[77] Come già sostenuto da LAFON (2001, 377, LT 75).

[78] ZEVI 1966, 216.

---

[79] AURIGEMMA 1912, 53.

[80] PRATILLI 1745, 127.

[81] *Anxuris aequorei placidos, Frontine, recessus* (X, 58, 1). Oltre all'informazione tradita da Marziale, nell'introduzione al suo trattato Eliano Tattico ricorda di aver fatto visita a Frontino nei suoi possedimenti a Formia. È stata anche avanzata l'ipotesi che in realtà le due ville fossero la stessa: «fortasse tam apud Martialem quam apud Aelianum significatur eadem villa litoris Volsci» (*PIR*² II, F 216, p. 192). Cfr. anche McDERMOTT 1976, 256 e *passim*.; per ANDERMAHR (1998, 302) si tratta invece di due distinti possedimenti.

[82] Cfr. ad es. FORTE 1998, 113.

[83] Vale la pena ricordare che Pratilli non gode di ottima fama quanto ad attendibilità (cfr. quanto detto nell'Introduzione), e che ovviamente le fistule da lui menzionate non sono conservate. In generale, si ha l'impressione che spesso Pratilli utilizzasse materiale epigrafico di altre località per suffragare le sue ipotesi o per inventare fatti; possiamo ricordare che una fistula con impresso *Sex. Iuli. Frontini* è nota, ma a Roma (via Tiburtina: *CIL* XV, 7474, da Fabretti).

mento alla deviazione che l'Appia compie proprio in corrispondenza del sito[84]. Dal punto di vista archeologico abbiamo due indizi importanti. Innanzitutto abbiamo quella che appare l'unica struttura superstite della villa[85], ovvero un tratto di muro in buon reticolato con inserto in laterizio, la cui tecnica muraria suggerisce decisamente una datazione ad età imperiale; inoltre possiamo menzionare due bolli laterizi rinvenuti in passato nella zona, appartenenti all'officina di L. *Domitius Lupus* (su cui ci soffermeremo più avanti) e riferibili ad età neroniana[86]. Questi indizi non permettono ovviamente di affermare che si trattasse di una villa di proprietà di Giulio Frontino. Ad ogni modo, non sarebbe poi così rilevante stabilire chi fosse il proprietario della eventuale villa. Dobbiamo infatti tener presente che l'attività di acquisto e vendita di terreni e ville era piuttosto intensa, per cui una struttura poteva cambiare proprietario più volte. È possibile che il territorio di Fondi, specie in età tardorepubblicana ma anche agli inizi dell'Impero, abbia ospitato per periodi più o meno brevi personalità di riguardo; ma non è detto che ciò avesse avuto una sua particolare influenza sugli aspetti sociali, e meno ancora su quelli economici. In altre parole, per gli assetti socioeconomici dell'epoca, a livello locale, non doveva poi essere molto diverso se una villa era abitata da un Frontino o da un qualunque senatore oggi perfettamente sconosciuto[87]. In realtà, non solo non possiamo pronunciarci sull'eventuale proprietario, ma la stessa natura di villa è tutt'altro che fuori di dubbio, dal momento che, come già ricordato, è visibile solo un tratto murario, che potrebbe appartenere a diversi tipi di struttura edilizia.

E' invece certamente una villa quella in località "Vallaneto" nella contrada di S. Raffaele, che si presenta come particolarmente importante sotto vari aspetti [D4]. Il complesso, che è stato oggetto di recenti indagini, sorge su una sella fra due alture, ultime propaggini dell'arco collinare che circonda la

piana di Fondi, e si affaccia sul lago di San Puoto, a breve distanza dal mare[88]. Un diverticolo basolato ne garantiva il collegamento alla "via Flacca". L'indagine è ancora ad un livello preliminare, pur essendo già possibili alcune prime considerazioni. Si tratta sicuramente di una villa di prestigio, considerando le dimensioni di almeno 100x60 m. ed il materiale raccolto ad una semplice operazione di ripulitura (intonaci dipinti, lastre "Campana", stucchi ed altre decorazioni, in corso di studio). Ancora non ben precisata è di conseguenza la datazione del complesso, che ad ogni modo restituisce materiale collocabile cronologicamente almeno tra l'età di Augusto e la metà del I secolo d.C.; solo ulteriori indagini potranno fornire qualche certezza. Non sono state finora individuate tracce di strutture destinate ad attività produttive, che possano suggerire un collegamento della villa con la grande produzione vinicola: allo stato attuale il complesso sembra avere caratteristiche più spiccatamente residenziali e di lusso che produttive. Sicuramente alla villa facevano capo terreni coltivati, e dobbiamo supporre qualche forma di produzione almeno per autoconsumo; ma nulla più. Gli esemplari di anforacei rinvenuti, ad esempio, si presentano più che altro come materiale di reimpiego all'interno delle strutture murarie, secondo una consuetudine ben conosciuta per il mondo romano.

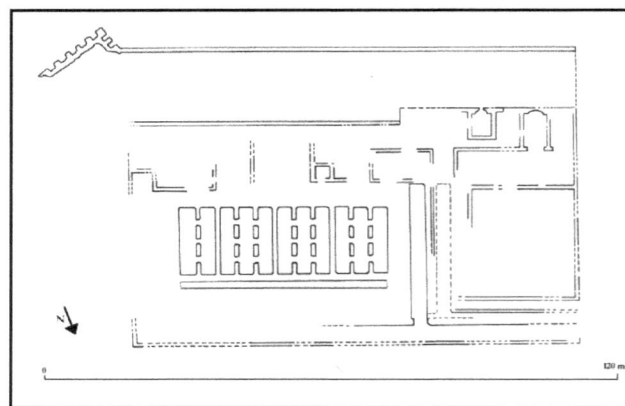

Fig. 3: La villa in loc. "Vallaneto"

Una serie di considerazioni, per forza di cose preliminari, possono essere già svolte. I dati di cui disponiamo sono quello della presenza imperiale in zona, e di una villa di indubbio rilievo, collocata in posizione privilegiata ed apparentemente priva di parte produttiva. Anche i bolli laterizi raccolti, su

---

[84] *Codex Diplomaticus Cajetanus*, tomo I, 342-344: cfr. DEL LUNGO 2001, 113. Questo casale sarebbe stato distrutto nella prima metà del XVI secolo in occasione di una contesa tra Isabella Colonna e Giacomo Pellegrino, vescovo di Fondi (NOTARJANNI 1816 (1995, 25-6)): è possibile così che la scarsità dei resti sia da addebitare a questa circostanza.
[85] Non è possibile avere maggiori informazioni sulla zona, che risulta quasi tutta in proprietà privata. Il tratto murario è l'unico visibile, sorgendo lungo la strada attuale.
[86] PESIRI 1978, 174.
[87] Il discorso potrebbe essere diverso se avessimo la possibilità di riconoscere questa villa in un qualche passo delle opere di Frontino, sull'esempio delle ville di proprietà di Plinio il Giovane (si pensi al lavoro di DE NEEVE 1990). Ma questo caso non sembra riguardare alcuna villa del territorio fondano.

---

[88] Poche sono le notizie riferite alla villa nella letteratura archeologica recente, che peraltro alla luce dei nuovi interventi andranno riviste: FASOLO 1966; DE ROSSI 1981, 173-176; LAFON 2001, 259-260 e 377. Sintesi in DI FAZIO 2004.

cui torneremo più avanti, suggeriscono una produzione di un certo impegno, per via dell'utilizzo di mattoni di fabbriche imperiali (*Hyacinthus*, schiavo di Livia) o di famiglie vicine alla casa imperiale. Tutto ciò non è sufficiente a fornire indicazioni certe sui proprietari del complesso; ma non è da escludere che si trattasse di un *praetorium*, di un complesso destinato al soggiorno dei membri della famiglia imperiale. Va ribadito, a supporto di questa ipotesi, che si tratta dell'unica struttura abitativa di prestigio riferibile ad età imperiale nel territorio, dal momento che le altre ville, stando al materiale osservato durante ricognizioni, paiono abbandonate tra la fine del I secolo a.C. e gli inizi del I d.C.[89] Per il resto, le testimonianze di età imperiale sono concentrate pressoché esclusivamente nel centro abitato e nei suoi immediati dintorni.

Dunque anche per il territorio fondano i pochi dati disponibili sembrano confermare la tendenza che vede la sostituzione, a partire dalla prima età imperiale, di ville di tipo rustico con ville del genere "marittimo", ovvero destinate principalmente a soggiorno, di lusso, caratterizzate da panorami particolarmente gradevoli e da una parte produttiva limitata ad un ruolo secondario[90].

D) I VETERANI E LE ASSEGNAZIONI AUGUSTEE

«*Fundis, oppidum muro ductum. iter populo non debetur. ager eius iussu Augusti ueteranis est cultura adsignatus: ceterum in eius iure et in publicum resedit*». Questo passo del *Liber Coloniarum*[91], di interpretazione non facile[92], è un punto-chiave per comprendere l'assetto del territorio fondano agli inizi dell'età imperiale. *Fundi* è inserita nel gruppo delle *Civitates Campanae*, un gruppo di 70 notizie che si presenta con una struttura piuttosto omogenea nell'ambito del *Liber coloniarum*[93]. Ciò che il testo sembra dire con certezza è che Augusto assegnò ai suoi veterani

terreni nell'agro fondano[94], anche se non è ipotizzabile l'insediamento di una vera colonia di veterani, come già avvertiva Mommsen[95]. Inoltre, sempre dal passo del *Liber* si ricava che parte del territorio di Fondi doveva essere configurato come *ager publicus*. Alcuni aspetti del problema sono già stati esaminati del capitolo precedente. Va aggiunto che interessanti indizi possono essere ricavati dalle testimonianze epigrafiche, che ci permettono di conoscere alcuni militari stanziati in loco.

Il primo è *P(ublius) Bruttius P(ubli) f(ilius) Vel(ina) Gratus* (*CIL* X, 6229) di Aquileia, che fu centurione della I coorte pretoriana e primipilare della XIV legione. L'epigrafe, datata dal Dobson ad età flavia[96], fu rinvenuta lungo la via Appia in direzione di Terracina, all'altezza di Monte San Biagio. Un secondo caso è quello di *C(aius) Licinius (Cai) [f(ilius)] Anie(n)si Fuscus* (*CIL* X, 6230) originario della *Narbonensis* (da *Forum Iulii*, odierna Fréjus) ed appartenuto alla X coorte urbana[97]. Il pezzo, di difficile datazione, venne rinvenuto anch'esso lungo la via Appia, ma in direzione di Itri. Licinio Fusco al momento della morte era in servizio, ed è da chiedersi come mai si trovasse nel territorio fondano, dal momento che le coorti urbane operavano principalmente a Roma. A questi casi recentemente si sono aggiunti altri due pretoriani ricordati nella medesima iscrizione: *Q(uintus) Iulius Q(uinti) f(ilius) Vol(tinia) Verecundus*, originario anch'egli della *Narbonensis* (da *Lucus Augusti*), della coorte I, ed un secondo pretoriano di cui non conosciamo nome e provenienza, della coorte VI[98]. Anche questo pezzo proviene da una zona a ridosso dell'Appia, verso Itri ma più distante dal centro urbano.

Queste iscrizioni dunque provengono da località a ridosso dell'Appia, cioè da settori in cui è stato proposto di poter riconoscere tracce di centuriazione tardo-repubblicana o augustea[99]. Ma lo stanziamento di pretoriani di origine narbonese nel territorio fondano non pare riconducibile ad età augustea, nonostante la notizia di assegnazioni che abbiamo visto: la loro presenza fra i veterani di Augusto sa-

---

[89] Sull'esempio di quanto accade per villa Prato a Sperlonga (BROISE-LAFON 2001, 184). Questa constatazione è suggerita principalmente dai frammenti anforacei, ma anche l'assenza di reticolato sembra andare nella stessa direzione (in analogia anche in questo caso con la Campania settentrionale: cfr. ARTHUR 1991, 83-4). Sulla questione torneremo più avanti.
[90] Cfr. ARTHUR 1991, 84; sulla tipologia della "*villa maritima*" cfr. di recente LAFON 2001. Sulle ville di *otium*, cfr. la recente opera d'insieme di ROMIZZI 2001.
[91] L 234, 8-10; cfr. CHOUQUER *ET AL.* 1987, 74; CAMPBELL 2000, 182.
[92] Cfr. ad es. VALLAT 1979; CHOUQUER *ET AL.* 1987, 111-2. Sulla formula *iter populo non debetur*, interpretata come un privilegio, cfr. VALLAT 1981, 293.
[93] CHOUQUER *ET AL.* 1987, 82.

[94] BRUNT 1971, 349.
[95] Cfr. KEPPIE 1983, 79. Non tratta il caso fondano invece TODISCO 1999.
[96] DOBSON 1978, 22-3; 52; 220-1 n. 100.
[97] *NotSc* 1877, p. 15; FREIS 1967, 125.
[98] DI FAZIO 2002B. Sui *Verecundi* narbonesi cfr. ora anche LEFEBVRE 2001, 597-647.
[99] Assegnabili all'età augustea in base al modulo impiegato (15 *actus*) secondo CHOUQUER *ET AL.* 1987, 111, ma forse da anticipare di qualche decennio, come abbiamo visto nel capitolo precedente.

rebbe quanto meno precoce, considerata la storia delle coorti pretorie[100].

Piuttosto, è a partire dall'epoca tiberiana che la presenza di pretoriani nel sud pontino diventa meno anomala, specie se ricollegata al *praetorium Speluncae* che come abbiamo visto rientrava nei *praedia* di Tiberio, e più in generale ai possedimenti imperiali di cui abbiamo già parlato[101]. È ipotizzabile che i militari (almeno i pretoriani), dopo aver prestato servizio a Fondi in relazione alla presenza imperiale, avessero scelto di stabilirvisi, eventualmente in proprietà loro assegnate come compenso per i servizi. Non è da sottovalutare così l'ipotesi di riconoscere in queste zone lungo la via Appia dei tratti di quell'*ager publicus* attestato nel territorio fondano dal *Liber Coloniarum*, che, spesso assegnato a veterani, ospitava sepolture di militari[102]. Purtroppo la valutazione dell'entità di queste assegnazioni è complicata da numerosi fattori, tra i quali l'impossibilità di dimostrare i cambiamenti di proprietà di ville e fattorie già esistenti[103].

Infine, in relazione alla presenza di veterani va discusso un riferimento non di agevole collocazione, ovvero un'epigrafe (*CIL* X, 850*) che Mommsen giudicò falsa, cosa che ovviamente non può non avere un pesante riflesso sulla discussione. Si tratta di un'iscrizione riportata dal Pratilli: *M. Valerio M.f. / Paullino / patrono col(oni) / Fundani*, rinvenuta a dire dello studioso lungo la via Appia tra Fondi e Terracina, all'altezza dell'odierno abitato di Monte S. Biagio[104]. Se davvero l'iscrizione fosse genuina, avremmo un'importante indicazione della presenza di un nucleo di veterani in territorio fondano, in una zona allineata lungo l'Appia in cui bene potremmo immaginare lo stanziamento di questi "Non-

colonial coloni"[105], dal momento che vi si trovano terreni coltivabili, tracce di centuriazione, strutture di tipo agrario (cisterne), e vi fu rinvenuta una delle epigrafi di pretoriani su menzionate (X, 6229). Vale la pena considerare la possibilità di identificare Valerio Paullino col tribuno dei pretoriani e poi *procurator* in *Narbonensis* nel 69 d.C., grande amico di Vespasiano («*ante fortunam amicus*»), di cui abbiamo lusinghiere notizie in Tacito (*Hist.* III, 43, 1 e 3-4)[106]. Tre dati sembrano assumere un certo interesse: la sua origine narbonese (da *Forum Iulii*), la relazione con pretoriani, il rapporto con Galba[107], nato (come vedremo più avanti) a poca distanza dalla zona in cui Pratilli sosteneva di aver letto l'iscrizione. Sommando il tutto, sembrerebbe ipotizzabile che, sotto gli auspici di Galba o più verosimilmente di Vespasiano, di cui è nota l'attività in favore dei veterani, Valerio avesse guidato uno stanziamento di veterani in territorio fondano: ciò si accorderebbe con la pratica di vari imperatori (specie Nerone e lo stesso Vespasiano) di collocare nei territori di loro origine militi di livello come i pretoriani per «risollevarne le sorti»[108]. Così potremmo spiegare tra l'altro la presenza di pretoriani di origine narbonese a Fondi[109]. Ma il dubbio del Mommsen sull'originalità dell'iscrizione grava pesantemente su questa ipotesi.

E) LA GESTIONE DEL TERRITORIO

I dati provenienti da ricognizioni parziali sembrano suggerire un abbandono delle strutture di carattere produttivo dopo l'età di Tiberio. L'indicatore principale è costituito dalle anfore di tipo Dressel 2-4: si tratta di un tipo la cui produzione declina sul volgere del I secolo d.C., ma nel territorio fondano gli esemplari più tardi databili con certezza per via del riferimento consolare non superano il 25 d.C.[110]. A questo dato va aggiunta la notevole disparità quantitativa tra i resti di Dressel 1 (nelle sue varianti a e b), forma onnipresente nella piana di Fondi, tipica del I secolo a.C., e la forma 2-4 che la affianca lungo il I secolo a.C. per poi subentrarle, e che risulta assai più rara[111]. Una dinamica del genere si inserisce in

---

[100] Cfr. discussione della questione in DI FAZIO 2002B.

[101] Un problema sorge dalla diversa natura delle tre epigrafi: mentre in due casi (*CIL* X, 6229 e 6230) è chiara la natura funeraria dell'iscrizione, e dunque si può parlare di stanziamento in loco, il caso dei due pretoriani di recente rinvenimento appare più difficile. Ma è probabile che si possa riconoscere un contesto di proprietà terriera o funerario più che una situazione di servizio (cfr. DI FAZIO 2002B).

[102] RICCI 1994, 18.

[103] Cfr. le analogie con la Campania settentrionale (ARTHUR 1991, 83).

[104] PRATILLI 1745, 130. Decenni dopo, il CAYRO (1816, 340) considerava l'epigrafe "genuina", ma non sappiamo in base a cosa egli esprimesse questa valutazione. Certamente si può escludere che fosse per autopsia, dal momento che dalla descrizione che fa delle città del litorale laziale sembra difficile pensare che si fosse mai mosso dalla sua Anagni.

[105] BROUGHTON 1935. Ulteriore difficoltà ad interpretare il testo epigrafico viene dall'ampiezza di significati che il termine *colonus* può rivestire: cfr. DE NEEVE 1984, 36-62.

[106] PFLAUM 1960, 94-95 nr. 40.

[107] SYME 1982, 473.

[108] Cfr. PASSERINI 1939, 128-129; SOLIN 2000, 639.

[109] Considerando che le informazioni del *Liber Coloniarum* non sempre sono precise, non è da escludere che lo stanziamento di veterani a cui fa riferimento fosse stato non augusteo ma posteriore.

[110] Cfr. HESNARD-LEMOINE 1981, 255-6.

[111] HESNARD-LEMOINE 1981, 254-5. Di recente, sulla cronologia delle Dr. 2-4: BENQUET-OLMER 2002, 315-6.

quel generale processo di regionalizzazione della produzione anforaria e di fine della commercializzazione a lungo raggio rilevato per l'Italia del II secolo d.C.[112]. Dal punto di vista delle strutture individuabili sul territorio, la ormai riconosciuta longevità di utilizzo dell'opera incerta per forme edilizie di tipo rurale (ma non solo)[113] rende difficile una seriazione cronologica attendibile delle emergenze. Ad ogni modo, è da notare la preponderanza dell'incerto e dell'opera quasi reticolata rispetto all'*opus reticulatum* ed al *latericium*; queste tecniche edilizie, più legate all'epoca imperiale, sembrano utilizzate in maniera molto meno intensa, in analogia con quanto verificato nel comparto della Campania settentrionale, ovvero in una zona che presenta molte affinità col territorio fondano[114].

Questa constatazione apre una serie di interrogativi sulle attività economiche e sul controllo del territorio in quest'epoca. Riservando la discussione degli aspetti produttivi ai prossimi paragrafi, è necessario riflettere sulla questione del tipo di gestione del territorio in quella che appare come una fase nuova, separata da uno iato rispetto alla precedente. Il declino del sistema-villa comporta anche il declino del modo di produzione ad esso legato? Questa è la domanda di fondo che va affrontata. L'osservazione dei fenomeni a livello locale va inserita in un più ampio dibattito che ha luogo da parecchi anni, relativo all'eventuale declino del sistema produttivo basato sulla villa ed alle cause di questo declino[115].

L'abbandono di varie strutture agricole, fenomeno che sembra rilevabile sul territorio in questo momento storico, potrebbe essere letto come un'evoluzione che dalla situazione di proprietà diffusa di media grandezza, vista per la tarda Repubblica, porta ad un accorpamento di fondi in unità più grandi, secondo un processo che viene individuato per altre aree dell'Italia centro-meridionale, ma che andrebbe verificato con attenzione caso per caso[116]. In parallelo, la diminuzione dei resti di anfore potrebbe essere

indizio del declino della produzione vinicola, ma nulla ci dice su tutto il resto delle attività agrarie e della pastorizia, che potrebbero aver preso il sopravvento nei vasti latifondi imperiali che possiamo solo immaginare. Non mancano altre difficoltà, a partire dalla presenza di quei veterani a cui dovettero essere affidati fondi di dimensioni medio-piccole, ma che non sembrano aver lasciato tracce archeologiche rilevabili con certezza, probabilmente per motivi contingenti. Questi appezzamenti, se coincidono con le aree centuriate, coincidono anche con le zone di più intenso sviluppo urbanistico recente, dunque è facile che il cemento moderno abbia cancellato il laterizio antico. Ciò non appare motivo sufficiente per dubitare dell'effettivo stanziamento di veterani nel territorio fondano.

Tracce, a livello epigrafico, hanno lasciato invece i *vernae*, schiavi "allevati" nei latifondi: *Aprilis*, databile al I secolo d.C.[117], e la coppia costituita da *Manlius* ed *Aemilia* (X, 6246, con qualche dubbio)[118] di datazione più difficile, ma comunque verosimilmente imperiale, dal momento che Catone non conosce l'uso dell' "allevamento umano" mentre per Columella è prassi normale[119]; a questi si aggiunge *Diodorus*, *vilicus* di età imprecisabile[120]. Dunque la presenza di elementi di estrazione schiavile è ancora attestata; ma, come è stato più volte messo in chiaro, questa non è sufficiente per parlare di un sistema di produzione schiavistico[121].

Non va inoltre dimenticato, a complicare ulteriormente il quadro, che «la concentrazione della proprietà non implicava necessariamente un aumento delle dimensioni delle unità produttive»[122]. Stiamo chiaramente sfiorando lo scomodo termine "latifondo". Una questione molto dibattuta nell'ambito della storia agraria romana è quella del significato da attribuire a questo termine e della convenienza di utilizzarlo. Vi è chi ha sostenuto l'opportunità di cassarlo completamente, giudicandolo fuorviante ed evocatore di «agricolture estensive, bassa produttività, parassitismo sociale, scarso investimento, miseria contadina»[123]; chi ricorda che in ogni caso il termine, anche se non frequente, è già usato nelle opere degli scrittori di età romana, per cui non pos-

---

[112] PANELLA 1989, 164 sgg., in cui si rileva lo spostamento progressivo degli *atelier* di anfore dalla costa verso l'interno, fenomeno che sarebbe osservabile anche a Fondi se si accettano le proposte relative all'abbandono delle ipotizzate officine di Canneto e S. Anastasia (HESNARD-LEMOINE 1981).

[113] ADAM 1984 (1996, 140-1). In particolare per la piana di Fondi, cfr. QUILICI 2004, 540.

[114] Cfr. ARTHUR 1991, 83-4, che si riferisce alla prima età imperiale come ad un periodo di «urban building expansion and rural building stagnation».

[115] Sintesi in VERA 1994; GIARDINA 1997B.

[116] Si tratta dello schema elaborato da ROSTOVZEV e ripetuto per quasi tutto un secolo di studi: cfr. al riguardo VERA 1995, 191, con le opportune critiche.

[117] PESIRI 1978B; sui *vernae* cfr. tra l'altro STAERMAN-TROFIMOVA 1975; HERRMANN-OTTO 1994.

[118] «*Fundis, nisi in nomine loci erratum est*» (MOMMSEN).

[119] CARANDINI 1988, 38.

[120] PESIRI 1978, 167 (= *AE* 1978, 80); AUBERT 1994, 459, B 185.

[121] Cfr. ad es. GABBA 1982 (=1988, 59).

[122] GIARDINA 1997B, 250.

[123] VERA 1994, 244.

siamo accantonarlo con leggerezza[124]; e chi continua ad utilizzarlo pur non sottraendosi all'esigenza di definizione[125].

Non sembra funzionale il tentativo di fissare limiti quantitativi per una definizione di "latifondo" (sono stati suggeriti 500 iugeri, limite che escluderebbe ad esempio la tenuta di Settefinestre)[126]. Ma anche la categoria di "villa periferica", con cui Carandini ha proposto di risolvere la questione-latifondo[127], non appare funzionale: sembra non solo un "fantasma"[128], ma anche una comoda scatola in cui collocare tutti i casi che esulano da quella che appare la regola della *villa perfecta* economicamente razionale secondo l'elaborazione carandiniana[129]. Piuttosto, potrebbe essere ragionevole spostare i termini della questione in ambito relativo, non assoluto. Opportunamente Kolendo ha sottolineato l'aspetto "psicologico" del termine "latifondo", ovvero quel senso di ricchezza, di ostentazione sociale, anche a prescindere dall'effettiva redditività di un fondo[130]. In quest'ottica, latifondo doveva essere qualcosa sentito come *latus*: e sentito come tale in relazione ad una situazione precedente, ed alle possibilità di un territorio. L'accorpamento di più fondi in un'unica tenuta, di dimensioni ragguardevoli in proporzione all'ampiezza di un territorio, e tale da far sentire la propria smisuratezza: questo possiamo chiamare "latifondo". Una definizione che si basa più su considerazioni qualitative che quantitative era già stata sostenuta da Carandini in una prima fase delle sue riflessioni, quando sosteneva che il sistema-villa non è messo in discussione dal semplice processo di concentrazione di proprietà finché vi era attribuito un significato qualitativo di gestione oculata della proprietà, ma quando a questo subentra un significato quantitativo, di mera estensione materiale della proprietà[131].

Si può parlare di latifondo nel territorio fondano? Anche se è altamente probabile che le proprietà imperiali ed il mutato quadro sociale abbiano creato una notevole concentrazione fondiaria, non è possibile dare una risposta univoca in base alla documen-

tazione che abbiamo. È impossibile stabilire se si sia verificato solo un accorpamento di varie tenute, oppure l'abbandono di tratti di campagna, o ancora se negli interstizi lasciati vuoti dalla flessione della proprietà medio-grande si fossero inseriti piccoli coltivatori o coloni non stanziali meno "visibili" dei grandi proprietari[132]. In tal caso, ad esempio, si potrebbe pensare che i *coloni* alla cui incuria Plinio attribuisce parte delle responsabilità del declino del Cecubo (*NH* XIV, 61, passo su cui ci soffermeremo nel prossimo paragrafo) fossero salariati non particolarmente interessati alla produzione di prestigio, anche se oggi sappiamo che la coltura di qualità non era incompatibile con il sistema di produzione basato sull'affitto[133]. È un'altra delle domande a cui sistematiche ricognizioni e scavi dovranno dare una risposta, se potranno. La posizione su cui dobbiamo fermarci per ora è quella per cui «per comprendere le articolazioni tra le diverse aziende, tra le proprietà, tra le terre pubbliche e private, bisogna prestare attenzione ai rapporti sociali che esse implicano»[134].

Aspetti produttivi

A) LA FINE DEL CECUBO E LA "*FOSSA NERONIS*"

Abbiamo visto nel precedente capitolo come uno dei prodotti più celebri del territorio fondano fosse il vino Cecubo. Questo prodotto fornisce informazioni utili anche per l'epoca che stiamo considerando: è ancora Plinio a ricordare che il Cecubo era il più apprezzato dei vini, prima che l'incuria dei vignaioli ed un folle progetto neroniano[135] non ne decretassero la fine: «*quod iam intercidit incuria coloni locique angustia, magis tamen fossa Neronis, quam a Baiano lacu Ostiam usque navigabilem incohaverat*» (XIV, 61). Ancora più chiaro è il naturalista in un altro passo della sua opera: *Caecuba iam non gignuntur* (XXIII, 35)[136]. È probabile in effetti che un tratto del litorale fondano fosse stato coinvolto nel progetto di

[124] CARANDINI 1995, 41.
[125] Alla questione è dedicato l'intero convegno DU LATIFUNDIUM 1995; cfr. l'analisi puntuale delle fonti letterarie di MARTIN 1995.
[126] Cfr. CARANDINI 1995, 32.
[127] CARANDINI 1994; cfr. anche CARANDINI 1995, 32.
[128] Così GIARDINA 1997B, 233.
[129] «La dimensione ottimale di una azienda è, ovviamente, una nozione priva di senso»: FINLEY 1973 (1995, 156); cfr. anche GARNSEY-SALLER 1987 (1997, 79 sgg.).
[130] KOLENDO 1995; cfr. anche MAZZA 1991, 124-5 e n. 34.
[131] CARANDINI 1979, 130.

[132] GARNSEY-SALLER 1987 (1997, 239).
[133] TCHERNIA 1986, 262-3; cfr. VERA 1995, 192-3, che sostiene la necessità di «scendere dalle spalle» del gigante Rostovzev, secondo cui invece il sistema delle affittanze implicava la rinuncia ad una gestione razionale (ROSTOVZEV 1933, 238-9).
[134] VALLAT 1981, 297.
[135] Non eccessivamente folle se si accetta l'ipotesi che in realtà la motivazione ultima fosse quella di agevolare l'afflusso di grano a Roma evitando i pericoli ed i contrattempi della navigazione marittima: COARELLI 1990, 55; JOHANNOWSKY 1994; vedi anche QUILICI 1998.
[136] Cfr. TCHERNIA 1986, 207-8.

un canale navigabile fra Baia ed Ostia. Se proviamo a disporre nel tempo le informazioni di cui disponiamo, emerge un quadro piuttosto coerente. Intorno agli anni 60-65 Columella parla del Cecubo, attestandone ancora la fama (III, 8, 5: «*Neque enim dubium est Massici Surrentinique et Albani atque Caecubi agri vites omnium, quas terra sustinet, in nobilitate vini principes esse*»)[137]. All'incirca intorno al 65, subito dopo l'incendio di Roma, Nerone dà inizio all'ambizioso progetto del canale, che avrebbe inferto un duro colpo alla produzione vinicola (Tac., *Ann.* XV, 42; Suet., *Ner.*, 31). Negli anni 70 Plinio ricorda questo avvenimento, riferendo che ormai il Cecubo è defunto. La storicità del progetto neroniano sembra peraltro dimostrata dalla varietà di fonti che ne conservano il ricordo; alcuni piccoli laghi costieri di forma stretta ed allungata esistenti nel sud pontino e soprattutto in Campania settentrionale sono stati riconosciuti come l'esito fallimentare del tentativo[138]. Uno di essi, dall'emblematico nome di Lago Lungo, si trova proprio nella piana di Fondi, a ridosso di una fetta di territorio a forte vocazione agricola.

Non abbiamo motivi per contraddire Plinio (che un'autorità in materia come Tchernia considera un «témoin oculaire»[139]) quando afferma con sicurezza che il Cecubo ormai non è più prodotto: Le menzioni che troviamo in momenti posteriori, infatti, si giustificano con la fama e con l'alone poetico di cui oramai questo vino era circondato. Ad esempio, negli ultimi decenni del I secolo d.C. ce ne parla Marziale, che poteva aver fatto in tempo a provarlo appena giunto a Roma, oppure ad apprezzarlo "postumo" da un'anfora ben conservata (XIII, 115: «*Caecuba Fundanis generosa coquntur Amyclis, / vitis et in media nata palude viret*»)[140]. Sembra proprio che la fama non fosse legata esclusivamente alla produzione ed al consumo ma anche a qualcosa di più, un qualcosa probabilmente conferito al Cecubo dal suo ingresso nella grande poesia latina. È così, ad esempio, che si può spiegare come mai troviamo ancora il Cecubo nel carme funerario di *Ursus*, inciso su una lastra marmorea rinvenuta nei pressi di San Pietro a Roma, e databile al 126 d.C. grazie al riferimento al prefetto M. Annio Vero (*CIL* VI, 9797 = *ILS* 5173): echi oraziani probabilmente resero stabile l'associazione fra questo vino e l'immortalità.

Proviamo ora ad approfondire l'esame delle cause indicate da Plinio per la fine della produzione del Cecubo. La prima, l'*exiguitas loci*, può essere una se-

ria concausa per l'impoverimento di una produzione[141]. Sarebbe suggestivo pensare che gli interventi di risanamento dalle acque reflue che abbiamo visto nel capitolo precedente fossero in qualche modo un tentativo per strappare alla palude nuove terre per la produzione vinicola[142]; ma per dare forza a questo collegamento manca una sufficiente chiarezza sulla datazione degli interventi di bonifica[143]. L'incuria dei vignaioli suona strana, per un prodotto così apprezzato. Questo punto peraltro sembra trovare conferma in un altro passo di Plinio (*NH* XIV, 48-52): nel lodare l'opera di Acilio Sthenelo, che lavorando un campo semiabbandonato nel territorio di Nomento era riuscito a trasformarlo in un vigneto altamente produttivo, il naturalista sottolinea: «*digna opera quae in Caecubis Setinisque agris proficeret*»[144]. Come non pensare, inoltre, a quei *coloni* che tanto male avevano gestito una proprietà nel territorio tifernate da meritarsi da Plinio il Giovane la qualifica di *inbecilli cultores* (*Ep.* III, 19, 6 sgg)[145]? E' dunque la causa neroniana che a prima vista appare la meno credibile: possibile che quest'opera avesse comportato un tale squilibrio nelle condizioni geofisiche della zona? Va certo tenuto presente che per realizzare i tratti di canalizzazione non si esitò a ledere interessi privati, come nel caso della parziale distruzione di complessi edilizi allo Scalandrone presso il Lucrino[146]: è probabile che anche nel territorio fondano molti terreni (coltivati a vite) fossero stati espropriati, e non solo per il canale ma anche per lo spazio che doveva comunque essere creato ai lati per la circolazione di carri da traino che aiutavano il trasporto. Ma anche altri fattori non andranno sottovalutati, come gli interventi di bonifica, che avrebbero ridotto quelle aree semipaludose in cui, stando alle fonti che abbiamo già esaminato nel capitolo precedente, il Cecubo attecchiva: l'operazione di canalizzazione neroniana, come è stato sottolineato, implicava anche un'opera di irreggimentazione delle acque della fascia costiera[147]. Dunque non è impossibile che l'intervento neroniano avesse con-

---

[137] Cfr. Noè 2002, 102.

[138] Johannowsky 1994; Pagano 1995.

[139] Tchernia 1986, 209.

[140] Leary 2001, 181-2.

[141] Questo aspetto andrà probabilmente considerato alla luce dell'aumento della richiesta di vino a Roma in epoca augustea (Purcell 1985), anche se la maggior parte della richiesta dovette essere indirizzata a vini di largo consumo per le classi popolari piuttosto che a prodotti di qualità (cfr. Tchernia 1986, 187-9). Si veda sulla questione anche Garnsey-Saller 1987 (1997, 70 sgg.).

[142] Broise 2001, 153.

[143] Lo stesso Broise (2001, 152) tende a datare gli interventi a prima della metà del I secolo a.C., dunque più un secolo prima della scomparsa del Cecubo: distanza forse eccessiva tra causa ed effetto.

[144] Cfr. Tchernia 1986, 199.

[145] De Neeve 1990, 388 e *passim*.

[146] Johannowsky 1994.

[147] Pagano 1995, 217; Quilici 1998.

tribuito a decretare il crollo della produzione del Cecubo.

C'è infine da fare anche una considerazione di carattere agronomico: sappiamo che delle due qualità di vite prodotte nella piana di Fondi una (il *Fundanum*) era coltivata in *vineae* e in *arbusta*, cioè in cultura specializzata a ceppo basso o a sostegno morto (Plin., *NH* XIV, 67: *et quae in vineis arbustisque nascuntur Fundana*), l'altra (il Cecubo) con vite maritata ad alberi ad alto fusto, come i pioppi (Plin. *NH* XVI, 61: *licet populi vitibus placeant et Caecuba educent*). La competizione fra questi due sistemi si risolse a favore del primo (in *vineae*) in un ampio settore tra Lazio e Campania, all'incirca lungo le direttrici dell'espansione etrusca[148]. Questa considerazione fornisce probabilmente un ulteriore motivo per la fine del Cecubo, suggerendo nel contempo la necessità di inquadrare il problema in una prospettiva più ampia di quella locale.

B) I BOLLI LATERIZI

Una interessante documentazione relativa alle attività produttive di età imperiale proviene dai bolli laterizi presenti nel territorio[149]. Importanti informazioni sono conservate in opere di eruditi locali, attivi per lo più nel XIX secolo; ovviamente il problema in questi casi è stabilire l'attendibilità delle informazioni tramandate.

Una categoria di bolli che spicca è quella relativa all'officina di *Lucius Domitius Lupus*[150], a cui appartengono bolli firmati da diversi *officinatores*: *Apollonius*, *Eupor*, *Felix*, attestati anche in varie zone della Pianura Pontina grossomodo tra Sperlonga e Velletri[151], a dimostrazione dell'importanza e della complessità organizzativa di questo atelier. Sembra plausibile collegare il liberto *Lucius Domitius Lupus* con *Lucius Domitius Phaon*, importante proprietario terriero e liberto di Domizia Lepida. Phaon, sul quale torneremo più avanti, possedeva terreni in varie località dell'Italia meridionale, tra cui Fondi[152]. Se la relazione tra questo personaggio e l'officina laterizia di Domizio Lupo fosse verificabile, non sarebbe fuori luogo proporre una origine fondana per l'officina.

A questi esemplari già noti, si sono aggiunti di recente altri bolli, individuati durante due recenti in-

terventi archeologici nella villa in località "Vallaneto"[153]. Il primo, *Hyacinth(us) / Iuliae / August(ae)*, si inserisce in una serie ben nota (tipo *CIL* X, 8042, 6): esemplari del tutto simili al nostro sono segnalati a Capri, Ercolano, Stabia, Pozzuoli, Cuma, Torre del Greco, ed a Ponza e Ventotene. La presenza di questi bolli su un'area così ampia ha fatto pensare ad una loro commercializzazione[154]: l'esemplare fondano, il più settentrionale fra quelli noti, parrebbe una conferma in tale direzione.

Il secondo esemplare rinvenuto, *Vinic[i]*, trova anch'esso confronti piuttosto precisi (tipo *CIL* X, 8042, 108), che ci indicano una distribuzione molto simile a quella del pezzo precedente: Capri, Ercolano, Pompei, ed in più Palermo e le isole Lipari[155]. Gli esemplari delle Lipari suggeriscono una datazione agli ultimi decenni del I secolo a.C., o al più tardi fino alla morte di Augusto.

Anche il terzo bollo, *M. Arri* (tipo *CIL* X, 8042, 19 a) ci riporta nell'ambito di una produzione a cavallo tra la fine della Repubblica e gli inizi dell'età imperiale. Ed anche in questo caso la distribuzione degli esemplari è pienamente coerente con gli altri due casi: Cuma, Pompei, Ercolano, Lipari, Pollena-Trocchia (Napoli)[156]. Il gentilizio è attestato anche in prossimità del territorio fondano, per la precisione a Formia[157]. Ma sono noti *Arrii* anche a *Minturnae*, in *Apulia*, ed in numerose altre località: dovremo accontentarci, col Licordari[158], di concludere per una generica origine da un'area compresa tra il Lazio meridionale e la Campania settentrionale (forse più da quest'area).

Un quarto bollo proveniente dalla stessa villa reca il nome di *Q. Valerius Cato*, già noto nell'ambito della produzione laterizia romana[159]. Anche in questo caso saremmo agevolmente all'interno del I secolo d.C., forse intorno alla metà del secolo. Il dato interessante è che, mentre i primi tre esemplari sono certamente di produzione campana, quest'ultimo è di produzione urbana.

L'unico bollo laterizio edito proveniente da precedenti indagini archeologiche è un esemplare rinve-

[148] SERENI 1964 (= SERENI 1981, 149-150). Cfr. GIARDINA 1997, 379-380.
[149] Per quel che riguarda i bolli laterizi rinvenuti localmente, cfr. DI FAZIO 2004.
[150] FESIRI 1978, 174-5.
[151] FESIRI 1978, 174-5; CASSIERI 2000, 89 (per Sperlonga).
[152] GIGLIOLI 1911; PESIRI 1978, 175 sgg.

[153] Per ulteriori dettagli, cfr. DI FAZIO 2004.
[154] MOREL 1996, 188
[155] DI FAZIO 2004. Una variante, *Fortunati / Vinici* è segnalata anche a Ponza (*CIL* X, 8042, 53).
[156] DI FAZIO 2004.
[157] Abbiamo già menzionato nel capitolo precedente l'invadente vicino di Cicerone *C. Arrius*, nome noto all'epigrafia formiana (*CIL* X, 6101, 6122, 6136).
[158] LICORDARI 1982, 34.
[159] DI FAZIO 2004.

nuto durante un intervento nell'area delle terme in Piazza della Repubblica, riferibile alle *Figlinae Marcianae*[160], la cui datazione sembra da collocarsi in un periodo più tardo rispetto ai casi finora esaminati (II secolo d.C.).

In conclusione, se consideriamo i bolli di provenienza sufficientemente sicura abbiamo la seguente situazione: un gruppo di provenienza campano-settentrionale (quello riferito a Livia, i Vinici e gli Arri); un gruppo di area urbana (le figline Marciane, *Valerius Cato*); un gruppo presente in un'area delimitata tra Velletri e Sperlonga (quello che fa capo a Domizio Lupo), per il quale non sarebbe fuori luogo proporre una origine fondana o comunque di ambito sud-pontino. Ciò sembra costituire un'ulteriore conferma della situazione di crocevia del territorio fondano, che si colloca da sempre a metà strada non solo geograficamente, ma anche culturalmente ed economicamente, fra Roma e la Campania.

C) LA DISTRIBUZIONE

È ancora grazie a ricerche antiquarie ottocentesche che si può recuperare una informazione relativa alla sfera dei traffici. Giovanni Sotis, verso la metà del secolo, ricorda il rinvenimento di grossi tegoloni, due dei quali contenevano i seguenti bolli: CLARI e CAEDICIAE / M.F. VICTRICIS[161]. Il primo bollo, *Clari*, venne inserito come tale dal Mommsen nel *CIL* (X, 8043 n.46). Il secondo, *Caediciae / M.f. Victricis*, venne invece stranamente inserito tra le epigrafi (X, 6252). Ma questa iscrizione è tutt'altro che ignota, essendo presente su una serie di bolli, non laterizi ma anforari, di ampia diffusione[162]. La titolare di questi bolli, *Caedicia*, è stata riconosciuta in una ricca proprietaria terriera campana, che produceva vino di qualità nell'agro Falerno, commerciandolo su largo raggio, dei cui vasti possedimenti si sarebbe conservata eco nella menzione del *vicus Caedicius* (Plin. *NH* XIV, 62) e delle *Caediciae tabernae* (Fest. 39 L)[163].

Oltre ai mercati italiani (Roma, Tivoli, Firenze) le anfore di Cedicia raggiungevano parecchie località del Mediterraneo, come Cartagine, Corinto, Lione, Tarragona[164]. Con tutta probabilità si tratta della stessa Cedicia che fu esiliata insieme al marito *Flavius Scaevinus* da Nerone nel 65 d.C. in conseguenza della congiura dei Pisoni (Tac., *Ann.* XV, 71)[165].

Se potessimo essere sicuri di quanto scriveva il Sotis, ovvero dell'esistenza di una tegola con lo stesso bollo usualmente presente sulle anfore, avremmo evidentemente una importante testimonianza della versatilità delle officine che facevano capo a Cedicia, non limitate a prodotti anforacei ma allargate anche a laterizi[166]. Se invece Sotis avesse commesso un errore nella sua descrizione, oppure se (ipotesi più che plausibile) avesse semplicemente riportato maldestramente informazioni di seconda mano, l'esemplare fondano rientrerebbe nella casistica. Questo di Cedicia sarebbe così l'unico bollo d'anfora, fra quelli individuati nel territorio fondano, databile al I secolo d.C.[167]. In tal caso potremmo fare con cautela un altro tipo di considerazioni. Abbiamo visto che il rinomato Cecubo cessò di essere prodotto entro la metà del I secolo d.C.: potrebbe non essere casuale trovare proprio in questo momento nel territorio fondano tracce di importazioni di vino di prestigio dall'agro Falerno. Purtroppo la singolarità del pezzo e le informazioni poco sicure di cui disponiamo non permettono di conferire a queste considerazioni altro valore che quello di pure ipotesi di lavoro.

Va aggiunto, per completare il discorso sulla distribuzione, che in età tiberiana abbiamo gli ultimi dati sulla circolazione di vino fondano, precisamente quel *Fundanum* rosso di media qualità presentato nel capitolo precedente. Riferimenti consolari su an-

---

[160] LISSI CARONNA 1971, 353; il confronto più puntuale è con *CIL* XV, 326; su queste figline vedi STEINBY 1974-'75, 61-66.

[161] SOTIS 1838B, 19-20. Sulla questione, cfr. DI FAZIO 2004.

[162] Roma (XV, 3424), Firenze (XI, 6695, 23), Cartagine (VIII, 22637, 23), Tarragona (II, 4973, 3 ma dubbio), e più di recente Tivoli, Corinto, Lione (cfr. TCHERNIA 1996).

[163] Per le fonti, cfr. MANACORDA 1985; ARTHUR 1991, 61; GUADAGNO 1993, 442-4. L'origine di questa famiglia è stata al centro di discussioni: l'orientamento prevalente individuava nel Massico il centro originario; ma già ARTHUR (1991, 68) avanzava qualche dubbio al riguardo, notando come anche altri territori fossero papabili, fra cui ad esempio Strongoli, dove è attestata una *vinea Caediciana* (*CIL* X, 114). Recenti scoperte (M.L. LAZZARINI, conferenza presso l'Università "La Sapienza" di Roma, 2003) ci forni-

scono un importante dato: i *Caedicii* erano già presenti nel IV sec. proprio a Strongoli. Non è da escludere comunque che almeno un ramo si fosse sviluppato a *Minturnae* (GUIDOBALDI 1989).

[164] Bibliografia in DI FAZIO 2004.

[165] Questa ricostruzione cronologica è stata messa in discussione di recente, e si è proposto un abbassamento della datazione tradizionale al II o addirittura al III secolo (TCHERNIA 1996). Ma le obiezioni avanzate non appaiono convincenti: cfr. la discussione in DI FAZIO 2004.

[166] Ad ampliare ulteriormente lo spettro produttivo c'è da considerare oltretutto la possibilità che l'esemplare fiorentino su menzionato sia riconducibile alla pertinenza di un dolio più che di un'anfora. Il bollo si trovava su una «grande olla infranta», e recava oltre al nome l'indicazione *dol* (*CIL* XI, 6695, 23).

[167] Altri esemplari, come abbiamo visto nel capitolo precedente, infatti sono perlopiù tutti riconducibili all'officina di *P. Veveius Papus*, con una una datazione pienamente inquadrata all'interno del I secolo a.C.

fore rinvenute a Roma e Pompei ci assicurano che il prodotto circolava ancora negli anni 24 e 25 d.C. (*CIL* XV, 4568; IV, 2552); il ridotto numero di esemplari impedisce però di fare considerazioni più ampie. Quello che sembra certo è che il *Fundanum* veniva esportato su mercati vicini ancora in prima età imperiale[168].

D) RICCHEZZA E POVERTÀ

Dal capitolo precedente, emergeva piuttosto nettamente il profilo di un territorio ricco di attività produttive, agricole, ma anche di una dimensione commerciale non trascurabile. Da questo capitolo invece sembra emergere un quadro contraddittorio. Ricapitolando i dati di cui disponiamo, abbiamo parlato di un centro urbano che si arricchisce non solo di strutture di pubblica utilità, ma anche di ricche *domus* private e di produzioni artistiche di un certo rilievo. Per contro, il territorio sembra aver perso la sua vitalità dal punto di vista economico e produttivo, almeno a partire dall'età di Claudio o poco dopo: senza cadere nell'errore di attribuire un eccessivo ruolo al Cecubo ed alla sua fine, che pure non dovette essere priva di riflessi, in generale la sfera delle produzioni agricole appare subire una flessione. Su questa impressione grava però l'impossibilità ad individuare su questo (come su qualsiasi altro) territorio le tracce del lavoro agricolo oscuro del piccolo coltivatore che sopravvisse ai grandi accorpamenti "latifondisti", ma anche di attività quali l'allevamento, la pastorizia: un'intera dimensione che avrebbe potuto portare benefici a tutta una comunità, e che per noi è completamente sparita. Come è stato opportunamente sottolineato, all'abbandono delle ville può corrispondere un incremento dei coltivatori-fittavoli installati in *vici* o fattorie, «di cui pochissimo si è occupata l'indagine archeologica e topografica ipnotizzata dalla villa di piantagione»[169]. Anche per questi motivi, è preferibile evitare conclusioni troppo drastiche.

Del pari, si presenta di difficile valutazione un altro indizio importante: *Fundi* è compresa nel programma degli *alimenta*, come attestato dal *cursus* di M. Ulpic Natale, *quaestor alimentorum* (*CIL* X, 6243)[170]. L'obiettivo di questo programma, oltre a quello di

incrementare la popolazione italica[171], sarebbe stato quello di porre un rimedio ai problemi economici di un territorio, offrendo questa soluzione alle famiglie indigenti. Ma di recente vi è stato chi ha sollevato obiezioni verso questa associazione tra *alimenta* e difficoltà economiche[172]. Una posizione intermedia sostiene che il programma potesse avere anche il fine di favorire l'agricoltura italiana in certe aree[173]. C'è da ricordare che nel programma alimentare erano inserite anche le vicine città di Terracina (*CIL* X, 6310)[174], Formia (*AE* 1927, 126, 127)[175] e Gaeta (*AE* 1995, 279)[176]. La questione è ancora aperta. Va detto però che, in età romana come ancora oggi, grandi accumuli di ricchezze difficilmente possono esistere se non in presenza di grandi sacche di povertà («lo sviluppo presuppone il sottosviluppo»)[177]; dunque è più che possibile che gli *alimenta* soccorressero famiglie indigenti che vivevano in un territorio tutt'altro che impoverito.

Un terzo fattore chiave è quello della presenza imperiale nel territorio. Questo fattore incide sull'assetto economico principalmente in due maniere: in positivo, per via dell'evergetismo imperiale e della possibilità di ascesa sociale delle *élites* locali; ed in negativo, per via della sottrazione di terreni e risorse al controllo degli enti locali, da cui i *praedia* imperiali erano sostanzialmente autonomi[178]. Un punto molto delicato per un bilancio sulla storia socio-economica fondana dell'epoca sarà proprio la valutazione di questi due poli e del loro equilibrio. Non è da escludere che le contraddizioni che sembrano rilevabili sul territorio possano essere attribuite proprio a questa situazione peculiare. La presenza di una villa di prestigio come quella in loc. "Vallaneto" che riflesso aveva sull'economia locale? Ritorneremo su quest'interrogativo a fine capitolo, dopo aver messo a fuoco le dinamiche ed i rapporti sociali del momento storico che stiamo esaminando, che soli possono permetterci di fare luce sul nodo fondamentale che è la dialettica imperiale-municipale.

---

[171] Cfr. di recente ECK 1979 (=1999, 151-2); CARLSEN 1999.

[172] PATTERSON 1987, 127 sgg.; contra: COARELLI 2000, 142.

[173] LO CASCIO 2002, 16; cfr. anche LO CASCIO 1978 (2000).

[174] A cui va aggiunta sempre a Terracina l'istituzione privata voluta da *Caelia Macrina* in età adrianea (X, 6320): ECK 1979 (=1999, 153 n. 14).

[175] In generale cfr. MENNELLA 1986.

[176] Che però non pare fosse autonoma da *Formiae* in età imperiale: cfr. GASPERINI 1994, 11.

[177] CARANDINI 1988, 331; l'«integrazione sbilanciata» (GIARDINA 1981 (=1997, 149)) non è un meccanismo che si riscontra solo tra zone diverse, ma anche all'interno di uno stesso comprensorio.

[178] Per problemi analoghi, cfr. l'importante lavoro di MANACORDA 1994, 49 sgg., e le conclusioni di A. GIARDINA in CÉBEILLAC 2000, p. 469.

---

[168] Vale la pena ricordare che solo pochi anni prima Tiberio soggiornava ancora di frequente nella sua villa sperlongana; ma che ciò possa avere un collegamento con l'esportazione di *Fundanum*, è tutt'altro che acclarato.

[169] VERA 1994, 245; cfr. E. LO CASCIO, Intr. a LO CASCIO-STORCHI 2001, 9.

[170] Cfr. PETRACCIA LUCERNONI 1988, 64 n. 81 (poco dopo il 101 d.C.).

Politica e società

È opinione di Gabba che alcuni dei riferimenti del *Liber Coloniarum* ad organizzazioni agrimensorie connesse con Augusto non fossero in realtà assegnazioni terriere ma più semplicemente «pratiche di catastazione, che videro spesso coinvolti in esse i principi imperiali»[179]. È possibile che ciò sia valido anche per il territorio fondano: la notizia di interventi augustei sembra meglio inquadrabile in un'esigenza di catastazione e definizione di proprietà comunali ed imperiali, piuttosto che di premature assegnazioni terriere. Queste, come abbiamo visto, sembrano piuttosto aver avuto luogo a partire da Tiberio, o forse ancora dopo. L'operazione agrimensoria doveva servire anche a definire le classi sociali dei municipi, ai fini della nuova organizzazione sociale[180]. Si tratta dunque di un intervento che introduce al meglio la questione dell'assetto sociale del centro fondano in età imperiale, prospettando già i problemi di fondo.

A) SENATORI

A quanto consta dalle fonti, il futuro imperatore Servio Sulpicio Galba sarebbe nato in una villa tra Terracina e Fondi (Suet. *Galba*, 4, 1)[181]. La famiglia dei *Sulpicii Galbae* è nota ed importante a Terracina, anche se con tutta probabilità non ne era originaria, trattandosi di una *gens* di antica tradizione nobiliare[182]; ma ciò non autorizza a stabilire con certezza il luogo di nascita in territorio terracinese. Tanto più che, come abbiamo già ricordato, Galba ricevette la notizia della nomina a governatore della Tarragonese mentre soggiornava *in oppido Fundis* (Suet. *Galba*, 8)[183]. In definitiva, nell'impossibilità di stabilire in quale territorio ricadesse la villa in questione, dobbiamo accontentarci di riconoscere che Galba appare legato al comprensorio Terracina-Fondi, cosa che non può essere trascurata in sede di valutazione storica. Come vedremo, infatti, l'origine di Galba può avere influito sulla carriera di alcuni personaggi

suoi conterranei: è ovvio che le due illustri presenze imperiali (Livia e Galba) dovettero costituire un ottimo trampolino di lancio per le carriere di membri dell'*élite* locale.

Per quanto riguarda senatori di sicura origine fondana, l'elenco che risulta è piuttosto scarno, ma comunque più ampio rispetto all'età precedente. Una base rinvenuta a Fondi nel 1871 "nello scavo del condotto della strada principale interna"[184] (*CIL* X, 6225) conteneva una dedica da parte di *L. Tampius Rufus* a *L. Tampius Flavianus*, personaggio dalla carriera illustre[185]: nel suo *cursus* troviamo tra il 44/45 ed il 76 d.C. tra l'altro le cariche di console, *proconsul provinciae Africae*, *legatus pro praetore Pannoniarum*. Già Mommsen aveva ricollegato il personaggio al *Tampius Flavianus* menzionato da Tacito nelle *Historiae* proprio come *legatus Pannoniae* (II, 86; III, 4; III, 10-11; V, 26). In qualità di *proconsul Africae* lo troviamo in Plinio (*NH* IX, 26); fu cooptato nei *fratres Arvales* proprio al posto di Galba nell'anno 69 (*ILS* 241)[186]. È importante sottolineare i legami con Galba: fu lo stesso imperatore probabilmente a nominarlo legato consolare in Pannonia[187], dove meritò gli ornamenti trionfali[188]. *L. Tampius Flavianus* compare nell'opera tacitiana in età avanzata: *Tampius Flavianus Pannoniam, Pompeius Silvanus Dalmatiam tenebant, divites senes* (*Hist.* II, 86)[189]. Vari elementi, a partire dalla tribù, inducono a pensare che Tampio Flaviano fosse di origine fondana[190].

Tampio Rufo è stato a volte identificato con l'amico nonché zio della terza moglie di Ovidio, qualificato

---

[179] GABBA 1991 (1994, 133-143: 139).

[180] GABBA 1991 (1994, *ibid.*).

[181] L'esatta ubicazione della villa fu oggetto di dispute da parte degli eruditi, locali e non, tra '700 ed '800: cfr. ad esempio CONTE-COLINO 1901, 36-41, in cui si citano le posizioni di Flavio Biondo, del Cayro, di Sotis. LUGLI (1926, 194 sgg.) proponeva di individuare questa villa in una struttura con basamento in opera incerta su una collina ai piedi del monte Croce, ma ovviamente anche questa attribuzione è ipotetica, dal momento che il passo di Svetonio non consente una collocazione precisa.

[182] *CIL* X, 6323. Cfr. ECK 1991; ANDERMAHR 1998, 442-4.

[183] Non è da escludere che in quest'ottica vada letta anche la particolare vicinanza tra Galba e l'altra illustre fondana, Livia, che lo nominò erede (Suet. *Galba*, 5, 2).

[184] G. MINERVINI, «Commissione di Caserta», 4/12/1871; l'iscrizione ha avuto diversi tentativi di integrazione dopo MOMMSEN: *AE* 1941, 11; MÓCSY 1966 (=*AE* 1966, 68); HOUSTON 1976, 27-8.

[185] Cfr. SALOMIES 1996, 55-56; ANDERMAHR 1998, 57 e 444-445; TORTORIELLO 2004, 574-576, n. 66.

[186] SCHEID 1990, 3 e 315-6.

[187] SYME 1982, 463.

[188] Da lui tra l'altro prese nome l'*ala prima Pannoniorum Tampiana* menzionata in un diploma militare in Britannia.

[189] Nella stessa opera troviamo una informazione interessante: Tampio è parente dell'imperatore Vitellio, ed in quanto tale desta i sospetti dei soldati (III, 4). C'è da chiedersi se la parentela possa essere dovuta in qualche modo alla seconda moglie di Vitellio, una *Galeria Fundana* (Suet. *Vit.* 6) che ripropone la questione del rapporto tra i *Fundani* (sia nei casi in cui occorre come gentilizio, sia quando è un *cognomen* come nel caso di Galeria) ed il centro di cui ci occupiamo.

[190] Le attestazioni repubblicane del gentilizio *Tampius* unite a considerazioni di ordine linguistico hanno indotto anche a proporne un'origine prenestina (GIOVANNINI-MAGGI 1994, 639); ma la famiglia del senatore Tampio Flaviano (tribù Emilia) è più probabilmente da considerare fondana: così ECK 1975, 340; SALOMIES 1996, 55-6.

come *maxima Fundani gloria Rufe soli* in chiusura del secondo libro delle epistole (*Ex Ponto* II, 11, 28)[191]. Se infatti non erano noti *Rufi* a Fondi[192], il rinvenimento dell'epigrafe dedicata da *L. Tampius Rufus* a *L. Tampius Flavianus*, su cui ci siamo appena soffermati, aveva suggerito già a Mommsen l'ipotesi che si potesse identificare questo Rufo col celebre amico di Ovidio (*CIL* X, 6225). La proposta, ritenuta ancora di recente valida[193], venne criticata a ragion veduta da R. Syme[194], al quale non era sfuggita l'incongruenza cronologica: Tampio Rufo dedicò l'iscrizione a Tampio Flaviano che doveva essere morto almeno dopo il 76 d.C., anno in cui sappiamo ricoprì la carica di console per la seconda volta; troppo in là perché Rufo fosse entrato in confidenza con Ovidio. Lo stesso Syme propose, senza convinzione, che il *Rufus* ovidiano potesse essere *C. Vibius Rufus*: ipotesi non da escludere, specie se fosse verificabile la parentela con *L. Vibius Lentulus* la cui tribù era la *Aemilia*[195]. Ma vale la pena prospettare un'altra ipotesi. Ancora Syme ricordava tra i Rufi possibili ma non probabili *L. Passienus Rufus* (cos. 4 a.C.)[196]: il nome avrebbe però dovuto indurre a cercarne la patria non a Fondi, dove mancano attestazioni, ma piuttosto in Etruria. A meno che non si prenda in considerazione un possibile collegamento col toponimo Passignano (da *Passienianus*?), attestato nel territorio fondano nell'anno 935 d.C.[197].

Proseguendo nell'analisi della classe senatoriale, risulta difficile localizzare l'origine dei *Pedanii*, che tra la fine del I a.C. e la seconda metà del I d.C. esprimono almeno quattro personalità di rilievo[198]. Anche se non ci sono *Pedanii* a Fondi, l'appartenenza di alcuni membri di questa famiglia (*P. Pedanius P.f. Aim.*, *CIL* I², 709 *add.*) alla tribù *Aemilia*, insieme con altre considerazioni, rende plausibile che essi fossero originari di *Fundi* o di *Formiae*[199]; ma allo stato attuale della nostra documentazione non è possibile essere più precisi.

Non può invece certamente essere inserito nell'elenco *C. Minucius* o *Minicius Fundanus* (*cos. suff.* 107, *proc. Asiae* 122/3), il cui cognome aveva indotto in errore[200]; indagini più recenti fanno propendere invece per un'origine transpadana[201].

Altra famiglia che assurge a rango senatoriale è quella dei *Pantuleii*, coi quali arriviamo ai limiti del periodo storico che stiamo considerando in questo capitolo. *C. Pantuleius Graptiacus* fu *legatus Augusti pro praetore* in Tracia nel 172 ed in Mesia inferiore al tempo di Commodo[202]. Un *C. Pantuleio Graptiaco* dedicò al padre *C. Pantuleius Iustus* un'iscrizione sepolcrale a Fondi (*CIL* X, 6265); Mommsen identificava i due personaggi, ma è più probabile che si tratti di un omonimo, forse di una generazione anteriore, data ad esempio l'assenza di titoli (così Salomies). Ciononostante una serie di considerazioni, tra cui la circostanza che il raro gentilizio ricorre una seconda volta proprio a Fondi (X, 6266), porta a ritenere il senatore di origine fondana[203].

Riassumendo, il territorio di Fondi esprime forse un senatore in età tardorepubblicana (Valerio Triario), uno in pieno I secolo (Tampio Flaviano) ed uno nel II (Pantuleio), con una media dunque di uno al secolo. Fatti salvi i limiti della nostra documentazione (che aumenterebbe ad esempio se potessimo dimostrare l'origine fondana dei *Pedanii*), va rilevata la differenza col contiguo territorio formiano, che esprime una decina di senatori nello stesso arco temporale[204]. Ciò non è sufficiente a sminuire l'impressione di un progresso nelle possibilità di carriera di Fondani ad alto livello tra l'età repubblicana (per la quale l'unico caso è quello di *C. Valerius Triarius* che però potrebbe essere solo un omonimo del senatore), e l'Impero, quando non solo due famiglie locali assurgono a rango imperiale, ma una terza riesce ad imparentarsi direttamente con Augusto (gli *Alfidii*). Il patrimonio epigrafico ridotto impedisce ulteriori considerazioni su questo punto.

B) CETO EQUESTRE E MAGISTRATURE

L'età imperiale vede la continuità di alcune magistrature che avevano caratterizzato l'età repubblica-

---

[191] Cfr. GALASSO 1995, 35.

[192] A parte un oscuro *Minucius Rufus* (X, 6260): in questo caso l'abbreviazione *DM* induce a collocare il personaggio almeno alla metà del I sec. d.C., dunque troppo in là rispetto ad Ovidio.

[193] Cfr. ad es. LICORDARI 1982, 28.

[194] SYME 1978, 79; cfr. ANDERMAHR 1998, 445 n. 6

[195] Cfr. SALOMIES 1996, 56 n.71. Ciò potrebbe chiarire la particolare attenzione di Tiberio nei confronti di Vibio Rufo, forse concittadino della madre Livia oltre che coetaneo, che risultava poco comprensibile a SYME (1981, 371).

[196] SYME 1981; *PIR*² VI, P148; cfr. WISEMAN 1971, 249 nr. 309; SYME 1986 (2001, 148 e *passim*).

[197] *Codex Diplomaticus Cajetanus* I, 64, 31; 121, 28; cfr. DE SANTIS 1938 (= 2001, IV, 74).

[198] SALOMIES 1996, 54; ARNALDI 1997, 49.

[199] TAYLOR 1961, 241; SALOMIES 1996, 54.

[200] Ad es. E. GROAG in *RE* XV,2, 1932, s.v. "Minicius" (13): «Das Cognomen des Fundanus läßt vielleicht darauf schließen, daß die alte Stadt Fundi die Heimat seiner Familie war».

[201] Cfr. LICORDARI 1982, 28.

[202] SALOMIES 1996, 54-55.

[203] ALFÖLDY 1977, 198-9 e 311; SALOMIES 1996, 55; ANDERMAHR 1998, 372-3.

[204] SALOMIES 1996, 113-4. Ma il dossier epigrafico formiano è più ampio di quello fondano.

na. Su tutte, è l'edilità a rimanere in vita: abbiamo almeno tre attestazioni di edili databili con certezza ai primi due secoli dell'Impero. *Caius Sextilius Longus Albius Procusius* (*CIL* X, 6241) fu edile per tre volte ed augure. *Marcus Ulpius Natalis* (X, 6243) fu edile e *quaestor alimentorum* agli inizi del II secolo d.C.[205]. *Lucius Runtius Gemellus* (X, 6240=*ILS* 6281) ebbe l'onore di una statua da parte dei Fondani per aver organizzato in qualità di edile giochi pubblici *splendide*; varie considerazioni permettono una datazione alla seconda metà del II secolo d.C.[206].

Una discontinuità sembra invece emergere a livello epigrafico per quanto riguarda il consiglio municipale. Se nelle iscrizioni di età repubblicana è presente a più riprese il *senatus* (*CIL* X, 6231-33-34-35-38-39-42), in età imperiale troviamo menzionato sempre l'*ordo decurionum* (X, 6220-40-43)[207]. Va sottolineato che questa discontinuità trova confronto anche nella documentazione della vicina ed affine Formia[208]; ma, a differenza di quanto avviene a Formia, a Fondi non risultano attestati duoviri. In ogni caso, non sembra che questo cambiamento possa indicare un qualche mutamento del profilo istituzionale.

Tra le prerogative dell'*ordo* vi è quella di erigere monumenti e statue e rendere onori a personaggi di rango. E' il caso dell'epigrafe in onore di Domizia Paolina, sorella dell'imperatore Adriano (*CIL* X, 6220=*ILS* 325), di cui parte si conserva in un blocco reimpiegato in un pilastro della chiesa di S. Francesco[209]. Ancora i decurioni sono menzionati nella base di statua eretta a quel Lucio Runzio Gemello già menzionato (X, 6240=*ILS* 6281): la formula *l(ocus) d(atus) d(ecreto) d(ecurionum)* è molto frequente in area campana[210], ma è stata già più volte sottolineata l'omogeneità tra questo settore del Lazio meridionale e la realtà economica e sociale della Campania contemporanea. La *benevolentia* dei decurioni e del popolo fondano nei confronti di Marco Ulpio Natale, invece, lo spinge ad erigere a sue spese una statua (X, 6243). *Fundani* genericamente sono indicati quali autori di un'altra dedica (X, 6224) a Tito Flavio Febiano, *clarissimus iuvenis* su cui non abbiamo

altre informazioni[211]. *Pub(licum) mun(icipium) Fund(anorum)* era ricordato su due fistule plumbee rinvenute sotto il corso principale del centro negli ultimi decenni del XIX secolo (X, 6245).

Come spesso accade, le magistrature municipali aprono la strada a carriere di tipo equestre[212]. Abbiamo così almeno due casi che rispettano il *cursus* che dall'edilità porta al tribunato militare per arrivare alla *praefectura fabrum*[213]: è il caso di *Q. Allidius Volscus* (*CIL* X, 6228) tra l'età di Augusto e quella di Claudio[214]. Simile è la carriera di *Lucius Aufidius Vinicianus Epagatinus*, la cui iscrizione funeraria attesta che morì a *Narbo* (*CIL* XII, 4357)[215]. L'epigrafe ne ripercorre la carriera in senso discendente: *praefectus fabrum, tribunus militum, aedilis bis, quinquennalis bis*, il tutto a Fondi, centro di cui doveva essere anche originario dato il riferimento alla tribù *Aemilia*. Oltre al suo trasferimento in *Narbonensis* sappiamo del matrimonio con una liberta, *Olia Nice*. La sua vicenda, datata alla seconda metà del I secolo a.C. o agli inizi del principato, è stata inserita in un probabile quadro di rapporti commerciali tra il basso Lazio e le nuove frontiere galliche[216]. Se il gentilizio si ricollega all'importante famiglia locale degli Aufidii, di cui abbiamo già parlato nel capitolo precedente, il *cognomen Vinicianus* testimonia di un rapporto con la ben nota famiglia dei *Vinicii*, presente in Campania settentrionale[217]. *Cursus* simile è quello di *C. Flavinius Quin[---]* su un'iscrizione urbana ma proveniente da un municipio non specificato (*CIL* VI, 29699); l'edilità di partenza ha fatto pensare alla Demougin che *Flavinius* fosse originario di uno dei municipi caratterizzati dalla triplice edilità, e forse proprio di Fondi[218], ma su questo punto non vi può essere certezza.

Fondano doveva essere invece il *[P]atruus* (*AE* 1983, 182) la cui epigrafe funeraria, mutila, rinvenuta nel centro storico di Fondi, attesta forse la carica di *tri-*

---

[205] PETRACCIA LUCERNONI 1988, 64 n. 81 (poco dopo il 101 d.C.).

[206] FORA 1996, 55-6 n.21.

[207] Sulle attività dell'*ordo decurionum* in Campania, ma con considerazioni utili anche per la nostra zona, cfr. CAMODECA 2003.

[208] Cfr. LAAKSONEN 1996, 138-9.

[209] *Domitiae / Paulinae sorori / Imp(eratoris) Caes(aris) / Traiani Hadriani / Aug(usti) p(atris) p(atriae) / Fundani / d(ecreto) d(ecurionum)*. Sulla posizione del blocco, cfr. *infra*, tra le attività edilizie del centro urbano.

[210] CAMODECA 2003, 176 sgg.

[211] *T(ito) Fl(avio) [P]al(atina) Phoebiano c(larissimo) [i](uveni) / Fundani*: questa l'ipotesi di lettura del MOMMSEN (*CIL, ad loc.*). L'epigrafe è tradita da alcuni codici in condizioni non ottimali, ed oggi è persa.

[212] Cfr. SADDINGTON 1996, 157-181.

[213] Cfr. CERVA 2000, 185 sgg., e le analogie con la situazione pompeiana (BIUNDO 2000, 47).

[214] DEVIJER 1976-'87, A 106; DEMOUGIN 1992, nr. 399.

[215] MATHIEU 1999, 146-7.

[216] MATHIEU 1997, 313; CÉBEILLAC 1998, 178 n.22; MATHIEU 1999, 146.

[217] Anche se un'ipotesi di adozione appare poco probabile: MATHIEU 1999, 146 n.4. Questo collegamento assume comunque interesse alla luce del già visto bollo laterizio che attesta in territorio fondano la presenza di mattoni di fabbrica proprio dei *Vinicii*.

[218] DEMOUGIN 1992, nr. 736.

bunus militum. Ma in questo caso, a differenza di quelli appena visti, poteva trattarsi effettivamente di una carica di tipo militare, se è plausibile la proposta di identificazione con l'eponimo di quell'*ala Patrui* nota dall'epigrafe di un soldato di Larino (*CIL* IX, 733)[219]. *Praefectus fabrum* fu anche un anonimo personaggio (*AE* 1980, 201) su cui non abbiamo altre informazioni[220]. Sempre di rango equestre è un altro milite di origine fondana, *Tib. Veturius Mauretanus*, che fu *praefectus castrorum* della *legio V Macedonica* (*CIL* III, 6195)[221].

Interessante il caso di *[- Cu?]rtilius*, che tra Augusto e Tiberio annovera nel suo cursus le cariche di *primus pilus legionis VI, praefectus cohortis, tribunus militum, praefectus equitum, praefectus fabrum, IIvir, quaestor* (o *quinquennalis?*)[222], *augur*[223]. L'epigrafe (*CIL* X, 5583) venne rinvenuta a *Fabrateria Nova*, ma la tribù Aemilia in cui il personaggio era iscritto e la presenza a Fondi di un *Curtilius* ricordato nell'epistolario ciceroniano[224] (vedi il capitolo precedente) hanno fatto pensare ad un'origine fondana[225]. Anche in questo caso abbiamo una carriera che contempla cariche municipali e tappe dell'ordine equestre. L'assenza di duoviri a Fondi, a differenza di Fabrateria, induce a ritenere che le cariche locali siano state rivestite da *Curtilius* a Fabrateria (come ritiene la Demougin), e non nel paese di origine; del resto sono i decurioni aquinati a decretare il *funus publicum*, come è ricordato nell'epigrafe. Vale la pena notare che i territori di *Fundi* e *Fabrateria Nova* dovevano essere confinanti in età imperiale, e che esisteva un asse stradale che collegava i due centri[226]; ma in che modo la vicenda di *Curtilius* possa inserirsi in questo quadro topografico, è cosa che non possiamo percepire.

C) SACERDOZI

Interessanti informazioni ricaviamo dal patrimonio epigrafico per quanto riguarda i sacerdozi, che appaiono ricalcati sull'esempio di Roma. È stato proposto di leggere nell'iscrizione *CIL* X, 6283, in cui è menzionato un *C. Usius* (secondo la lettura accolta da Mommsen) o ...]*gusius* (secondo Palmieri), un riferimento ad un *pontifex maximus* per via del ter-

mine *[Ma]ximu[s]*; ma l'integrazione è tutt'altro che certa[227]. *Pont(ifex)* è la carica attestata per un *Titus Claudius* in un'epigrafe vista dal Notarjanni[228] ed accolta da Mommsen, seppur in maniera poco convinta, come miliario[229]. Un *rex sacrorum* fu *Quintus Safinius* la cui iscrizione venne rinvenuta negli anni '50 in località Valle Fusica a Lenola[230], ovvero in territorio che amministrativamente faceva parte di *Fundi*. Di recente Gasperini[231], nel pubblicare l'iscrizione di un *rex sacrorum* di Formia, proponeva che l'*interrex* noto nella stessa città potesse essere interpretato come un sostituto del *rex sacrorum*, e ipotizzava per analogia la stessa spiegazione per l'*interrex* fondano (X, 6232) già menzionato nel capitolo precedente, che fu anche edile.

Fig. 4: Epigrafe inedita da Lenola

Sarebbe interessante interrogarsi sulla relazione tra la presenza di un *rex sacrorum* e l'attestazione di una *[Sa]cra via* presente su un'inedita epigrafe lenolese troppo lacunosa per permettere ulteriori riflessioni. Va sottolineata però l'eccezionalità di questo riferimento, dal momento che altre attestazioni di una *sacra via* sono pressoché esclusivamente provenienti da Roma[232].

---

[219] PESTRI 1978, 165-6.
[220] PALMIERI 1980, 415-6.
[221] SALOMIES 1996, 114 nr. 6, datato al II sec. d.C.
[222] Così DEVIJER 1976-'87, C 259.
[223] DOBSON 1978, nr. 28; DEMOUGIN 1992, nr. 359.
[224] E non da testimonianze epigrafiche, come ritiene la DEMOUGIN (1992, 301, n. 6), che confonde *Curtilius* e *Curtonius*.
[225] DEMOUGIN 1992, nr. 359; SALOMIES 1996, 114 nr. 2.
[226] Cfr. DI FAZIO 2002, 77-80.

[227] Possibile secondo PALMIERI 1980, 416-8, che però ricorda che *Maximus* potrebbe anche essere un *cognomen*.
[228] NOTARJANNI 1814 (1995, 68).
[229] *CIL* X, 6858 («*Miliarium num sit, dubitari potest*»).
[230] *Q(uintus) Safinius [3] / rex sacror(um) ma[g(ister?) 3] / Octavia M(arci) f(ilia) Rec[3] / vivi sibi fecerunt [et suis]*: *NotSc* 1951, 121-2 (=*AE* 1952, 157). In generale, le attestazioni di questa carica sono pochissime: due urbane (*CIL* VI, 2122 e 2123); una formiana (GASPERINI 1994, 16-19); una da *Lanuvium* (*CIL* XIV, 2089); una dalla Numidia (*AE* 1914, 235).
[231] GASPERINI 1994, 16-19.
[232] Uniche eccezioni paiono le due attestazioni prenestine (*CIL* I, 3058=*ILS* 3683d; *ILLRP* 110), una da *Ulubrae* (*CIL* X, 6492), ed una da Itaca (*ILLRP* 826=*IG* 09-01-04, 1620).

Abbiamo poi menzione di tre auguri: *Titus Flavius Geminus* (X, 6236) fu anche *quinquennalis* nel II d.C.[233]; il già citato *C. Sextilius Longus Albius Procusius* (X, 6241) fu ed augure. Confrontando questi due casi con quelli degli auguri noti a Formia, i quali sono tutti anche «capi del municipio»[234], parrebbe emergere un particolare prestigio della carica di *augur*. I membri locali dell'*ordo regalium* in età imperiale sembrano in generale avere accesso alle massime cariche municipali, cosa che mal si concilia con l'estrazione libertina e da ceti medi che viene ipotizzata da Laaksonen per l'*ordo*[235]. Il terzo augure fondano è menzionato in un'epigrafe rinvenuta nei primi decenni del XX secolo non lontano dal monastero di San Magno da Aurigemma (*AE* 1912, 255), che ne propose una datazione agli inizi dell'età imperiale[236]. Costui è anche uno dei due *Augustales* che conosciamo nel territorio fondano[237]: nella iscrizione, molto lacunosa, si individuano le cariche di *augur* (con certezza) ed *Augustalis* (con probabilità, se l'integrazione *Aug(ustalis)* proposta da Aurigemma è corretta)[238]. Del secondo abbiamo invece informazioni più ampie e sicure, dal momento che si tratta di un personaggio noto e che l'iscrizione in cui è menzionato è pressoché integra e piuttosto ampia. Si tratta di Antigono, un liberto del figlio di Alessandro Cozieo, grammatico e maestro di Marco Aurelio[239]. L'epigrafe fu resa nota da Conte-Colino agli inizi del 1900, e più di recente ripubblicata con correzioni da Pesiri[240]. È probabile che uno dei figli del Cozieo risiedesse nel Lazio meridionale, probabilmente in territorio fondano, e che il liberto Antigono avesse proprietà nella zona in cui l'epigrafe fu rinvenuta, ovvero l'attuale collina del "Cucuruzzo", non priva di resti di strutture romane [C5-D7][241].

Fig. 5: Monumento funerario in loc. "Cucuruzzo"

In margine ai sacerdozi locali va ricordato infine il liberto *Vinicius Coetaeus* (X, 6227) che fu *calator* nel collegio romano dei *septemviri epulones*. Si tratta dell'unico *calator* noto fuori da Roma, stando alle nostre conoscenze; ed è con rammarico che dobbiamo ricordare che l'epigrafe è nota solo da tradizione antiquaria[242].

D) Militari

Cinque sono i militari di origine dichiaratamente fondana ricordati in epigrafi lontano dalla loro patria. Il primo è il già citato *praefectus castrorum Tib. Veturius Mauretanus*[243] della V *legio Macedonica (Ordo Troesmensium)*, ad Iglitza (*Moesia Inferior*) (*CIL* III, 6195) in un'età compresa tra Adriano e Marco Aurelio secondo Mommsen. Il secondo è *L. Paccius Nonianus*, della tribù Palatina[244], milite della *legio VI Victrix Pia Felix*, che ha lasciato una dedica sacra a *Iuppiter Poeninus* in una tavola bronzea nella zona del monte San Bernardo (*CIL* V, 6881)[245]. Va sottolineato come il gentilizio *Paccius* sia presente con alta frequenza proprio in Lazio e Campania, confermandosi un *nomen* locale[246]. Ancora, *L(ucius) Aemilius L(uci) f(ilius) Aem(ilia) Regillus Fund(is)* e *M(arcus) Arruntius M(arci) f(ilius) Maec(ia) Antoninus Fund(is)* sono menzionati nei *laterculi militum* romani (*CIL* VI,

[233] Sullo *status* sociale dei *quinquennales* vedi Haeck 2005.
[234] Laaksonen 1996, 141.
[235] Laaksonen 1996, 144. A Formia troviamo in età tiberiana l'*interrex Arrius Salanus* che fu anche edile e prefetto imperiale (X, 6101): Arnaldi 1998, 68-70.
[236] Aurigemma 1912, 58 sgg.; Abramenko 1993, 135.
[237] Nell'impossibilità di stabilire che genere di *Augustales* fossero questi due casi, utilizziamo il termine per indicare l'istituzione nel suo complesso, pur non indicando questa accezione con l'asterisco secondo l'uso inaugurato da Duthoy 1978; bibl. recente in Silvestrini 2000.
[238] In tal caso, se ne deve dedurre che il nostro anonimo doveva essere uno dei non molti casi di *ingenui* entrati nel collegio, poiché come liberto difficilmente avrebbe potuto conseguire una carica come quella di augure che a livello locale pare fosse di un certo prestigio.
[239] G. Wentzel in *RE* I,2, 1894, s.v. "Alexandros" (95), 1455-6; *PIR²* I, A 502.
[240] Conte-Colino 1901, 68; Pesiri 1978b. È stata trasferita nel Museo Civico di recente.
[241] Rinvenimenti archeologici sono stati segnalati inoltre nel passato, ad es. da Borsari 1892, 55.

[242] Vale la pena ricordare, al proposito, che del collegio degli *Epulones* faceva parte Lucio Munazio Planco, celebre senatore di età augustea sepolto a Gaeta (*CIL* X, 6087).
[243] Salomies 1996, 114 nr. 6.
[244] Sull'ascrizione a questa tribù congiunta ad *origo* extraurbana, cfr. Arnaldi 1998, 82 n. 130, con bibl.
[245] *Iovi Poenino / L(ucius) Paccius L(uci) f(ilius) Pal(atina) / Nonianus / Fundis / |(centurio) leg(ionis) VI Victricis P(iae) F(idelis) / ex voto*; su *Iuppiter Poeninus* cfr. Landucci Gattinoni 1991.
[246] Zucca 1998, 60.

3884, I 35 - IV 9=32526, a I 35 - a IV 9)[247], per gli anni 197-8; il primo dei due è iscritto alla tribù Emilia, come è da aspettarsi, mentre il secondo risulta iscritto alla *Maecia*, ma non è da escludere che in luogo di *Fund.* si debba leggere *Brund.*[248]. Un quinto è l'anonimo registrato nei *latercula cohortium urbanarum* negli anni 115-120 (*CIL* VI, 2404=32515, d i 13), di cui è conservato il luogo di provenienza (*Fundi*)[249].

Un altro esponente del ceto militare sarebbe menzionato in un contesto di difficile interpretazione. Lungo l'Appia verso Itri è conservato un tratto di muro in ottimo reticolato, della lunghezza di circa 120 metri, lungo il quale sono incise delle lettere, un tempo colmate da piombo o bronzo [D6][250]. Dopo alcune lettere non conservate, si legge con chiarezza *V. Var(r)onianus P.I.F.C.*, abbreviazione sciolta come *Publica Impensa Faciendum Curavit* da Luigi Borsari[251], ma di fatto priva di confronti nell'epigrafia latina. Non è semplice stabilire che genere di struttura di pubblica utilità sorgesse in una località così distante dal centro urbano (forse qualcosa collegato alla via Appia, come una stazione di sosta o una *taberna,* o granai pubblici?). Mommsen, in base ad autopsia, riconobbe un'altra lettera prima dell'iniziale V, ovvero una P o una R, per cui propose di integrare l'inizio perduto come *CRV* («*ut significetur tribus*», *CIL* X, 6280)[252]; ritenne inoltre che solo la parte inferiore della seconda P fosse originale[253], per cui propose la lettura *P.P.F.C*, sciogliendo le due P come *primus pilaris*.

C'è da dire che la lettera interpretata da Mommsen come P ha invece tutta l'evidenza di una I[254], per cui la lettura del grande studioso tedesco non può essere accolta. Del personaggio peraltro non abbiamo

altre informazioni[255]. Di recente Quilici[256] ha avanzato la proposta che l'iscrizione sia in realtà un falso realizzato nel '500; ipotesi, questa, che chiarirebbe le anomalie del testo epigrafico, ma che lascia aperti alcuni problemi, tra i quali quello di spiegare come mai nel '500 si scelse proprio un testo del genere per un falso.

Fig. 6: Tratto di muro in opera reticolata con lettere incavate (da LUGLI 1957) (D6)

E) VITA SOCIALE E RELIGIOSA

La documentazione epigrafica restituisce anche qualche informazione sui culti del territorio fondano. Una dedica a Diana (*Dian[ae] / Thallus [---] / d(onum) d(edit)]*, *AE* 1914, 220) fu vista del Giglioli nei dintorni del complesso in loc. "Vallaneto" di cui si è trattato sopra[257]. A Mercurio Invitto, invece, è rivolta una dedica da parte di Lucio Aurelio Apolausto, pantomimo di cui tratteremo più avanti (*CIL* X, 6219=*ILS* 5187). Nel luogo in cui l'iscrizione era visibile, una collina lungo l'Appia tra Fondi ed Itri, pare fossero presenti anche resti di strutture, che hanno fatto pensare alla presenza di un tempio dedicato al dio[258]; di queste strutture oggi non pare rimanere traccia, e dunque ogni ulteriore commento pare poco utile.

Un discorso più ampio è possibile fare per quanto riguarda il culto di Ercole, che è testimoniato da un'epigrafe di tarda età repubblicana rinvenuta lun-

---

247 FREIS 1967, 110 e 112.

248 Cfr. *DizEp* III, s.v. "Fundi", 338.

249 FREIS 1967, 107. Sulla presenza di militari fondani a Roma valgano le considerazioni sui formiani in ARNALDI 1996, 42.

250 Sappiamo con certezza che già nel '500 il muro era appellato "Varronianus" in un'epigrafe che ne ricordava il restauro da parte del cardinal Soderini, dunque all'epoca le lettere potevano già essere incise (cfr. APOLLONJ GHETTI 1981, 125-6). Ora vedi QUILICI 2004, 444-447.

251 In CONTE-COLINO 1901, 47.

252 *Cru(stumina)* è forma più rara per *Clustumina*, tribù della zona di *Crustumerium* e della metà occidentale dell'Umbria. Ma la forma più rara è attestata solo in ambito urbano (cfr. *DizEp* II,1, s.v. "Clustumina", 312-3), per cui sarebbe anomalo trovarla a Fondi (cfr. a Formia la presenza di *Clu(stumina)* in *CIL* X, 6099).

253 «*Tertiae a fine litterae solam partem inferiorem antiquam esse mihi constabat*» (X, 6280).

254 Vedi anche PALMIERI 1980, 420.

255 Si potrebbe al più meditare su una eventuale relazione con L. *Varronius Capito*, eminente cittadino formiano (X, 6094).

256 QUILICI 2004, 446. Già LUGLI (1957, tav. CXLIII n.3) parlava di un muro di confine «in parte guastato ai nostri giorni con l'incisione di grandi lettere».

257 GIGLIOLI 1911.

258 PRATILLI 1745, 136; NOTARJANNI 1814 (1995, 77). Un sito detto "Muracci" conserva ancora resti di strutture, ed è stato più volte in passato identificato con questo tempio, ma in maniera pco convincente: cfr. sulla questione di recente QUILICI 2004, 463 e 469 sgg., che osserva giustamente come la presenza una dedica non comporti l'esistenza di un tempio.

go l'Appia non lontano dal centro agli inizi del XX secolo[259]: *Dion / isius / Herc(uli) d(onum) / d(edit) l(ibens) m(erito)*. Nella stessa ottica potrebbero essere considerati due documenti archeologici, ovvero un'ara circolare di pietra calcarea con triplice raffigurazione del dio, rinvenuta nel centro storico[260], e due elementi di colonna lavorati in modo da assomigliare ad una clava, che potrebbero essere pertinenti da un tempio dedicato ad Ercole[261]. Sempre a proposito di Ercole, va rilevato l'equivoco determinato dalla menzione di un *Hercules Fundanius* ricordato da alcune fonti[262] e da una testimonianza epigrafica[263], spesso considerate come prova della presenza di un culto di Ercole a Fondi e di un tempio al dio dedicato[264]. Ma l'Ercole Fondanio, con relativo tempio, è da porre in relazione col *Vicus laci Fundani* di cui si è trattato nel capitolo II, e localizzato di conseguenza sul versante occidentale del Quirinale a Roma, dove era situato il *lacus Fundanii*[265]. Con tutta probabilità, quindi, non c'è relazione alcuna fra questo *Hercules Fundanius* e la città di Fondi.

Fig. 7: Elemento di colonna, conservato nella chiesa di S. Maria

Nel 1952, durante scavi occasionali, venne rinvenuta poco fuori il perimetro urbano di Fondi una statua marmorea raffigurante un giovane stante, a torso nudo, con un indumento legato alla vita[266]. Il primo editore, Faccenna, riconobbe nella statua un *victimarius*, giovane schiavo addetto ai sacrifici. Una nuova interpretazione è stata fornita da Wrede: si tratterebbe di un *lupercus*, in base all'aspetto dell'indumento ed alle tracce dell'oggetto che il giovane impugnava, in cui si potrebbe riconoscere la frusta del luperco, il *februum*.[267] I caratteri stilistici fanno pensare ad una datazione ai primi decenni del I secolo d.C., datazione che ben si accorda con la riforma del culto dei *lupercalia* operata da Augusto, al pari di altri culti di tipo "arcaizzante".

Il patrimonio epigrafico ci restituisce anche uno squarcio della vita mondana, per così dire, della Fondi imperiale, grazie alla dedica a Mercurio posta da *L. Aurelius Apolaustus Memfius* (*L(ucius) Aurelius / A[p]olaustus / pantomimus / Mem[f]ius / Mercurio Invicto / votum solvit*: X, 6219=*ILS* 5187)[268]. Questo personaggio fu uno dei più apprezzati pantomimi del suo tempo, uno dei favoriti di Lucio Vero, che lo avrebbe portato in Italia dalla Siria come "trofeo"[269]. L'iscrizione, una dedica a Mercurio per lo scioglimento di un voto, venne rinvenuta in un punto non meglio precisato nei pressi dell'Appia verso Itri, in zona ai margini del territorio fondano; di conseguenza, alcune strutture ancora visibili fino a pochi decenni fa nella zona vennero tradizionalmente quanto arbitrariamente identificate con un tempio o sacello di Mercurio[270]. Un'altra menzione di pantomimo è in una lastra di pregevole fattura rinvenuta negli anni '70 durante lavori nel centro urbano[271]; l'epigrafe, di carattere pubblico (*populi pecunia*), ricordava un *[panto]mimo h[ieronicae]* ed un senatore defunto (*clarissimae memoriae viri*). Non è da escludere che si trattasse dello stesso Aurelio Apolausto (per il quale è attestato il titolo di *hieronica*, come del resto per altri pantomimi)[272]: le caratteristiche tecniche e stilistiche della lastra rendono plausibile una datazione ad età antonina[273].

[259] L. BORSARI, *NotSc* 1902, 512: *CIL* I², 2538=*ILLRP* 137.
[260] MUSTILLI 1937, 65-6, datata dall'editore al I sec. d.C. ed oggi purtroppo scomparsa.
[261] PESIRI-NUNZIATA 1993, 46. Per la resa dei nodi della clava, cfr. l'oggetto con probabile funzione votiva presentato in GREGORI 2000 (ma di dimensioni ben diverse).
[262] *Hist. Aug. Tac.* 17, 2; Porphyr. *In Hor. epist.* I, 1, 4. Fonti e bibliografia in PALOMBI 1996.
[263] B. de MONTFAUCON, *L'antiquité expliquée et representée en figures*, Paris 1719, I, 198, riproduce una statuetta del dio, sulla cui base si legge: *Herculi Fundanio / Ti. Claudius Habitus / libens votum solvit* (=*CIL* VI, 311).
[264] FORTE 1996, 33; LAAKSONEN 1996, 151 n. 98.
[265] PALOMBI 1996; COARELLI 1996. Sulla questione cfr. DI FAZIO 1997.

[266] FACCENNA 1954. Edizione più recente: CASSIERI 2000B.
[267] WREDE 1983. Sui *lupercalia* un intervento recente è in FRASCHETTI 2002, 19-25 e *passim*.
[268] Cfr. PESIRI 1978, 171; LEPPIN 1992, 204 sgg.; STORCHI 2002, 64-5.
[269] *SHA Ver.* 8, 10. Su Apolausto cfr. di recente CALDELLI 1993.
[270] PRATILLI 1745, 136; PESIRI 1978, 171 n. 12 (con notizia di resti ancora visibili); cfr. sull'intera questione QUILICI 2004, 463.
[271] PESIRI 1978, 169-172 (=*AE* 1978, 84).
[272] Cauta al riguardo CALDELLI 1993, 54-5.
[273] PESIRI 1978, 171.

F) I LIBERTI

Nel 1911 Giulio Quirino Giglioli dava notizia di alcuni rinvenimenti archeologici nel territorio di Fondi, Tra cui un sepolcro romano nelle adiacenze dei ruderi della chiesa in località "San Raffaele" [D5][274]. Il monumento era racchiuso in un'area quadrangolare delimitata da alcuni cippi iscritti, da cui risultava che il sepolcro era appartenuto a *Lucius Domitius Phaon*, importante liberto di Domizia Lepida, zia di Nerone, moglie di M. Valerio Messalla Barbato e figlia di L. Domizio Enobarbo[275]. Nell'interessante testo, datato all'anno 67 d.C. per via della coppia consolare indicata, viene regolato giuridicamente l'accesso al *fundus* ed alla vicina villa e l'utilizzo dell'acqua, riservato ai membri della *gens Domitia*[276]; Phaon si dimostra così ancora legato alla famiglia di Domizia Lepida.

Varie fonti ricordano altri due personaggi omonimi, ed una lunga tradizione di studi ha discusso sulla possibilità che si trattasse dello stesso. Phaon è il liberto di epoca neroniana (Suet., *Nero* 48-9; D. Hal. LXIII, 27, 3; Ps. Aur. Vict., *epit.* 5, 7) che possedeva un *suburbanum* tra le vie Salaria e Nomentana in cui Nerone stesso si rifugiò negli ultimi giorni della sua vita[277]. Da un'importante testimonianza epigrafica sappiamo che un *Domitius Phaon* era in possesso di vasti terreni a Caposele all'epoca di Domiziano[278]. Studi recenti tendono a considerare assai possibile che i tre Phaon fossero la stessa persona[279]. In tal caso, sarebbe evidente che i cippi fondani dovettero esser realizzati quando Phaon era ancora in vita, dal momento che le altre due testimonianze sono successive. Altresì, dobbiamo intendere che egli sopravvisse alle punizioni che colpirono coloro che erano stati vicini a Nerone[280].

Ci si è interrogati sulla possibilità che le enormi proprietà terriere in diverse zone d'Italia fossero de-

rivate a Phaon dalla famiglia imperiale[281]. Va sottolineato che, almeno per quanto riguarda il *fundus* fondano, si trattava di terra di legittima proprietà del liberto, come si desume dal testo epigrafico[282]; è in effetti plausibile che parte del territorio di proprietà imperiale fosse stato concesso a Phaon come compenso per i suoi servizi. Il testo epigrafico ricorda, oltre al *fundus* ed al sepolcro, anche la villa, che doveva necessariamente non essere lontana, dal momento che il diritto all'uso dell'acqua riguarda anch'essa. È da notare che la villa in loc. "Vallaneto" di cui abbiamo parlato nei paragrafi precedenti dista dal sepolcro di Phaon non più di 2,5 km., e che le fotografie aeree sembrano rivelare un allineamento tra le tracce di basolato che costeggiano il sepolcro di San Raffaele ed il tratto stradale che passa ai piedi della villa. Per giunta, il complesso del Vallaneto ebbe sicuramente una fase importante a partire dalla metà del I sec. d.C., documentata almeno dalle lastre "Campana". Se ciò non è sufficiente a proporre l'identificazione del complesso con la villa di Phaon, è tuttavia un insieme di dati su cui vale la pena riflettere, specie dal momento che non paiono esservi tracce di altri complessi abitativi nelle vicinanze del sepolcro.

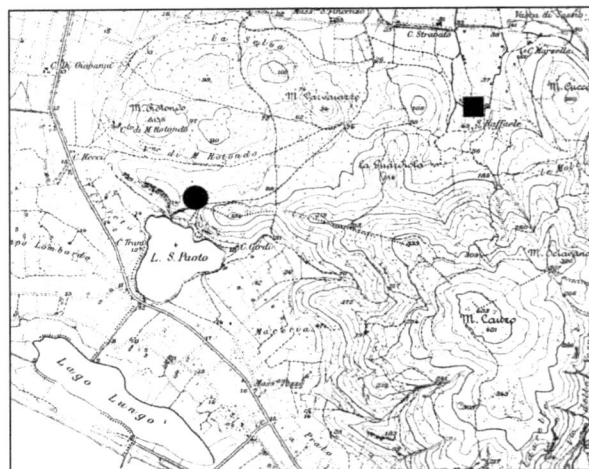

Fig. 8: La villa in loc. "Vallaneto" (pallino) ed il monumento di *L. Domitius Phaon* (quadrato)

Nell'area sepolcrale di Phaon Giglioli rinvenne anche un bollo laterizio dell'officina di *Domitius Lupus*[283], che abbiamo già esaminato. Ricordiamo che è possibile che questa officina fosse collegata al ricco liberto[284].

---

[274] GIGLIOLI 1911; cfr. sulla questione PESIRI 1978, 175 sgg.
[275] Altre proposte sono state avanzate da alcuni studiosi, che pensavano piuttosto ad un liberto o di Domiziano o di Domizia Longina (cfr. SIMELON 1993, 106); ma già GIGLIOLI (1911, 77) aveva identificato con esattezza la *domina* di Phaon.
[276] *AE* 1914, 219; PESIRI 1978, 179.
[277] BRUN 1989; GREGORY 1995.
[278] *CIL* X, 444; cfr. GIARDINA 1981 (1997, 145-6); SIMELON 1993, 106. L'iscrizione ricorda la donazione da parte di Phaon di quattro dei suoi fondi al locale *collegium* di Silvano: cfr. FLAMBARD 1987, 218-9. Il testo potrebbe essere riferito anche ad un figlio di Phaon, dal momento che è collocabile in età posteriore (Domiziano): GREGORY 1995, 406.
[279] Riassunto in GREGORY 1995; DI GIUSEPPE 1996.
[280] GREGORY 1995.

[281] GREGORY 1995, 407-8. Sui *Domitii* a Fondi, cfr. ANDERMAHR 1998, 57, 90, 93 e 250-252.
[282] PESIRI 1978, 179.
[283] GIGLIOLI 1911, 78 n.1.
[284] Sarebbe interessante poter identificare *Patrobius*, uno degli *officinatores* di Lupo, con l'omonimo liberto di Nero-

Una inedita iscrizione reimpiegata nella struttura del Monastero di San Magno, nella omonima località ad ovest del centro di Fondi [E3][285], fornisce un nuovo contributo per la comprensione delle attività economiche del periodo considerato. L'iscrizione si riferisce ad un *A(ulus) Tatius / M(arci) l(ibertus) Antigon(us) / argent(arius)*. Non abbiamo altre informazioni su questo personaggio, ma appare evidente che dovesse trattarsi di uno di quei liberti che avevano un ruolo nella accumulazione e redistribuzione di moneta e nell'intermediazione in affari di diverso genere[286]. La sua appartenenza al ceto libertino fa supporre una datazione almeno a partire dalla tarda Repubblica, quando si verifica un abbassamento del livello sociale degli *argentarii* che è stato sovente collegato ad un aumento di circolazione monetaria, specie in centri finanziariamente attivi (Roma, Pozzuoli, Delo, etc.)[287]; in particolare il nostro potrebbe meglio essere inquadrato in epoca augustea o poco posteriore. Vale la pena sottolineare come spesso la loro attività fosse collegata alla presenza di un *macellum*[288], edificio la cui presenza a Fondi abbiamo già ricordato. Va anche rilevato come la presenza a Fondi di Aulo Tazio argentario ben si inquadri nella distribuzione tracciata da Andreau, che vede una prevalenza proprio in Italia centrale, in particolare (oltre che a Roma) in centri portuali (Ostia, Pozzuoli, Aquileia) o in città menzionate negli *indices nundinarii*[289]. Nell'impossibilità di acquisire ulteriori informazioni, possiamo comunque considerare la presenza dell'*argentarius* come indizio di una attività economica di rilievo nel territorio fondano. Come ulteriore considerazione, sarebbe interessante ipotizzare che proprio Fondi fosse uno dei centri mancanti sul lato sinistro del celebre *Index nundinarius* proveniente da una ignota località del Lazio meridionale[290], che menziona oltre a Roma e Capua anche *Aquinum, Interamna, Minturnae, Casinum* e *Fabrateria*, centri allineati lungo la via Latina. La possibilità che le otto località purtroppo mancan-

ti fossero almeno in parte quelle del versante costiero allineate lungo l'Appia (per esempio *Setia, Privernum, Tarracina, Fundi, Formiae*) non può essere in alcun modo provata; ma la presenza di un *argentarius* potrebbe essere un elemento da non sottovalutare in quest'ottica.

Fig. 9: Epigrafe di *argentarius* in loc. San Magno

Ai possedimenti imperiali, infine, è plausibile che sia da collegare anche la presenza a Fondi di due personaggi originari di Prusa all'Ipio, in Bitinia: Tiberio Claudio Giuliano Trasimede dedica una stele marmorea alla memoria del fratello Tiberio Claudio Sanctiano Callicle[291], verosimilmente appartenenti al ceto dei liberti[292].

Conclusioni

Va sottolineato che il patrimonio epigrafico fondano non consente analisi definitive, per via della sua ristrettezza. Ad ogni modo, è possibile rilevare che, delle famiglie di spicco incontrate nel corso dell'età repubblicana, solo una pare mantenere qualche importanza anche nell'epoca che abbiamo appena chiuso, ovvero i Runtii, che contano un edile in età repubblicana ed un edile nel II sec. d.C. Per il resto, il Principato sembra segnare un completo ricambio delle *élites* locali. Se questo dato è attendibile, ci si può chiedere se esso sia collegato con gli eventi che segnarono il passaggio politico all'Impero. Ciò implicherebbe una notevole partecipazione della comunità fondana a questi eventi, con conseguenti massicce epurazioni. Ad ogni modo, è in questo momento che sembra prendere corpo quell'accen-

---

ne, messo a morte da Galba, noto attraverso varie fonti (cfr. GREGORY 1995). SOLIN (1982, I, 135-6) registra solo quattro personaggi dal nome *Patrobius* noti nel I secolo d.C., due dei quali sono quelli a cui abbiamo fatto riferimento, e dunque l'ipotesi potrebbe essere fondata.

[285] Nell'area si trovano abbondanti resti di epoca romana (laterizi, anforacei), e nella struttura del Monastero si possono scorgere altri tratti di mura romane; ma la pertinenza dell'insieme ad una villa è solo ipotizzabile.

[286] Sugli argentaria ed i problemi connessi si veda principalmente MASELLI 1986 ed ANDREAU 1987, ed i vari contributi raccolti in ANDREAU 1997.

[287] MASELLI 1986, 84 sgg. Sulla condizione sociale degli *argentarii*, vedi anche ANDREAU 1987, 401 sgg.

[288] ANDREAU 1987, 110-116

[289] ANDREAU 1987, 313 sgg.

[290] Cfr. di recente STORCHI 2000, con bibl. precedente.

---

[291] *NotSc* 1885, 161=*IG* XIV, 907, rinvenuta nel centro urbano. La parte superiore della stele è andata perduta durante l'ultimo conflitto mondiale; la parte inferiore si conserva ancora nel locale Museo Civico.

[292] Così anche STORCHI 2002, 62.

tramento di terre nelle mani di pochi proprietari; anzi, forse di uno solo, ovvero la famiglia imperiale. In questo modo potremmo trovare una spiegazione per alcuni fenomeni emersi in questo capitolo. Innanzitutto, l'abbandono (o la minore intensità di sfruttamento) del territorio potrebbe corrispondere ad un interesse meno commerciale e più residenziale della *domus Augusta*. Allo stesso modo, il declino delle produzioni di prestigio sarebbe un risvolto di questo diverso interesse nei confronti della realtà locale. Questo è il paradosso segnalato all'inizio del capitolo: la presenza imperiale finisce per costituire un freno allo sviluppo economico che la zona di Fondi aveva vissuto in tarda età repubblicana. Ciò a prescindere dalla attendibilità del racconto pliniano, che attribuisce a Nerone l'iniziativa che decreta la fine del Cecubo.

Dal punto di vista sociale, la presenza di alcune famiglie che assurgono a rango senatorio potrebbe essere vista come la conclusione di un processo innescatosi nell'età precedente, quando l'aristocrazia locale getta le basi della propria ascesa sociale grazie ad un processo di arricchimento. Ma per dare corpo ad un discorso del genere, dovremmo avere un quadro più preciso delle vicende di queste famiglie e delle loro proprietà, cosa che le lacune nelle ricerche archeologiche non ci consente. Un altro dato significativo è la quantità di liberti che compaiono nel dossier epigrafico, ragionevole in un contesto economico che ha superato il sistema schiavile per approdare a sistemi di gestione territoriale diversi.

Tutto sommato, la quantità di informazioni di cui disponiamo a livello storico non è scarsa; ma è la qualità ad essere insoddisfacente. E su tutto regna l'impressione che accurate ricerche sul campo possano rimettere in discussione alcune delle conclusioni qui tentate.

EPILOGO: LA TARDA ANTICHITÀ

Dagli inizi del cristianesimo alla tetrarchia

A) LE PRIME NOTIZIE SULLA PRESENZA CRISTIANA

Gli inizi del III secolo sono segnati dalle prime informazioni relative alla presenza di comunità cristiane in territorio fondano. Al proposito, va tenuto presente l'avvertimento espresso dagli studiosi di agiografia nei confronti dell'utilizzo delle fonti ecclesiastiche ai fini della ricostruzione storica: di frequente le notizie tramandate sono frutto di elaborazioni posteriori, ed attingono a *cliché* ben noti[1]. In particolare, per Fondi alcune possibili interpolazioni o invenzioni possono essere collegate al rapporto con la via Appia, su cui la tradizione faceva muovere Pietro e Paolo in viaggio verso Roma nella loro attività di evangelizzazione. Notizie su una precoce cristianizzazione del Lazio meridionale costiero possono dunque essere opera di ricostruzioni posteriori basate sull'importanza della *regina viarum*[2].

La prima notizia di un certo interesse è relativa ad un papa, Sotero (166-175 ca.), che stando al *Liber Pontificalis* sarebbe nato a Fondi[3]. Questa notizia però nulla ci dice sul centro laziale, dato che la sua carriera ecclesiastica si svolse a Roma. A rigore, non è detto che la nascita di Sotero a Fondi indichi la presenza di una comunità cristiana già numerosa[4]. Oltretutto la notizia va inquadrata in una particolare attenzione dell'autore del *Liber* per Fondi, rilevata da più studiosi[5]. Alla stessa sospetta attenzione può

essere dovuta la notizia, sempre riferita dal *Liber Pontificalis*, dell'ordinazione di un presule a Fondi da parte di papa Antero (235-236)[6].

Un'altra notizia discussa è quella relativa alla persecuzione di comunità cristiane a Fondi ad opera di Decio e Valeriano (metà III secolo), nelle quali venne coinvolto anche San Magno a causa della sua fama e dei miracoli compiuti[7]. San Magno, giunto a Fondi da Trani via Napoli, vi sarebbe stato accolto da San Paterno, ed insieme avrebbero costruito una nuova chiesa in una zona di campagna nella località chiamata "campo Demetriano" (laddove poi sorgerà il convento omonimo del santo pugliese). In una seconda versione, le persecuzioni coinvolgono ben 2500 cristiani, trucidati dai soldati romani nella stessa località[8]. A dire il vero, entrambe le versioni risultano poco attendibili e infarcite di luoghi comuni. Il culto di Magno sarebbe in realtà originario di Fabrateria, e sarebbe stato traslato a Fondi solo più tardi, forse nel VI sec., complici il declino di Fabrateria, il cresciuto prestigio del cenobio nel territorio fondano poi intitolato proprio a Magno, e forse anche un trasferimento di reliquie[9]. In tal caso, i riferimenti accennati rientrano nel limbo delle fantasie agiografiche, ed escono dalla documentazione utile alla ricerca storica[10].

---

[1] Cfr. le osservazioni di LUONGO (2002, 193-6 e *passim*).

[2] Cfr. NICOSIA 1995, 21-2; LUONGO 2002, 198.

[3] DUCHESNE 1886, 135: *Soter, natione Campanus, ex patre Concordio, de civitate Fundis.* Sulla sua figura, cfr. di recente MACARO 2002.

[4] Arbitrario sembra l'«argomento probabile, che prima fusse stato Vescovo di Fondi» proposto da CAYRO (1816, 350).

[5] DUCHESNE 1886, 135; CARAFFA 1971.

[6] DUCHESNE 1886, 147; cfr. per le obiezioni LANZONI 1927, I, 162; CARAFFA 1971, col. 793.

[7] *Martyrologium Romanum*, ed. Bruxelles 1940, *19 Aug.* e *21 Aug.*; cfr. NICOSIA 1995, 22-24; FIOCCHI NICOLAI 2002, 172-3; LUONGO 2002, 197-8.

[8] FORTE 1998, 600.

[9] Così sostengono FIOCCHI NICOLAI 2002, 175-7, e LUONGO 2002, 234. Sulla questione è importante SIMONETTI 1978.

[10] Queste notizie, utilizzate in maniera acritica e combinate con saggi di scavo non scientifici condotti pochi anni orsono nel sito del convento, hanno fatto credere all'individuazione topografica del *martyrium* e della prima tomba

Stesso discorso sembra essere valido per un'altra tradizione, relativa al culto di San Mauro. Una versione della *Passio Mauri* voleva il santo, martire nel 283, sepolto a Fondi: versione «tarda, favolosa e piena di evidenti anacronismi»[11]. In definitiva, per tutto il III secolo le notizie relative alle vicende fondane sono poco chiare o sospette.

B) LA DOCUMENTAZIONE MATERIALE

Dal punto di vista sociale ed economico, la situazione delle informazioni in nostro possesso non è migliore. Sembra certo che l'importanza dell'Appia si sia mantenuta almeno durante tutto il III secolo ed ancora agli inizi del IV, come testimoniano tre colonne miliari[12]. La prima (*CIL* X, 6854, attualmente a Monte S. Biagio), collocata al 71° miglio da Roma, ricorda un ampio intervento di sostituzione del vecchio basolato fra Terracina e Formia da parte di Cacaralla nel 216. La seconda (X, 6855, anch'essa collocata al 71° miglio ed attualmente conservata nel Museo Civico fondano), databile al periodo 293-305 per via della compresenza di Diocleziano e Massimiano *Augusti* e di Galerio e Costanzo Cloro *Caesares*, pur non menzionando esplicitamente restauri, è indice della continua frequentazione della via[13]. Infine, ancora dallo stesso luogo proviene una colonna miliare di Costantino (X, 6856), riferibile probabilmente ad epoca post-312[14], da intendere anch'essa, come la precedente, come manifestazione di propaganda politica più che come legata a qualche intervento di restauro. Se ricordiamo che sempre al 71° miglio era ricordato anche l'intervento traianeo menzionato nella colonna *CIL* X, 6853, possiamo verificare come questo punto della *regina viarum* avesse assunto un significato sia tecnico, come punto terminale di restauri, che politico[15].

E' lecito chiedersi come mai proprio questo punto avesse avuto una tale importanza; in mancanza di altre spiegazioni, possiamo notare che esso veniva dopo un tratto piuttosto tortuoso, segnato dall'aggi-

ramento del Pisco Montano a Terracina e dal confine tra i due centri che seguiva un andamento non lineare. Ma superato l'apice nord del Lago di Fondi, l'Appia si presentava da lì in poi come un lungo rettifilo fino al centro di Fondi, attorniato da una serie di monumenti funerari, alcuni dei quali hanno lasciato tracce ancora oggi. Questa caratteristica rendeva probabilmente il 71° miglio un punto ideale per miliari dal carattere onorario.

Figura 1: Miliario di Costantino (*CIL* X, 6856), conservato nell'*Antiquarium* comunale

Un altro aspetto di notevole interesse per il periodo in esame sembra potersi ricostruire dal testo poco chiaro di un'iscrizione datata all'età dei Severi[16]. Dalla lettura che ne è stata proposta[17], l'epigrafe contiene il riferimento ad un'opera pubblica di grande importanza per la città, probabilmente l'intervento di risanamento di terreni paludosi (*[pa]ludibus redu[ndantibus?]*) con ripristino della viabilità, ad opera di un senatore (*vir clarissimus*)[18]. Sarebbe interes-

---

del Santo; tuttavia, le testimonianze al riguardo paiono assolutamente inadeguate.

[11] LUONGO 2002, 203 (in generale 202-210); cfr. anche FIOCCHI NICOLAI 2002.

[12] Su cui cfr. principalmente PANI 1998, e le riflessioni di MAZZARINO 1968, 195-6; UGGERI 1990, 25.

[13] Allo stesso intervento dovrà essere attribuito il miliario formiano con numerale LXXXVIII (*AE* 1996, 385), databile invece ad un periodo tra il 293 ed il 304 per la presenza di Costanzo e Massimiano (cfr. LAAKSONEN 1996, 151).

[14] PANI 1998, 390-1. Anche in questo caso nella vicina Formia si trova l'equivalente: *CIL* X, 6865; cfr. LAAKSONEN 1996, 151.

[15] Cfr sulla questione l'analisi in PANI 1998.

[16] *CIL* X, 6226: il pezzo è conservato nel Museo di Fondi; mancano purtroppo notizie sul lugo di rinvenimento, in quanto la tradizione locale la ricorda già presente in una abitazione del centro storico (*CIL, ad loc*).

[17] *[---p]aludibus redu[ndantibus] / [---]ulo v(iro) c(larissimo) comp[---] / u]sui cibitatis f[---] / [---] et itiner[---] / [---]cum re [.] u[---] / [---]tis pe[--] s [---] / [---]tis [---]*: G. PESIRI, in NUNZIATA-PESIRI 1993, 14.

[18] Che il lavoro fosse stato promosso da un senatore potrebbe essere un anticipo del fenomeno, ben noto per il IV

sante mettere in relazione questo intervento con quello appena visto di sostituzione del basolato dell'Appia ad opera di Caracalla: anche se il ripristino stradale, come abbiamo detto, interessò un tratto più ampio della via, le due operazioni potrebbero essere in effetti collegate. La stessa necessità di operare un intervento a distanza di poco più di un secolo dal precedente, traianeo, in una zona prossima al "pantano" creato dalla presenza del lago, fa pensare che si trattasse di un settore soggetto a frequenti stati di impaludamento.

Va ricordato che in età severiana abbiamo ancora tracce di decorazioni di edifici, perlopiù cornici architettoniche[19], a dimostrare un perdurare dell'edilizia almeno nel centro urbano. Del resto, abbiamo alcune importanti testimonianze del fatto che che tra le mura di Fondi e nel suburbio la vita quotidiana continuava. La prima è costituita dall'edificio termale suburbano, che sembra rimanere attivo ininterrottamente fino al VI secolo[20]. Una stessa durata pare indicare il saggio di scavo, pur limitato ad un'area ristretta, effettuato di recente in una *domus* sotto l'ex chiesa di S. Martino nel centro storico[21], anche se non è agevole individuare per le singole fasi di occupazione se vi sia stata una corrispondente continuità anche nel tenore di vita. Un importante documento epigrafico è costituito dalla dedica di un'epigrafe a Publio Licinio Cornelio Salonino, figlio dell'imperatore Gallieno e di Cornelia Salonina e nipote di Valeriano (*CIL* X, 6221)[22], rinvenuta durante scavi nel corso principale del centro storico negli ultimi decenni del XIX secolo. La qualifica di *princeps iuventutis* lascia supporre che la dedica possa risalire a prima del 258, quando Salonino venne nominato Cesare dal padre. La dedica testimonia in qualche modo una pur minima vitalità della cittadinanza fondana.

D'altro canto, va tenuto presente che in questo periodo non abbiamo più la produzione artistica di un certo livello espressa nei secoli precedenti, e neanche una pallida eco di quella "volontà di potenza" che Bianchi Bandinelli indicava come una cifra stili-

stica chiave del tardoantico[23]. A questa riflessione aggiungiamo il dato ricavabile dalle tracce nel territorio, che continua in quella rarefazione che abbiamo già potuto rilevare nel capitolo precedente: anche il prestigioso complesso del "Vallaneto" pare ormai abbandonato in questa fase. Tutto ciò indica un appannamento del prestigio di Fondi rispetto al periodo tra la tarda Repubblica ed i primi due secoli dell'Impero.

Da Costantino alla caduta dell'impero

A) ASPETTI DEL IV SECOLO

Tra le informazioni relative a questo periodo, va ricordata la ceramica proveniente dall'area delle terme extraurbane, che attesta una frequentazione della struttura nel corso del secolo[24]. Ma le tracce più importanti sembrano provenire dal territorio. Si tratta in particolare di un bell'esemplare di sarcofago paleocristiano rinvenuto in anni recenti durante scavi occasionali in località "Purpurale" [E1], una contrada di campagna a nord-est del centro urbano[25]. Il pezzo è databile in base a confronti ad età protocostantiniana, precisamente tra il 312 ed il 325; alcuni indizi fanno propendere per una committenza cristiana[26]. Le circostanze del rinvenimento purtroppo hanno impedito indagini più accurate, ma è stato possibile rilevare il collegamento con un edificio (un sepolcro familiare?), distrutto durante i lavori, e con vasellame di uso quotidiano[27]. Nella stessa zona sono stati rinvenuti un *follis* con effigie di Massimino Daia (emesso tra il 312 ed il 313) ed un frammento di sigillata africana databile al VI secolo[28]. È importante notare che l'area del rinvenimento è una località distante dal centro storico, ma prossima a quello che presumibilmente doveva essere già da qualche secolo l'asse di raccordo tra la via Appia e la via Latina[29]. Questi rinvenimenti "minori" dimostrano che la frequentazione dell'area non

sec., di rifiuto per le cariche pubbliche da parte delle classi dirigenti locali, sostituite in questi oneri dal ceto senatoriale romano nel ruolo di patroni o di governatori: WARD-PERKINS 1984, 14 sgg.; PAVOLINI 1993, 193.
[19] Conservate nel locale Museo Civico. Cfr. ad esempio NUNZIATA-PESIRI 1993, 71, 74, 75.
[20] LISSI CARONNA 1971.
[21] Gli scavi sono in corso di pubblicazione in un prossimo fascicolo dell' "Atlante Tematico di Topografia Antica" a cura della locale Soprintendenza Archeologica.
[22] *SHA Trebelli Pollionis Gallieni duo*, 19-21. Sui figli di Gallieno, cfr. ZACCARIA 1978.

[23] BIANCHI BANDINELLI 1970, 23 sgg.
[24] LISSI CARONNA 1971. È da notare che sono proprio le terme il tipo di edificio più di frequente restaurato e di maggiore continuità almeno nell'area del Lazio meridionale, con i casi di Anzio e Terracina (Cfr. PAVOLINI 1993, 180 e 195-6).
[25] CASSIERI 2002, 44-9; DI FAZIO 2002, 71-2; attualmente conservato nel locale Museo Civico.
[26] Cosa tutt'altro che scontata per pezzi di questo tipo. Cfr. tra l'altro DEICHMANN 1993, 112 sgg.
[27] CASSIERI 2002, 44.
[28] Per entrambi, DI FAZIO 2002.
[29] DI FAZIO 2002, 77-80.

costituisce un episodio, e suggeriscono una diffusione del cristianesimo anche fuori dal centro urbano, probabilmente in relazione a grandi proprietari terrieri[30].

Fig. 2: Sarcofago paleocristiano (da CASSIERI 2002)

Un ulteriore, benché pallido, indizio di questa situazione è nell'epigrafe (purtroppo mutila) databile per via consolare al 337 in cui si menziona un *Asclepiades actor*[31]. L'epigrafe era stata reimpiegata nella costruzione di un sacello in località San Magno [E3]. È da ritenere che all'epoca l'*actor* avesse fondamentalmente mansioni di amministratore di tenute agricole[32]; la sua presenza confermerebbe in maniera tutt'altro che inaspettata una permanenza di elementi schiavili anche quando il sistema di produzione schiavistico è ormai tramontato. In un vecchio lavoro, Sirago notava che le iscrizioni funerarie di II secolo avrebbero indicato un passaggio tra il *vilicus* e l'*actor*[33], ovvero tra una figura direttamente legata al lavoro agricolo ed una piuttosto responsabile della gestione dei coloni; ma è difficile stabilire con chiarezza le differenze tra questi due termini[34]. Si tratta dunque di informazioni troppo esigue per imbastire un discorso complessivo.

"Spiccioli" di informazioni possiamo ricavare dal sito della villa repubblicana in località "Prato", verso Sperlonga [E2]: una moneta databile all'età di Giuliano e frammenti di sigillata chiara riferibili genericamente ai secoli IV-V[35] ci parlano della rioccupazione della struttura, ma nulla dicono sull'utilizzo e su coloro che vi si insediarono. Qualche novità è attesa invece dalla pubblicazione degli scavi nella struttura in loc. "Sant'Anastasia" [E4], dove mosaici e pitture parietali di un certo interesse testimoniano della frequentazione nel IV secolo; ma il contesto è ancora poco chiaro[36].

Il perdurare di importanza dell'Appia e queste testimonianze di varia natura sembrano tutto sommato suggerire che Fondi fosse rimasta un centro di una pur minima vitalità. Agli indizi che abbiamo, va aggiunto che in territorio fondano (come vedremo meglio più avanti) già nel corso del secolo esisteva una basilica, verosimilmente una cattedrale, con conseguente alta probabilità che il centro laziale fosse sede di diocesi[37]. Ciò, nel buio dei secoli successivi, costituirà in linea di massima un indicatore di importanza[38]; ma in questo momento non è sufficiente[39]. Del pari, l'ostinata continuità della *domus* e delle terme di cui abbiamo già parlato, non può costituire un dato utilizzabile, in mancanza di un quadro più ampio sulla situazione del centro abitato e dei suoi immediati dintorni: quadro che solo ulteriori indagini e scavi potranno contribuire a tratteggiare[40].

Possono essere questi che abbiamo visto indizi di quella "rinascita" che è palese in altri settori della penisola italiana nel corso del IV secolo[41]? O non è piuttosto un momento storico in cui «le grandi città tendono a divorare le piccole», in cui Valentiniano I doveva intervenire per impedire la spoliazione di centri minori a favore delle metropoli e in cui i terreni campani sono ridotti a *deserti et squalidi loci*[42]? Sarebbe un momento, insomma, per il quale non si dovrebbe avere timore di scomodare il termine "decadenza"[43], anche se modernamente inteso piuttosto

---

[30] Cfr. analogie in NICOSIA 1995, 30.

[31] AURIGEMMA 1912 (=*AE* 1912, 256); cfr. AUBERT 1994, 474, C135.

[32] CARLSEN 1995; STORCHI 2002, 69 n. 227.

[33] SIRAGO 1958, 139 sgg.

[34] CORBIER 1981, 437, che rileva come Columella (I, 8, 5) li usi come sinonimi.

[35] BROSE-LAFON 2001, 184.

[36] Il complesso, come già ricordato, è in corso di studio da parte della Soprintendenza Archeologica.

[37] FIOCCHI NICOLAI 2002, 166.

[38] Cfr. FALKENHAUSEN 1983, 347.

[39] «Le piccole città mantenevano il loro rango solo se avevano un passato prestigioso e una sede vescovile influente»: GIARDINA 1996, 94.

[40] Che il recente saggio della *domus* sia il primo vero intervento di scavo archeologico effettuato nel centro storico di Fondi a partire almeno dal Dopoguerra, è indicativo dello stato decisamente lacunoso delle nostre conoscenze al riguardo.

[41] VERA 1995, 204 sgg.

[42] Cfr. su tutto MAZZARINO 1951 (2002, 208-10).

[43] Sulla delicata questione, cfr. MAZZARINO 1951 (2002, 19-20 e relativa intr. di E. LO CASCIO, pp. VI-X); MAZZARINO 1959, 203 («non ci è lecito condannare senza appello quegli storici che insistono sulla crisi dell'impero nel campo politico e sociale»).

come «un insieme complesso di destrutturazioni-ristrutturazioni-transizioni di sistemi»[44].

B) IL V SECOLO

Tenute agricole di medie proporzioni dovevano esistere ancora nei decenni successivi. Agli inizi del V secolo infatti, sotto Innocenzo I (401-417), il *Liber Pontificalis* registra una serie di passaggi di proprietà terriera da privati alla chiesa. Tra questi, si ricorda una *possessio fundanensis, territurio Fundano, cum adiacentibus adtiguis XV, praest. sol. CLXXXI et tremissium*, appartenuta ad una *inlustris femina Vestina*[45], la quale aveva possedimenti anche in altre zone d'Italia. La definizione di *possessio* si colloca a metà strada tra *massa* e *fundus* nell'indicare una proprietà di dimensioni comunque notevoli ma non eccessive[46].

Ma il riferimento più importante di questo periodo è senza dubbio quello contenuto nelle epistole di Paolino da Nola. In una lettera all'amico Sulpicio Severo nel 404 (32, 17), il santo ricorda di aver posseduto in passato terre in territorio fondano, che gli è familiare, e di avervi costruito, spinto da *civica caritas*[47], una basilica nuova che potesse sostituire quella esistente, piccola e ridotta a rovina[48]. Questo passo ci restituisce due elementi importanti: innanzitutto, la testimonianza che prima degli inizi del V secolo in territorio fondano esisteva una basilica, verosimilmente una cattedrale[49], e di conseguenza è lecito pensare, come abbiamo già osservato, che già verso la metà del IV secolo il centro fosse sede di diocesi. Il secondo elemento interessante sta nel ricordo dei possedimenti di lunga data da parte di

Paolino, probabilmente appartenuti alla famiglia[50]. La frequentazione dei territori fondani, ricordata nella lettera, può essere collegata con gli incarichi pubblici di cui il santo di Bordeaux fu investito in Campania a partire dal 381; sappiamo poi che procedette a vendere tutti i suoi beni nel 392-393 per dedicarsi alla vita ascetica, dunque è facile immaginare che anche la proprietà fondana fosse stata ceduta in quegli anni.

Va sottolineato che solo pochi anni dopo anche i terreni di Vestina saranno ceduti, come abbiamo appena visto. Le due cessioni possono essere assolutamente indipendenti, ma una chiave di lettura potrebbe anche essere quella di inserire queste due vicende simili nel quadro di un più ampio fenomeno di dismissione di proprietà terriere che sembra caratterizzare varie regioni d'Italia proprio a cavallo tra IV e V secolo[51]. Da un lato è la stessa attività evergetica di Paolino a metterci in guardia dal pensare ad un declino generalizzato e dall'abbracciare i *cliché* derivanti dai lavori di Rostovzev e Toynbee[52]. D'altro canto, una possibile spia delle condizioni di declino del centro fondano potrebbe essere contenuta proprio nella lettera già citata di Paolino, laddove egli riferendosi a Fondi utilizza il termine *oppidum*, più modesto, anziché *civitas*: nella scelta del termine si può forse cogliere una importanza minore della città in quegli anni[53].

Chiaramente si tratta di ipotesi ardue da verificare, specie in considerazione del fatto che, se il IV secolo è poco conosciuto sotto il profilo della cultura materiale, il V lo è ancora meno; e sarebbe pericoloso utilizzare questa assenza come *argumentum ex silentio* per postulare il declino di Fondi nel corso del V secolo. Potrebbe però essere significativo che nell'unico sito in cui è possibile seguire una stratigrafia pressoché ininterrotta dal I al VI secolo, ovvero le già citate terme, ad una discreta presenza di ceramica di IV e poi di VI faccia riscontro proprio una assenza di materiale databile al V[54]. L'unico riferimento -peraltro non verificabile - a resti materiali è quel-

[44] Così VERA 1995, 195.
[45] DUCHESNE 1886, 42, 220-221; cfr. NICOSIA 1995, 24. È probabile che queste donazioni siano all'origine della formazione del *Patrimonium Caietanum*: NICOSIA 1995, 24-5. Meno evidente sembra la possibilità che questo *patrimonium* si fosse formato sulle proprietà imperiali del comprensorio fondano-formiano di cui abbiamo parlato nel capitolo precedente (ipotesi avanzata in NICOSIA 1995, 25): non sappiamo né quali tratti del territorio fossero di pertinenza imperiale, né tantomeno dove fossero ubicati i fondi donati alla chiesa, come quello di Vestina, dunque parlare di una loro coincidenza non può essere altro che una congettura.
[46] Cfr. VERA 1999B, 1000-1001; VERA 2001; STORCHI 2002, 69-70.
[47] Su questa formula e l'evergetismo cristiano cfr. GIARDINA 1988.
[48] Cfr. di recente PISCITELLI 2002B, a cui si rimanda anche per le vicende biografiche. Cfr. anche FIOCCHI NICOLAI 2002, 166-9.
[49] Così FIOCCHI NICOLAI 2002, 166; DE MINICIS 2003, 187.

[50] La famiglia di Paolino era nobile e ricca, con vari possedimenti in Italia, Gallia ed altrove (PISCITELLI 2002B).
[51] Tratteggiata peraltro forse con accenti troppo catastrofici da ROSTOVZEV (1933, 553-4); cfr. le critiche di VERA 1995.
[52] Ai quali, su tali punti, «nessuno oggi sottoscriverebbe cambiali in bianco»: VERA 1995, 210.
[53] FIOCCHI NICOLAI 2002, 168-9; sulla terminologia, cfr. CRACCO RUGGINI 1989, 216-222. Chissà se quando Rutilio Namaziano in quegli stessi anni esclamava «*Felices etiam, qui proxima munera primis / Sortiri Latias optinuere domos!*» (*De Reditu* 1, 11-12) poteva riferirsi anche a questo settore del Lazio meridionale.
[54] LISSI CARONNA 1971.

lo, contenuto nel discorso inaugurale del Museo Civico tenuto da Errico Amante nel 1877, ad una tomba con due scheletri che una «piccola scritta» riporterebbe appunto al V secolo[55]. Purtroppo è un riferimento troppo sintetico, né dei presunti resti è conservata traccia. È solo una supposizione che il rinvenimento fosse stato effettuato nella contrada denominata "I Greci": a questa supposizione si può arrivare in base alle parole di Amante («io ci ho due scheletri…»), che lì aveva possedimenti personali, ed al collegamento immediatamente stabilito dal senatore tra questo rinvenimento ed il toponimo "Greci", che avrebbe in qualche modo conservato un ricordo della dominazione bizantina.

Fino ai Longobardi

A) STORIE DI VESCOVI, EBREI E MONASTERI

Verso la fine del V secolo, in perdurante avarizia di informazioni, è possibile tuttavia ipotizzare che Fondi potesse essere ancora (o di nuovo) un centro di qualche importanza. Di certo è ancora sede di diocesi: Vitale, vescovo di Fondi, partecipa ai sinodi degli anni 487, 495, 501, 502, traghettando dunque la sua diocesi al secolo successivo[56].

In un punto imprecisabile del VI secolo dovremmo collocare un altro vescovo, Andrea, e la sua vicenda, raccontata da Gregorio Magno (*Dial.* III, 7). Il protagonista è un viandante ebreo in viaggio verso Roma lungo l'Appia, il quale, superato il valico di Itri e giunto in vista di Fondi, decide di passare la notte vicino ad un tempio di Apollo. Qui a mezzanotte si raduna un consesso di diavoli che si raccontano le proprie gesta. Tra questi, uno si vanta di aver indotto in tentazione carnale il vescovo di Fondi Andrea tramite la sua perpetua, fino al punto che il prelato *in terga eiusdem sanctimonialis feminae blandiens alapam daret*. Il mattino dopo l'ebreo arriva a Fondi, va dal vescovo nella sua chiesa e gli racconta l'episodio. Andrea riconosce l'errore, e decide di cacciare la perpetua e di trasformare il tempio di Apollo in un *oratorium* dedicato a Sant'Andrea; l'ebreo si converte e viene battezzato.

Come è stato sottolineato, il passo contiene vari luoghi comuni ed elementi che ricorrono anche in altri

racconti, circolanti soprattutto in ambienti monastici, e dunque solleva qualche perplessità[57]. Ma alcune informazioni il testo le dà: oltre al nome del vescovo[58], l'esistenza di una cattedrale (presumibilmente quella voluta da Paolino da Nola un secolo prima), e la presenza di un tempio di Apollo trasformato in oratorio tra Fondi ed Itri. Su quest'ultimo edificio non ci soffermiamo se non per ricordare l'identificazione con le strutture in località "Sant'Andrea" (non casuale persistenza toponomastica), oggetto di recenti indagini archeologiche [C13][59], che però non paiono aver individuato la fase protocristiana, mentre evidentissime sono le strutture di età romana e quelle borboniche[60].

Il racconto introduce la presenza di comunità ebraiche nel Lazio meridionale. Il primo indizio per Fondi è un'iscrizione datata genericamente ai secoli IV-V, vista e trascritta da Mommsen ma attualmente perduta[61]. Si tratta di una iscrizione in latino, con testo troppo frammentario per essere commentato, ma con l'aggiunta del candelabro (*menorah*) e della parola *shalom*, "pace". Poco fuori del territorio considerato in questo lavoro, nell'area della villa "di Tiberio" a Sperlonga, venne rinvenuta un'iscrizione imprecatoria, di qualche secolo più tarda rispetto al testo fondano[62]. Inoltre nel 591 papa Gregorio incaricò il vescovo di Fondi, Agnello, di dirimere una controversia sorta a Terracina tra il vescovo Pietro e la comunità ebraica locale (*Epist.* XXXIV)[63]. Per avere altre notizie della comuntà ebraica fondana, si deve poi arrivare al XIII secolo, con la documentazione degli Statuti di Fondi e di una lettera della Cancelleria Angioina che ricordano le attività artigianali in cui la comunità è impegnata[64].

Quanto a cultura materiale, abbiamo qualche traccia a livello monumentale ed archeologico, tra cui i frammenti di sigillata africana provenienti dall'area delle terme e dalla località "Purpurale" in cui è stato

[55] Rist. in *MUSEO* 1996, 26.
[56] CARAFFA 1971, coll. 793-6; FORTE 1998, 619-620; DE MINICIS 2003, 186-7. Sulla storia della diocesi fondana, cfr. LANZONI 1927, I, 157-163.
[57] Cfr. COLAFEMMINA 2002, 311 sgg.
[58] Sulla cui discussa identificazione cfr. FIOCCHI NICOLAI 2002, 178 n. 55.
[59] QUILICI 1999 e 2003 che propone di identificare le imponenti strutture (terrazzamenti e cisterne) con un santuario ad Apollo. Cfr. anche FIOCCHI NICOLAI 2002, 184-9.
[60] È interessante inoltre sottolineare la persistenza di culti pagani nel basso Lazio ancora in pieno VI secolo: sempre Gregorio Magno ricorda adoratori di alberi a Terracina (*Epist.* VIII, 19). Cfr. FIOCCHI NICOLAI 2002, 191.
[61] *CIL* X, 6299; *CII* I, 552. COLAFEMMINA 2002, 307-8.
[62] GUARDUCCI 1960. L'epigrafe è in latino, ma molto probabilmente venne redatta da un ebreo per via della somiglianza con altri testi del genere.
[63] FORTE 1998, 623; COLAFEMMINA 2002, 312-3.
[64] Cfr. COLAFEMMINA 2002, 317.

rinvenuto il sarcofago di cui abbiamo già parlato[65], e due monete di Giustiniano ancora dall'area di "Villa Prato", interessanti perché la struttura è collocata in prossimità del passaggio della via "Flacca"[66]. Ma soprattutto, agli inizi del secolo possiamo collocare la fondazione del complesso santuariale dedicato a san Magno, più volte chiamato in causa in queste pagine [E3]. È ancora Gregorio Magno a raccontare di Onorato, figlio di un *colonus* di *Peltuinum* di nome Venanzio, che fondò un *monasterium* nel territorio fondano (*Dial.* I, 1, 3-4)[67]; sull'identificazione col complesso che almeno dal X secolo è noto col nome del santo pugliese vi sono pochi dubbi[68]. Nella struttura erano ospitati circa 200 monaci, che avevano a disposizione un orto. È possibile, se non altro a livello congetturale, cogliere il peso economico della creazione di questo monastero: se è vero che «i grandi monasteri hanno a lungo invocato come loro compito la colonizzazione delle terre incolte»[69], va detto che in questo caso il figlio del *colonus* seppe scegliere con accortezza una zona di lunga tradizione agraria.

B) LE INVASIONI ED I LONGOBARDI

Nel 554 il complesso di S. Magno è ancora agli onori delle cronache: Gregorio Magno ne ricorda il tentativo di saccheggio da parte delle schiere di Franchi di Butilin (*Buccellinus*) (*Dial.* II, 4)[70]. Non fu questa l'unica scorreria in cui Fondi rimase coinvolta nel corso del VI secolo[71]: la collocazione lungo l'Appia, che in altri tempi ne aveva fatto la fortuna, ora ne costituiva motivo di minaccia. È probabile che Totila, di ritorno da Napoli verso Roma nel 546, abbia preso anche Fondi con Formia e Terracina. Ed altre incursioni e saccheggi dobbiamo supporre in questi secoli, che una città come Fondi non potè arginare; né del resto era nata per questo[72], con la sua posizione in piano assolutamente indifesa.

È ancora nelle opere di Gregorio Magno (*Epist.* III, 13) che troviamo l'importante riferimento all'irruzione dei

Longobardi nella piana di Fondi nell'anno 592[73]. In quell'occasione, il papa invitò il vescovo di Fondi Agnello a trasferirsi a Terracina, «*quia igitur ob cladem hostilitatis nec in civitate nec in ecclesia tua est cuiquam habitandi licentia*». Terracina, che aveva il vescovato vacante a causa della morte del presule Pietro, rimaneva un baluardo sicuro[74], e per di più aveva da poco provveduto a rinforzare le proprie mura[75]; vi si rifugiarono probabilmente anche gli abitanti di Fondi[76]. Un punto di discussione è relativo alla possibilità che i Longobardi non si siano insediati stabilmente a Fondi, limitandosi a saccheggi ed a qualche forma di controllo del territorio[77]. Le riflessioni in tal senso già proposte da Amante e Bianchi ad inizi '900 sono state accolte da più parti[78].

D'altronde, la piana di Fondi ricopriva un interesse strategico notevole per i Longobardi, costituendo uno sbocco al mare ed un mezzo di pressione sulla vicina Gaeta, roccaforte bizantina con un porto indispensabile[79]. E' dunque possibile immaginare una forma di insediamento non stabile nel territorio fondano[80], anche se ci troviamo nell'impossibilità di stabilirne ubicazione e caratteristiche. In via ipotetica, un valore particolare avrebbe avuto un presidio a controllo della via litoranea, la "Flacca". Questo nucleo militare avrebbe spezzato la possibilità di rapido collegamento stradale tra i due capisaldi bizantini di Terracina e Gaeta, porti strategici. Va osservato, al proposito, che la cosiddetta "Flacca" all'epoca doveva ancora essere agibile ed utilizzata: leggendo Procopio (*BG* II, 5)[81], infatti, si viene a sapere che nel 537 le truppe bizantine di rinforzo agli assediati romani partono dalla Campania e, per arrivare a Terracina all'appuntamento con Martino e Traiano, seguono una via παραλίαν che con tutta

---

[65] LISSI CARONNA 1968, e LISSI CARONNA 1971 (per le terme); DI FAZIO 2002A, 74-5 (per la zona del sarcofago).

[66] BROISE-LAFON 2001, 184.

[67] FORTE 1998, 605 sgg.; DE MINICIS 2003, 193. Con Onorato abbiamo un raro momento di incontro tra sfera agiografica e sfera agraria, su cui si vedano le riflessioni di MAZZARINO (1980, 21).

[68] Cfr. ad es. FIOCCHI NICOLAI 2002, 172.

[69] FUMAGALLI 1992, 15; sul ruolo economico dei monasteri, cfr. CHITTOLINI 1996.

[70] NICOSIA 1995, 56; FORTE 1998, 143.

[71] In generale cfr. FORTE 1998, 141-4.

[72] Cfr. al proposito l'osservazione di FUMAGALLI (1992, 33-4) per le città della Pianura Padana.

[73] NICOSIA 1995, 76; ZANINI 1998, 64.

[74] ZANINI 1998, 64.

[75] Alcuni tratti della cerchia di mura sono stati datati all'epoca delle guerre gotiche (LUGLI 1926, c.59; ORTOLANI 1988) o piuttosto alla minaccia vandala (CHRISTIE-RUSWORTH 1988).

[76] Cfr. FIOCCHI NICOLAI 2002, 169-70. Si veda in generale anche SAITTA 2004 (che però, probabilmente per una svista, sostiene che fu la diocesi di Terracina ad essere assegnata a quella di Fondi: 89).

[77] Sulle forme di controllo del territorio, cfr. FALKENHAUSEN 1983, 287 sgg.

[78] AMANTE-BIANCHI 1903, 54-6. Cfr. NICOSIA 1995, 76 n.12; FORTE 1998, 146-7. Fondi, con i porti di Terracina, Gaeta e Formia, rimase bizantina anche per GUILLOU 1980, 225. Cfr. anche FRECENTESE 1996, 6-7.

[79] Cfr. anche NICOSIA 1995, 77.

[80] «Sedi amministrative e militari sorte nelle campagne costituiscono un elemento tipico del paesaggio e dell'insediamento longobardi»: FUMAGALLI 1992, 62.

[81] Cfr. NICOSIA 1995, 53-4.

probabilità è da identificare con il percorso litoraneo della "Flacca" piuttosto che con l'Appia. In questa direzione sembrano indirizzarci anche le tracce materiali (pur esigue) individuate nel sito dell'abbandonata "Villa Prato", che sorgeva in immediata prossimità della "Flacca"[82]. Di una più stabile presenza longobarda nella piana di Fondi potremmo peraltro avere un insolito indizio nella comparsa del bufalo: Paolo Diacono (*Historia Langobardorum* IV, 10) ricorda "*bubali*" al seguito di Agilulfo nel 595, a cui sarebbe dovuta l'introduzione di questa specie animale nel Lazio meridionale[83].

Per il resto, è pressoché solo per via induttiva che possiamo parlare di crisi economica, declino ed abbandono del territorio fondano nel periodo a cavallo tra V e VI secolo. È stato osservato che dopo il passaggio longobardo si torna a parlare di Fondi solo nel 649, di nuovo per questioni vescovili, e che l'abbandono (più o meno temporaneo) da parte bizantina dovette fornire una notevole spinta al processo di ruralizzazione di centri come Fondi, Formia e Minturno[84]. Da un lato sembra corretto non sovrastimare il ruolo delle incursioni "barbare" in un processo di declino che sembra già ben avviato nei secoli precedenti[85]. D'altro canto sarebbe ingenuo, dopo una lunga tradizione di sopravvalutazione, sottovalutare oggi il peso di queste incursioni nel processo di disgregazione del paesaggio agrario e della rete di collegamenti e di attività che il mondo romano aveva elaborato nel corso dei secoli precedenti.

È utile richiamarsi alla posizione equilibrata di Emilio Sereni, secondo cui sarebbe errato attribuire solo alla "potenza d'urto" degli invasori un processo di

decadimento che ha «radici ben più profonde, e intrinseche alla società romana stessa [...] Ma resta il fatto, comunque, che le prime invasioni barbariche – se precipitano sovente, in realtà, processi già in corso nella società romana del Basso Impero – li coloriscono di quei toni più duri, che un'invasione straniera sempre comporta»[86]. La disgregazione del paesaggio agrario e la perdita di continuità nell'attività e nel controllo del territorio dovettero far riesplodere il problema delle acque reflue, primo passo verso il ritorno di un paesaggio incolto e semiabbandonato[87]. «Il Medioevo europeo si apre, tra V e VI secolo, sotto il segno della foresta e del paesaggio incolto, divenuto largamente dominante con il crollo delle strutture agrarie romane e il degrado delle opere di canalizzazione, bonifica e appoderamento che avevano accompagnato l'espansione nel continente dei soldati-coloni romani»[88].

Conclusione

Per concludere questo capitolo, chiediamo aiuto ad uno storico della levatura di Pierre Toubert. Prima, per ricordare con lui che non sappiamo praticamente nulla sull'occupazione del suolo nel Lazio del primissimo medioevo[89], giustificando così l'esiguo spazio che i fatti economici hanno avuto in questo capitolo, il che non può essere dovuto solo ad un fenomeno di "occultamento della società rurale"[90]. Poi, per richiamare la sua intuizione secondo cui la decomposizione del tessuto connettivo romano verificatasi in età tardoantica ha, per così dire, rimesso a nudo l'ossatura del Lazio preromano[91]. Grazie a questa chiave di lettura possiamo sottolineare che nel corso del capitolo si è fatto un uso molto inferiore - rispetto al resto della ricerca - della comparazione con altri territori e dell'aggancio con tematiche e riflessioni di portata più ampia. Questo perché la

---

[82] BROISE-LAFON 2001, 184. In quest'ottica, varrebbe forse la pena indagare la possibilità che il toponimo attuale "Campo Lombardo", nelle vicinanze del lago di S. Puoto, ricordi proprio la presenza di un contingente militare longobardo insediato a controllo della "Flacca". Ma non vi sono elementi per stabilire l'antichità del toponimo, che non risulta attestato, ad esempio, negli Statuti municipali del '400, e che dunque potrebbe avere un'origine ben più recente.
[83] Ma sono stati sollevati dubbi sull'identificazione di questi *bubali* con gli attuali bufali, alla luce dell'ambiguità terminologica altomedievale tra bufali, uri e bisonti (cfr. ORTALLI 1997, 19-21).
[84] Cfr. ZANINI 1998, 64 e 203; cfr. anche la sintesi delle condizioni di altri centri del Lazio meridionale in NICOSIA 1995, 64 sgg.
[85] Per rimanere a livello locale, solo con difficoltà si sta superando il luogo comune elaborato dalla storiografia erudita dei secoli XVII-XIX che associava Minturno ai Goti d'Oriente, Fondi ai Longobardi e Formia ai Saraceni. Sulla questione, cfr. FRECENTESE 1996, 3.

[86] SERENI 1961 (1979, 69-70).
[87] Cfr. SERENI 1972, 158 sgg., che ricorda anche l'importanza dei mutamenti climatici di quest'età, col sopraggiungere delle grandi alluvioni; a livello locale, NICOSIA 1995, 37-8 e 65-6.
[88] MONTANARI 1996, 403.
[89] TOUBERT 1973, 303 e 328. Sugli aspetti agrari, la discussione verte sulle continuità o discontinuità tra gli assetti di età romana e quelli tardoantichi e medievali: sulla questione, che qui non si affronta per mancanza di elementi, cfr. da un lato CRACCO RUGGINI 1964, e dall'altro JONES 1974, 1555 sgg.; e la sintesi di ZANGHERI 1966 (1977).
[90] Secondo la formula di LE GOFF 1977; cfr. la discussione di GIARDINA 1986 (1997A, 301 sgg.).
[91] TOUBERT 1973, 310.

tarda antichità rimette a nudo certe peculiari strutture di fondo che rendono difficile trovare confronti per il territorio che abbiamo analizzato, invalidando dunque (o quanto meno complicando) la possibilità di inserirne le vicende economiche ed agrarie in contesto più ampio, e così indebolendo le nostre possibilità di supplire alle lacune grazie al ricorso a confronti.

In questo epilogo, siamo tornati a sottolineare la grave mancanza di documentazione (sappiamo più della Fondi tra 188 e 174 a.C. che tra IV e V secolo), e quindi la difficoltà di intendere e descrivere i fenomeni che ci interessano; è riaffiorato il fattore-palude, che già aveva segnato le vicende di *Amyclae* nel buio della protostoria; si ripropone la questione della scelta strategica dell'insediamento, che, sceso dalle alture del circondario a miglior controllo dei traffici, diventa ora navicella in balìa delle onde, in una situazione che in altri luoghi di lì a poco determinerà il fenomeno dell' "incastellamento"[92]. E si ha, soprattutto, l'impressione di un territorio che ritorna ad una marginalità nella storia del suo tempo, quale sembra aver vissuto prima che alcuni romani ne scoprissero le potenzialità agrarie.

È giusto evitare di cadere nella tentazione deterministica di descrivere le vicende fondane come una parabola, che dalle origini marginali si impenna fino a toccare il massimo splendore nei secoli a cavallo di Augusto, per poi declinare lentamente ma inesorabilmente. Ma quando Gregorio Magno osserva l'Italia e scrive di «*eversae urbes, castra eruta*»[93], è difficile non pensare che una di queste fosse quella Fondi da cui egli stesso aveva allontanato il vescovo Agnello perché non era più al sicuro. Proprio il riconoscimento del livello di ben altra importanza mantenuto nel corso della tarda antichità dalla limitrofa Terracina[94], che dà rifugio ad Agnello e forse anche ai Fondani, ci permette di parlare di generico declino per Fondi nei secoli V e VI senza correre il rischio di cadere nel luogo comune della *lamentatio* rostovzeviana.

---

[92] Ma già intorno al 590 gli abitanti di *Minturnae* si erano trasferiti sulle colline: ARTHUR 1991, 95; NICOSIA 1995, 75-6.
[93] Cit. in SERENI 1961 (1979, 78).
[94] Cfr. tra l'altro NICOSIA 1995, 38-9 e 54; ZANINI 1998, 64.

Concludere questo lavoro riassumendo in poche pagine il suo risultato sarebbe arduo. Il quadro che credo sia emerso nelle pagine che precedono è quello di una realtà troppo a lungo trascurata, e lasciata da un lato alle attenzioni a volte lodevoli ma spesso fuorvianti e in fin dei conti dannose degli studiosi locali, dall'altro lato –peggio- all'incuria e all'abbandono. Più di qualche monumento al quale abbiamo fatto riferimento nel corso del lavoro non esiste più: e non sempre per via dei danni della Guerra, ma spesso a causa di demolizioni incoscienti che hanno determinato la cancellazione di grandi segni del passato di questo territorio. Un passato, come si è visto "spremendo" le fonti, tutt'altro che anonimo; ma che nell'anonimato è stato costretto a lungo. La speranza è che questo lavoro sia un inizio, più che una fine.

"V'ha un rapporto tra me e questa campagna che non è di sola affezione o diletto o memoria; essa m'impone doveri e richiami che si traducono dentro di me in avvertimenti solenni e in vocazioni antichissime, trafelate." (10 agosto 1936)

Libero De Libero
(Fondi, 1903-Patrica 1981)

La piana di Fondi vista dal sito di Pianara

INDICE DELLE FONTI CLASSICHE

Liv. IX, 23: 23
Liv. IX, 25, 2: 24
Liv. IX, 28, 7-8: 24
Liv. IX, 29, 6-8: 24
Liv. XXI, 63, 3-4: 39
Liv. XXII, 16: 46
Liv. XXX, 43, 11: 36
Liv. XXX, 45, 5: 36
Liv. XXXII, 26: 47
Liv. XXXVII, 64, 10: 36
Liv. XXXVIII, 36, 7: 35
Liv. XXXVIII, 36, 9: 32
Liv. XXXIX, 44, 4: 38
Liv. XXXIX, 44, 6: 36, 37
Liv. XL, 45, 6-7: 39
Liv. XL, 46: 39
Liv. XL, 51, 2: 37
Liv. XL, 51, 9: 39
Liv. XLI, 27, 1: 38
Liv. XLI, 27, 11: 38
Liv. XLI, 27, 8: 49
Lucil. 958 Marx: 15
Mart. I, 40, 5: 53
Mart. II, 26, 3: 53
Mart. VI, 27, 9: 53
Mart. X, 58, 1: 73
Mart. X, 98, 1: 53
Mart. XI, 56, 11: 53
Mart. XII, 17, 6: 53
Mart. XII, 60, 9: 53
Mart. XIII, 113: 51
Mart. XIII, 115, 1: 15
Mart. XIII, 115: 44, 53, 79
Oros. V, 9: 47
Ovid. *Ars amatoria* I, 77: 31
Ovid. *Ex Ponto* II, 11, 28: 84
Paul. Diac. *Historia Langobardorum* IV, 10: 100
Paul. Nol. *Ep.* 32, 17: 97
Plin. *Ep.* III, 19, 6 sgg: 79
Plin. *NH* III, 56: 14
Plin. *NH* III, 59: 15
Plin. *NH* III, 60: 13
Plin. *NH* IX, 26: 83
Plin. *NH* X, 20, 45: 62
Plin. *NH* XIV, 110: 45
Plin. *NH* XIV, 48-52: 79
Plin. *NH* XIV, 55: 51, 53
Plin. *NH* XIV, 61: 15, 44, 78
Plin. *NH* XIV, 62: 81
Plin. *NH* XIV, 64: 53
Plin. *NH* XIV, 67: 51, 80
Plin. *NH* XIV, 87: 53
Plin. *NH* XIV, 94: 51
Plin. *NH* XVI, 61: 80
Plin. *NH* XXIII, 35: 78
Plin. *NH* XXIV, 51: 45
Plut. *Flam.* XVIII, 2: 36
Plut. *Publ.* 10, 2-6: 22
Porphyr. *In Hor. epist.* I, 1, 4: 89
Procop. *BG* II, 5: 99
Ps. Apul. 109: 44
Ps. Aur. Vict. *epit.* 5, 7: 90

Rut. Nam. *De Reditu* 1, 11-12: 97
Serv. *Ad Aen.* I, 6: 1
SHA Trebelli Pollionis Gallieni duo, 19-21: 95
SHA Vita Marci 19, 7: 68
Sil. VIII, 526-8: 15
Sol. II, 32: 15
Strab. V, 1, 7: 45
Strab. V, 3, 4: 47
Strab. V, 3, 5: 44
Strab. V, 3, 6: 14, 51
Strab. V, 4, 3: 51
Strab. V, 6, 3: 13
Suet. *Cal.* 10, 1: 66
Suet. *Cal.* 15, 3: 66
Suet. *Cal.* 23, 2: 62, 63, 66
Suet. *Galba* 4: 57
Suet. *Galba* 4, 1: 83
Suet. *Galba* 5, 2: 83
Suet. *Galba* 8: 69, 83
Suet. *Nero* 31: 79
Suet. *Nero* 48-9: 90
Suet. *Tib.* 5, 1: 65
Suet. *Tib.* 39, 2: 68
Suet. *Vit.* 6: 83
Tac. *Ann* IV, 59: 15, 68
Tac. *Ann.* V, 3: 66
Tac. *Ann.* XV, 42: 79
Tac. *Ann.* XV, 71: 81
Tac. *Hist.* II, 86: 83
Tac. *Hist.* III, 3-4: 76
Tac. *Hist.* III, 4: 83
Tac. *Hist.* III, 10-11: 83
Tac. *Hist.* III, 43, 1: 76
Tac. *Hist.* V, 26: 83
Tertull. *De Pallio* V, 6: 62
Ulpiano D. 33.7.12.1: 50
Varr. fr. 55 Ch.: 15
Varr. *RR* III, 6, 1: 62
Varr. *Sat.* II, 3, 38: 53
Vell. Pat. I, 14, 3: 18
Vell. Pat. II, 71, 3: 68
Verg. *Aen.* X, 562-4: 15
Verg. *Aen.* X, 564: 15
Vitr. I, 4, 11-12: 45
Vitr. VIII, 3, 12: 54
Vitr. VIII, 3, 15: 37

INDICE EPIGRAFICO

BIBLIOGRAFIA

ABRAMENKO 1993, A. Abramenko, *Die munizipale Mittel-schicht im kaiserzeitlichen Italien*, Frankfurt u.A.

ADAM 1984 (1996), J.-P. Adam, *La construction romaine*, Paris (tr. it. *L'arte di costruire presso i Romani*, Milano).

AEBISCHER 1999, T. Aebischer, *Il confine pontificio presso Terracina a metà del XIX secolo*, «Latium» 16, 93-114.

ALFÖLDY 1977, G. Alföldy, *Konsulat und Senatorestand untern den Antoninen*, Bonn.

ALVISI 1992, M. Alvisi, *Memoria perduta. I beni e i mali culturali di Latina e provincia*, Latina.

AMANTE-BIANCHI 1903, B. Amante-R. Bianchi, *Memorie storiche e statutarie del ducato, della contea e dell'episcopato di Fondi in Campania*, Roma.

AMAR-LIOU 1984, G. Amar-B. Liou, *Les estampilles sur amphores du golfe de Fos*, «Archaeonautica» 4, 145-211.

AMPHORES 1989, *Amphores romaines et histoire économique: dix ans de recherche*, Atti coll. (Siena 1986), Roma.

ANDERMAHR 1998, A.-M. Andermahr, Totus in praediis. *Senatorischer Grundbesitz in Italien in der Frühen und Hohen Kaiserzeit*, Bonn.

ANDRÉ 1980, J. André, *La vigne et la forêt*, in *Mélanges Pierre Vuilleumier*, Paris, 1-6.

ANDRÉ 1985, J. André, *Les noms des plantes dans la Rome antique*, Paris.

ANDREANI 2003, M. Andreani, *Sul santuario di Marica alle foci del Garigliano*, in L. Quilici-S. Quilici Gigli (edd.), *Santuari e luoghi di culto nell'Italia antica*, «Atlante Tematico di Topografia Antica» 12, 177-208.

ANDREAU 1987, J. Andreau, *La vie financière dans le monde romain. Les métiers de manieurs d'argent (IVᵉ siècle av. J.-C.-IIIᵉ siècle ap. J.-C.)*, Roma.

ANDREAU 1997, J. Andreau, *Patrimoines, échanges et prêts d'argent: l'économie romaine*, Roma.

ANDREUSSI 1981, M. Andreussi, *Stanziamenti agricoli e ville residenziali in alcune zone campione del Lazio (Sulla base degli studi pubblicati nella* Forma Italiae*)*, in GIARDINA-SCHIAVONE 1981, 349-370.

ANGELINI 1985, E. Angelini, *Bibliografia e saggio storico sulla bibliografia della provincia di Latina*, Latina.

APOLLONJ GHETTI 1981, F.M. Apollonj Ghetti, *Il cardinale Francesco Soderini resaturatore nel 1519 a Fondi di un monumento classico*, in Id., *Appia via cammino solare*, Roma, 125-6.

ARAGOZZINI S.D., G. Aragozzini (c.), *Vedute della provincia di Latina dal '500 all' '800*, Roma.

ARGAN-FAGIOLO 1972, G.C. Argan-M. Fagiolo, *Premessa all'arte italiana*, in *Storia d'Italia. I. I caratteri originali*, Torino, 729-790.

ARNALDI 1996, A. Arnaldi, *Formiani nel mondo romano: I. Militari*, «Formianum» 4, atti conv. (Formia 1996), Minturno, 39-45.

ARNALDI 1997, A. Arnaldi, *Formiani nel mondo romano: II. Senatori*, «Formianum» 5, atti conv. (Formia 1997), Minturno, 43-51.

ARNALDI 1998, A. Arnaldi, *Formiani nel mondo romano: III. Cavalieri*, «Formianum» 6, atti conv. (Formia 1998), Minturno, 63-82.

ARTHUR 1991, P. Arthur, *Romans in Northern Campania*, London.

ASTIN 1990, A.E. Astin, *The Role of Censors in Roman Economic Life*, «Latomus» 49, 20-36

AUBERT 1994, J.J. Aubert, *Business Managers in Ancient Rome*, Leiden.

AURIGEMMA 1912, S. Aurigemma, *Scoperta di un sacello cristiano e di alcune iscrizioni latine in località Villa di S. Magno presso Fondi*, «Notizie degli Scavi di Antichità», 53-61.

BADIAN 1962, E. Badian, rec. a TAYLOR 1960, «Journal of Roman Studies» 52, 200-210.

BADIAN 1966, E. Badian, *The Early Historians*, in T.A. Dorey (ed.), *Latin Historians*, London.

BADIAN 1972, E. Badian, *Publicans and Sinners*, New York.

BADIAN 1980, E. Badian, *A Fundus at Fundi*, «America Journal of Philology» 101, 470-482.

BADIAN 1996, E. Badian, *Tribuni plebis and Res Publica*, in J. Linderski (ed.), *Imperium Sine Fine*, Stuttgart, 187-213.

BANDELLI 1995, G. Bandelli, *Colonie e municipi dall'età monarchica alle guerre sannitiche*, in atti conv. Nomen Latinum. *Latini e Romani prima di Annibale* (Roma 1995), «Eutopia» 4,2, 143-197.

BELLINI 2004, G.R. Bellini, *Il santuario di Casale Pescarolo in Valle di Comino*, in *Religio. Santuari ed ex voto nel Lazio meridionale*, atti conv. (Terracina 2000), Terracina, 95-107.

BENQUET-OLMER 2002, L. Benquet-F. Olmer, *Les amphores*, in J.M. Blázquez Martínez-C. Domergue-P.

Sillières (ed.), *La Loba (Fuenteobejuna, province de Cordoue, Espagne). La mine et le village minier antiques*, Bordeaux, 295-311.

BERARDELLI-PASCUCCI 1996, C. Berardelli-P. Pascucci (c.), *repertorio dei siti protostorici del Lazio. Province di Rieti e Latina*, Roma.

BERNARDI 1938, A. Bernardi, I «Cives sine suffragio», «Athenaeum» 16, 239-277.

BIANCHI BANDINELLI 1970, R. Bianchi Bandinelli, *Rome. La fin de l'art antique*, Paris (tr. it. *Roma. La fine dell'arte antica*, Milano).

BIANCHINI 1969, A. Bianchini, *Romani e Volsci nella regione pontina*, Priverno.

BIETTI ET AL. 1988, A. Bietti-M. Brucchietti-D. Mantero, *Ricognizione sistematica di superficie nella piana di Fondi (Latina). Primi risultati*, «Archeologia Laziale» 9 («Quaderni di Archeologia Etrusco-Italica» 16), 389-396.

BLEICKEN 1968, J. Bleicken, *Das Volkstribunat der Klassischen Republik*, München.

BORSARI 1892, L. Borsari, *Nuove iscrizioni latine dell'agro fondano*, «Notizie degli Scavi di Antichità», 55.

BOULVERT 1970, G. Boulvert, *Esclaves et affranchis impériaux sous le Haut-Empire Romain*, Napoli.

BRADLEY 1994, K. Bradley, *Slavery and Society at Rome*, Cambridge.

BRANDS 1988, G. Brands, *Republikanische Stadttore in Italien*, «BAR» Int. Series, Oxford.

BRAUDEL 1998 (1999), F. Braudel, *Les Mémoires de la Méditerranée*, Paris 1998 (tr. it. *Memorie del Mediterraneo*, Milano 1999).

BRAUDEL 2003, F. Braudel, *Scritti sulla storia*, Milano (tr. it. di *Écrits sur l'Histoire*, Paris 1969, e di *Écrits sur l'Histoire II*, Paris 1990).

BROISE-LAFON 2001, H. Broise-X. Lafon, *La villa Prato de Sperlonga*, Roma.

BROUGHTON 1935, T.R.S. Broughton, *Some Non-colonial Coloni of Augustus*, «Transactions of the American Philological Association» 66, 18-24.

BRUN 2003, J.-P. Brun, *Le vin et l'huile dans la Méditerranée antique*, Paris.

BRUNT 1971, P.A. Brunt, *Italian Manpower, 225 B.C.-A.D. 14*, Oxford.

BRUUN 1989, Ch. Bruun, *The Name and Possessions of Nero's Freedman Phaon*, «Arctos», 41-53.

CALBI-DONATI-POMA 1993, A. Calbi-A. Donati-G. Poma (edd.), *L'epigrafia del villaggio*, Faenza.

CALCAGNINI 1768 (1993), G. Calcagnini, visita pastorale (= *Exsiccato Agro*, Fondi 1993).

CALDELLI 1993, M.L. Caldelli, *Ancora su L. Aurelius Augg. Lib. Apolaustus Memphius Senior, Epigraphica* 55, 45-57.

CAMBI 2001, F. Cambi, *Calabria romana. Paesaggi tardo repubblicani nel territorio brindisino*, in LO CASCIO-STORCHI 2001, 363-390.

CAMBI-TERRENATO 1994, F. Cambi-N. Terrenato, *Introduzione all'archeologia dei paesaggi*, Roma.

CAMODECA 2003, G. Camodeca, *L'attività dell'ordo decurionum nelle città della Campania dalla documentazione epigrafica*, «Cahiers du Centre Gustave Glotz» 14, 173-186.

CAMODECA-SOLIN 2000, G. Camodeca-H. Solin (c.), *Catalogo delle iscrizioni latine del Museo Nazionale di Napoli*, Napoli.

CAMPANILE-LETTA 1979, E. Campanile-C. Letta, *Studi sulle magistrature indigene e municipali in area italica*, Pisa.

CAMPBELL 2000, B. Campbell, *The Writings of the Roman Land Surveyors*, «Journal of Roman Studies» Monographs 9, London.

CANCELLIERI 1984, M. Cancellieri, s.v. "Amicle", in *Enciclopedia Virgiliana*, I, Firenze, 136-7.

CANCELLIERI 1987, M. Cancellieri, *La media e bassa valle dell'Amaseno, la via Appia e Terracina: materiali per una carta archeologica*, «Bollettino dell'Istituto di Storia ed Arte del Lazio Meridionale» 12, 41-104.

CANCELLIERI 1997, M. Cancellieri (ed.), *Privernum, I. La topografia, i mosaici, le sculture*, Roma.

CAPOGROSSI 1999, L. Capogrossi Colognesi, *Ancora sulla moderna tradizione storiografica: comunità rurale e ager publicus*, in HERMON 1999, 81-89.

CAPOGROSSI 2002, L. Capogrossi Colognesi, *Persistenza e innovazione nelle strutture territoriali dell'Italia romana*, Napoli.

CARACCIOLO 1991A, A. Caracciolo (c.), *Storia d'Italia. Le regioni dall'Unità a oggi. Il Lazio*, Torino.

CARACCIOLO 1991B, A. Caracciolo, *La regione storica e reale*, in CARACCIOLO 1991A, 3-39.

CARAFFA 1971, F. Caraffa, s.v. "Fondi", in *Dictionnaire d'Histoire et de Géographie Ecclésiastiques*, 17, Paris, 793-796.

CARANDINI 1979, A. Carandini, *L'anatomia della scimmia. La formazione economica della società prima del capitale*, Torino.

CARANDINI 1985, A. Carandini (ed.), *Settefinestre. Una villa schiavile nell'Etruria romana*, Modena.

CARANDINI 1988, A. Carandini, *Schiavi in Italia*, Roma.

CARANDINI 1994, A. Carandini, *I paesaggi agrari dell'Italia visti a partire dall'Etruria*, in L'ITALIE 1994, 167-174.

CARANDINI 1995, A. Carandini, *Il latifondo in epoca romana, fra Italia e province*, in DU LATIFUNDIUM 1995, 31-36.

CARBONARA-MESSINEO 1998, A. Carbonara-G. Messineo, *Via Appia – III*, Roma.

CARDI 1996, L. Cardi, *La veduta prospettica di Gaeta, Mola e Castel Novo nel disegno di Joris Hoefnagel (1578)*, «Formianum» 4, atti conv. (Formia 1996), Minturno, 105-114.

CARLSEN ET AL. 1994, J. Carlsen-P. Ørsted-J.E. Skydsgaard (edd.), *Landuse in the Roman Empire*, atti simp. (Roma 1993), «ARID» Suppl. 22, Roma.

CARLSEN 1995, J. Carlsen, *Vilici and Roman Estate Managers until AD 284*, Roma.

CARLSEN 1999, J. Carlsen, *Gli alimenta imperiali e privati in Italia: ideologia ed economia*, in VERA 1999, 273-288.

CARLSEN 2001, J. Carlsen, *Landowners, Tenants and Estate*, in HERZ-WALDHERR 2001, 41-55.

CASORIA 1993, G. Casoria, *Il consorzio di bonifica*, in PIANA DI FONDI 1993, 155-174.

CASSIERI 2000, N. Cassieri, *La Grotta di Tiberio e il Museo Archeologico Nazionale-Sperlonga*, Roma.

CASSIERI 2000B, N. Cassieri, *Statua-ritratto di luperco*, in A. Carandini-A. Cappelli (edd.), *Roma. Romolo, Remo e la fondazione della città*, cat. mostra (Roma 2000), Roma, 248.

CASSIERI 2002, N. Cassieri, *Nuove acquisizioni sul culto funerario nel Lazio meridionale: un sepolcro lungo l'Appia a Formia e un sarcofago cristiano a Fondi*, in «Formianum» 6, atti conv. (Formia), Minturno, 31-50.

CASSOLA 1962, F. Cassola, *I gruppi politici romani nel III secolo*, Trieste.

CASTAGNOLI 1979, F. Castagnoli, *Aspetti urbanistici di Roma e del Lazio in età arcaica*, «150 Jahre Deutsches Archäologisches Institut», Mainz, 133-142.

CASTRÉN 1975, P. Castrén, *Ordo Popolusque Pompeianus*, Roma.

CASTRONOVO 1996, V. Castronovo (ed.), *Storia dell'economia mondiale*, I, Roma-Bari.

CAYRO 1816, P. Cayro, *Notizie storiche delle città del Lazio vecchio, e nuovo*, Napoli.

CÉBEILLAC 1983, M. Cébeillac Gervasoni (ed.), *Les "bourgeoisies" municipales italiennes aux IIe et Ie s. av. J.-C.*, Actes coll. (Napoli 1981), Paris-Napoli.

CÉBEILLAC 1983B, M. Cébeillac Gervasoni, *Le notable local dans l'épigraphie et les sources littéraires latines: problèmes et équivoques*, in CÉBEILLAC 1983, 51-58.

CÉBEILLAC 1984, M. Cébeillac Gervasoni, s.v. "Amyclae", in G. Nenci-G. Vallet (ed.), *Bibliografia topografica della colonizzazione greca in Italia*, vol.III, Pisa, 221-223.

CÉBEILLAC 1991, M. Cébeillac Gervasoni, *Les travaux publics à la fin de la république, dans le Latium et la Campanie du Nord: la place de la classe dirigeante et des familles de notables*, «Cahiers du Centre Gustave Glotz» 2, 189-208.

CÉBEILLAC 1991B, M. Cébeillac-Gervasoni, *Les magistrates des cités du Latium et de la Campanie des Gracques à Auguste: problèmes de nomenclature*, in *Epigrafia*, actes coll. int. en mémoire de Attilio Degrassi (Roma 1988), Roma, 189-207.

CÉBEILLAC 1996, M. Cébeillac-Gervasoni (ed.), *Les élites muncipales de l'Italie péninsulaire des Gracques à Neron*, Actes table ronde (Clermont-Ferrand 1991), Napoli-Roma.

CÉBEILLAC 1998, M. Cébeillac Gervasoni, *Les magistrats des cités italiennes de la seconde guerre punique à Auguste: le Latium et la Campanie*, Roma.

CÉBEILLAC 2000, M. Cébeillac-Gervasoni (ed.), *Les Élites municipales de l'Italie péninsulaire de César à la mort de Domitien entre continuité et rupture*, Atti conv. (Napoli 1997), Roma.

CERVA 2000, M. Cerva, *La praefectura fabrum. Un'introduzione*, in CÉBEILLAC 2000, 177-196.

CHASSIGNET 2004, M. Chassignet (ed.), *L'annalistique romaine. Tome III. L'annalistique récente. L'autobiographie politique (fragments)*, ed. «Belles Lettres», Paris.

CHITTOLINI 1996, G. Chittolini, «Ora et labora». *I monasteri e la vita economica e sociale*, in CASTRONOVO 1996, 435-454.

CHOUQUER *ET AL.* 1989, G. Chouquer-M. Clavel-Lévêque-F. Favory-J.-P. Vallat, *Structures Agraires en Italie Centro-Méridionale*, Roma.

CHOUQUER-FAVORY 1999, G. Chouquer-F. Favory, *Réponse à L. Quilici à propos des limitationes de l'Italie centrale*, «Analecta Romana Instituti Danici» 26, 47-55.

CHRISTIE-RUSWORTH 1988, N. Christie-A. Rusworth, *Urban Fortifications and Defensive Strategy in Fifth and Sixth Century Italy: the Case of Terracina*, «Journal of Roman Archaeology» 1, 73-88.

CIARALLO 2003, A. Ciarallo, *Testimonianze di domesticazione di alcune specie vegetali in area vesuviana*, in *Ambiente e paesaggio nella Magna Grecia*, atti 42° conv. studi sulla Magna Grecia (Taranto 2002), Taranto, 465-472

CIPPARONE 1991, M. Cipparone, *L'ambiente*, in AA.VV., *Fondi e il suo territorio*, Novara, 26-75.

CILENTO 1966, N. Cilento, *Italia meridionale longobarda*, Milano-Napoli.

CLEMENTE 1990, G. Clemente, *Dal territorio della città all'egemonia in Italia*, in STORIA DI ROMA 1990, 19-38.

CLEMENTE 1990B, G. Clemente, *Basi sociali e assetti istituzionali nell'età della conquista*, in STORIA DI ROMA 1990, 39-54.

CLEMENTE 1990C, G. Clemente, *La politica romana nell'età dell'imperialismo*, in STORIA DI ROMA 1990, 235-266.

COARELLI 1971, F. Coarelli, *Discussione*, in ROMA E L'ITALIA 1971, 476-481.

COARELLI 1973, F. Coarelli, *Sperlonga e Tiberio*, «Dialoghi di Archeologia» 7, 97-122.

COARELLI 1982, F. Coarelli, *Lazio. Guide archeologiche*, Roma-Bari.

COARELLI 1987, F. Coarelli, *I santuari del Lazio in età repubblicana*, Roma.

COARELLI 1988, F. Coarelli, *Strabone: Roma e il Lazio*, in G. Maddoli (c.), *Strabone e l'Italia antica*, Napoli, 73-91.

COARELLI 1989, F. Coarelli (ed.), *Minturnae*, Roma.

COARELLI 1990, F. Coarelli, *Mutamenti economici e sociali nella valle Pontina tra media e tarda repubblica*, in *La valle pontina nell'antichità*, Atti conv. (Cori 1985), Roma, 51-56.

COARELLI 1992, F. Coarelli, *Colonizzazione e municipalizzazione: tempi e modi*, «Dialoghi di Archeologia» 10, 21-30.

COARELLI 1996, F. Coarelli, s.v. *Lacus Fundani*, in M. Steinby (c.), *Lexicon Topographicum Urbis Romae*, III, Roma, 167-168.

COARELLI 1998, F. Coarelli, *La costruzione del porto di Terracina in un rilievo storico tardo-repubblicano*, in *Studi in onore di Arturo Bianchini*, atti 3° conv. studi (Terracina 1994), Formia, 31-52.

COARELLI 1999, F. Coarelli, s.v. *Semo Sancus*, in M. Steinby (c.), *Lexicon Topographicum Urbis Romae*, IV, Roma, 263-4.

COARELLI 2000, F. Coarelli, *Alcune ipotesi sull'evergetismo imperiale in Italia*, in CÉBEILLAC 2000, 137-148.

COGITORE 2000, I. Cogitore, *Les honneurs italiens aux femmes de la familie impériale de la mort de César à Domitien*, in CÉBEILLAC 2000, 237-266.

COLAFEMMINA 2002, C. Colafemmina , *Gli ebrei a Fondi*, in PISCITELLI 2002, 307-336.

COLOMBINI 1966, A. Colombini, *Un edile di Formia costruttore di alcuni edifici cittadini*, «Athenaeum» 44, 137-141.

COLONNA 1995, G. Colonna, *Appunti su Ernici e Volsci*, in Atti conv. Nomen Latinum. *Latini e Romani prima di Annibale* (Roma 1995), «Eutopia»» 4,2, 3-20.

COMELLA 1981, A.M. Comella, *Complessi votivi in Italia in epoca medio e tardo- repubblicana*, «Mélanges d'Archéologie et d'Histoire de l'École Française de Rome» 93, 717-803.

COMPARINI 1599 (1981), *Sacra Visitatio Totius Fundanae Diocesis*, a c. di D. Lo Sordo-G. Pesiri-A. Macaro, Marina di Minturno.

CONDAMIN-FORMENTI 1976 *Recherche de traces d'huile d'olive et de vin dans les amphores antiques*, «Figlina» I, 143-158.

CONTE-COLINO 1901, G. Conte-Colino, *Storia di Fondi*, Napoli.

CONTICELLO 1991, B. Conticello, *Le vie romane e le guerre di conquista*, in R. Cappelli (c.), *Viae Publicae Romanae*, cat. mostra (Roma 1991), Roma, 25-31.

CONWAY 1897, R.S. Conway, *The Italic Dialects*, Cambridge.

CORBIER 1981, M. Corbier, *Proprietà e gestione della terra: grande proprietà fondiaria ed economia contadina*, in GIARDINA-SCHIAVONE 1981, 427-444.

CRACCO RUGGINI 1964, L. Cracco Ruggini, *Vicende rurali dell'Italia antica dall'età tetrarchica ai Longobardi*, «Rivista Storica Italiana», 261-286.

CRACCO RUGGINI 1989, L. Cracco Ruggini, *La città imperiale*, in STORIA DI ROMA 1989, 201-266.

CRAWFORD 1976, D.J. Crawford, *Imperial Estates*, in FINLEY 1976, 35-70.

CRISTOFANI 1992, M. Cristofani, *I Volsci nel Lazio*, «Quaderni di Archeologia Etrusco-Italica 20 (Archeologia Laziale XIV)», 13-24.

CRISTOFANI 1995, M. Cristofani, *Dalla "collezione" della Grotta di Tiberio*, «Mitteilungen des Deutsches Archäologisches Institut» 102, 311-315.

CRISTOFANI 1996, M. Cristofani, Per Regna Maricae, in *Due testi dell'Italia preromana*, «Quaderni di Archeologia Etrusco-Italica» 25, 9-32.

CROCE 1914, B. Croce, *Bernardo de Dominici il falsario*, in Id., *Aneddoti e profili settecenteschi*, Palermo, 17-47.

CURTI 2001, E. Curti, *Toynbee's Legacy: Discussing Aspects of the Romanization of Italy*, in KEAY-TERRENATO 2001, 17-26.

CURTI-DENCH-PATTERSON 1996, E. Curti-E. Dench-J.R. Patterson, *The Archaeology of Central and Southern Roman Italy: recent trends and approaches*, «Journal of Roman Studies» 86, 170-189.

D'ARMS 1981, J. D'Arms, *Commerce and social standing in ancient Rome*, Cambridge-London.

D'ARMS 1984, J. D'Arms, *Upper-class attitudes towards viri municipales and their towns in the early roman empire*, «Athenaeum» 62, 440-467 (ora in Id., *Romans on the Bay of Naples and other essays on Roman Campania*, Bari 2003).

DAVID 1994 (2002), J.-M. David, *La romanisation de l'Italie*, Paris (tr. it. *La romanizzazione dell'Italia*, Roma-Bari 2002).

DE AGRICOLTURA 1993, *De Agricoltura. In memoriam P.W. de Neeve*, Amsterdam.

DE CARO-MIELE 2001, S. De Caro-F. Miele, *L'occupazione romana della Campania settentrionale nella dinamica insediativa di lungo periodo*, in LO CASCIO-STORCHI 2001, 501-581.

DE GIORGIO 1900, G.M. De Giorgio, *Il bonificamento delle terre paludose nei comuni di Fondi e Monte S.Biagio dal 1639 al 1900*, Fondi.

DE MARTINO 1990, F. De Martino, *Economia dell'oliveto nell'Italia romana*, «Parola del Passato» 254, 321-347.

DE MINICIS 2003, E. De Minicis, *Momenti e presenze della trasformazione cristiana*, in SOMMELLA 2003, 181-209.

DE ROSSI 1980, G.M. De Rossi, *Lazio meridionale*, Roma.

DE RUYT 1983, C. De Ruyt, *Macellum*, Louvain-la-Neuve.

DE RUYT 2000, C. De Ruyt, *Exigences fonctionelles et variété des interprétations dans l'architecture des macella du monde romain*, in LO CASCIO 2000, 177-186.

DE SANTIS 1932, A. De Santis, *Impressioni della via Appia in alcuni scrittori stranieri*, estr. da «Latina Gens», 2-13 (rist. in A. De Santis, *Saggi e ricerche di storia patria*, III, Minturno 1997, pp. 103-114).

DE SANTIS 1934, A. De Santis, *Fondi e il suo territorio*, «Le vie d'Italia» 40,9 (rist. in DE SANTIS 2001, pp. 27-40).

DE SANTIS 1935 (2001), A. De Santis, *Gli aranceti della piana di Fondi e Monte S. Biagio nelle memorie di viaggiatori stranieri* (rist. in DE SANTIS 2001, pp. 45-49).

DE SANTIS 1935B (2001), A. De Santis, *Ancora di Fondi nelle memorie di viaggiatori stranieri*, «Latina Gens» (rist. in DE SANTIS 2001, 51-57).

DE SANTIS 2001, A. De Santis, *Saggi e ricerche di storia patria*, IV, Minturno.

DE SETA 1982, C. De Seta, *L'Italia nello specchio del "Grand Tour"* in C. De Seta (c.), *Storia d'Italia. Annali V. Il paesaggio*, Torino, 125-263.

DE'SPAGNOLIS 1982, M. De'Spagnolis, *Ville rustiche e trasformazione agraria nel Lazio meridionale*, in R. Lefevre (c.), *Il Lazio nell'antichità romana*, «Lunario Romano» 12, 353-363.

DEGRASSI 1949, A. Degrassi, *Quattuorviri in colonie romane e in municipi retti da duoviri*, «Monumenti Antichi dei Lincei» VII, 281-344 (= *Scritti vari di antichità*, Roma 1962, vol. I, pp. 99-177).

DEICHMANN 1993, F.W. Deichmann, *Archeologia cristiana*, Roma 1993.

DEL LUNGO 2001, S. Del Lungo, *Toponimi in Archeologia: la Provincia di Latina*, «BAR», Oxford.

DELLA CORTE 1911, F. Della Corte, *Monte San Biagio. Scoperta di anfore nella palude comunicante col Lago di Fondi*, «Notizie degli Scavi di Antichità», 348-349.

DESIDERI 1991, P. Desideri, *La romanizzazione dell'Impero*, in STORIA DI ROMA 1991, 577-626.

DEVELIN 1985, R. Develin, *The Practice of Politics at Rome 366-167 b.C.*, Coll. Latomus, Bruxelles.

DEVIJER 1976-'87, H. Devijer, *Prosopographia militarum equestrium quae fuerunt ab Augusto ad Gallienum*, Louvain.

DI FAZIO 1991, A. Di Fazio, *L'inchiesta Jacini nel circondario di Gaeta: la monografia di E. Sorrentino*, Anagni.

DI FAZIO 1997, M. Di Fazio, *Su una questione di antiquaria fondana*, «Latium» 14, 223-231.

DI FAZIO 1999, M. Di Fazio, *Frammento di fregio dorico da Fondi*, «Latium» 16, 1999, 261-268.

DI FAZIO 2000, A. Di Fazio, *Contadini e Borghesi a Fondi. Dinamiche socio-economiche e culturali della modernizzazione in un centro agricolo del Basso Lazio (1880-1980)*, Marina di Minturno.

DI FAZIO 2001, M. Di Fazio, *Etruschi a Fondi? Un luogo comune storiografico*, «Annali del Lazio Meridionale» 1,1, 11-19.

DI FAZIO 2001B, A. Di Fazio, *Sulle tracce del patrimonio del Museo di Torre Capodiferro*, «Annali del Lazio Meridionale» 1,2, 33-46.

DI FAZIO 2002, M. Di Fazio, *Nuove acquisizioni di epoca tardo-antica dal territorio di Fondi*, in PISCITELLI 2002, 71-80.

DI FAZIO 2002B, M. Di Fazio, *Una nuova epigrafe di pretoriani da Fondi (LT)*, «Epigraphica» 64, 198-203.

DI FAZIO 2004, M. Di Fazio, *Note sulla presenza di bolli laterizi nel territorio di Fondi (LT)*, in E. De Sena-H. Dessales (c.), *Archaeological Methods and Approaches: Industry and Commerce in Ancient Italy*, atti conv. (American Academy in Rome-École Française de Rome, 2002), «BAR», Oxford, 205-213.

DI GIUSEPPE 1996, H. Di Giuseppe, *Un'industria tessile di Domizia Lepida in Lucania*, «Ostraka» 5, 31-43.

DI PORTO 1984, A. Di Porto, *Impresa collettiva e schiavo "manager" in Roma antica*, Roma.

DOBSON 1978, B. Dobson, *Die Primipilares*, Köln-Bonn.

DU LATIFUNDIUM 1996, AA.VV., *Du latifundium au latifondo. Un héritage de Rome, une création médiévale ou moderne?*, Actes t.r. (Bordeaux 1992), Paris.

DUCHESNE 1886, L. Duchesne, *Liber Pontificalis*, I, Paris.

DUNCAN JONES 1990, R. Duncan-Jones, *Structure and Scale in the Roman Economy*, Cambridge.

DUTHOY 1978, R. Duthoy, *Les *augustales*, in «ANRW» II, 16-2, Berlin-New York,1254-1309.

ECK 1975, W. Eck, *Ergänzungen zu den Fasti Consulares des 1. und 2. Jhr. N. Chr.*, «Historia» 24, 324-344.

ECK 1979, W. Eck, *Die Staatliche Organization Italiens in der hohen Kaiserzeit*, München (=*L'Italia nell'Impero Romano*, Bari 1999).

ECK 1991, W. Eck, *Sulpicii Galbae und Livii Ocellae. Zwei Senatorische familien in Terracina*, «Listy Filologické» 114, 93-99 (= W. Eck, *Tra epigrafia, prosopografia e archeologia*, Roma 1996, 147-154).

EDER 1990, W. Eder (c.), *Staat und Staatlichkeit in der fruhen Römischen Republik*, Akten Symp. (Berlin 1988), Hamburg.

EGIDI 1985, R. Egidi, *Il Lazio meridionale costiero. Le villae maritimae*, in *Misurare la terra: centuriazione e coloni nel mondo romano*, cat. mostra (Roma 1985), Modena, 110-112.

EPSTEIN 1986, D.F. Epstein, *Personal Enmity in Roman Politics 218-43 b.C.*, London-N.Y.-Sydney.

FABRE 1988, H. Fabre, *Libertus. Recherches sur les rapports patron-affranchis à la fin de la République romaine*, Paris.

FACCENNA 1951, D. Faccenna, *Fondi. Nuova, parziale sistemazione del Museo Comunale e note sulle epigrafi ivi conservate*, «Notizie degli Scavi di Antichità», 123-5.

FACCENNA 1953, D. Faccenna, *Fondi*, «Fasti Archaeologici» 8, n.2179.

FACCENNA 1954, D. Faccenna, *Statua di vittimario scoperta a Fondi*, «Archeologia Classica» 6, 1954, 23-42.

FALKENHAUSEN 1983, V. von Falkenhausen, *I Longobardi meridionali*, in G. Galasso (c.), *Storia d'Italia*, III, Torino, 249-364.

FASOLO 1966, *Presentazione di rilievi di studenti della Facoltà di Architettura di Roma*, «Bollettino dell'Istituto di Storia e di Arte del Lazio Meridionale» 4, 63-69.

FEDELI 1990, P. Fedeli, *La natura violata*, Palermo.

FENELLI 1975, M. Fenelli, *Contributo per lo studio del votivo anatomico*, «Archeologia Classica» 27, 206-252.

FERONE 1991, C. Ferone, *Sull'organizzazione militare navale di Roma in età repubblicana*, «Miscellanea Greca e Romana» 16, 173-178.

FERRARO 1912, S. Ferraro, *Di una via aperta dal censore L. Valerio Flacco nell'agro formiano*, Roma.

FERREA-PINNA 1986, L. Ferrea-A. Pinna, *Il deposito votivo*, in F. Coarelli (ed.), *Fregellae II. Il santuario di Esculapio*, Roma, 89-144.

FINLEY 1973, M.I. Finley, *The Ancient Economy*, Berkeley-Los Angeles (tr. It. *L'economia degli antrichi e dei moderni*, Roma-Bari 1995).

FINLEY 1976, M.I. Finley (ed.), *Studies in Roman Property*, Cambridge 1976.

FIOCCHI NICOLAI 2002, V. Fiocchi Nicolai, *I monumenti paleocristiani di Fondi attraverso gli scritti di Gregorio Magno*, in PISCITELLI 2000, 165-191.

FLAMBARD 1987, J.-M. Flambard, *Éléments pour une approche financière de la mort dans les classes populaires du haut-Empire. Analyse du budget de quelques collèges funéraires de Rome et d'Italie*, in F. Hinard (ed.), *La mort, les morts et l'au-delà dans le monde romain*, Actes coll. (Caen 1985), Caen, 209-244.

FORA 1996, M. Fora, *Epigrafia anfiteatrale dell'Occidente romano. IV. Regio Italiae I: Latium*, Roma.

FORMENTI-HESNARD-TCHERNIA 1978, F. Formenti-A. Hesnard-A. Tchernia, *Une amphore "Lamboglia 2" contenant du vin dans l'épave de la Madrague de Giens*, «Archaeonautica» 2, 95-100.

FORTE 1966, M. Forte, *L'origine di Fondi alla luce del culto di Ercole e dei suoi antichi monumenti*, «Bollettino dell'Istituto di Storia ed Arte del Lazio Meridionale» 4, 89-95.

FORTE 1992, M. Forte, *Statuti medioevali e rinascimentali della città di Fondi*, Fondi.

FORTE 1998, M. Forte, *Fondi nei tempi*, 2ª ed., Fondi.

FRACCARO 1911, P. Fraccaro, *Ricerche storiche e letterarie sulla censura del 184-183*, Pisa (= *Opuscula*, I, Pavia 1956, 417-508).

FRASCHETTI 1994, A. Fraschetti, *Livia, la politica*, in A. Fraschetti (ed.), *Roma al femminile*, Roma-Bari, 123-151.

FRASCHETTI 2002, A. Fraschetti, *Romolo il fondatore*, Roma-Bari.

FRECENTESE 1996, R. Frecentese, *Studi e ricerche sul territorio di Formia*, Marina di Minturno.

FREDERIKSEN 1981, M. Frederiksen, *I cambiamenti delle strutture agrarie nella tarda repubblica: la Campania*, in GIARDINA-SCHIAVONE 1981, 265-287.

FREI STOLBA 1986, R. Frei-Stolba, *Zur tessera hospitalis aus Fundi*, «Zeitschrift für Papyrologie und Epigraphik» 63, 193-196.

FREIS 1967, H. Freis, *Die Cohortes Urbanae*, «Epigraphische Studien» 2, Köln-Graz.

FRUTAZ 1972, A.P. Frutaz (c.), *Le Carte del Lazio*, Roma.

FUMAGALLI 1992, V. Fumagalli, *L'uomo e l'ambiente nel Medioevo*, Roma-Bari.

GABBA 1972 (1994), E. Gabba, *Urbanizzazioni e rinnovamenti urbanistici nell'Italia centro-meridionale del I sec. a.C.*, «Studi Classici ed Orientali» 21 (= GABBA 1994, 63-103).

GABBA 1976, E. Gabba, *Considerazioni politiche ed economiche sullo sviluppo urbano in Italia nei secoli II e I a. C*, in P. Zanker (ed.), *Hellenismus in Mittelitalien*, Kolloquium (Göttingen 1974), Göttingen, 315-326.

GABBA 1979, E. Gabba, *Sulle conseguenze della guerra sociale*, pref. a E. Campanile-C. Letta, *Studi sulle magistrature indigene e municipali in area italica*, Pisa, 9-13.

GABBA 1981 (1988), E. Gabba, *Ricchezza e classe dirigente romana fra III e I sec. a.C.*, «Rivista storica italiana» 93, 541-558 (= GABBA 1988, 27-44).

GABBA 1982 (1988), E. Gabba, *Per la storia della società romana tardo-repubblicana*, «Opus» 1, (= GABBA 1988, 49-68).

GABBA 1985, E. Gabba, *Aspetti dell'assimilazione delle popolazioni italiche nel II sec. a.C.*, in E. Campanile (c.), *Lingua e cultura degli Osci*, Pisa, 35-46.

GABBA 1988, E. Gabba, *Del buon uso della ricchezza. Saggi di storia economica e sociale del mondo antico*, Milano.

GABBA 1989, E. Gabba, *Rome and Italy in the Second Century b.C.*, in *Cambridge Ancient History* (2ª ed.), VII, 197-243.

GABBA 1989B (1994), *Sui sistemi catastali romani in Italia*, «Athenaeum» 77 (=GABBA 1994, 197-201).

GABBA 1990, E. Gabba, *La società romana fra IV e III secolo*, in STORIA DI ROMA 1990, 7-17.

GABBA 1991, E. Gabba, *I municipi e l'Italia augustea*, in *Continuità e trasformazioni fra repubblica e impero*, Bari, 69-81 (= GABBA 1994, 133-143).

GABBA 1992, E. Gabba, *Storia e politica nei gromatici*, in O. Behrends-L. Capogrossi Colognesi (ed.), *Die römische Feldmesskunst*, Göttingen.

GABBA 1994, E. Gabba, *Italia romana*, Como.

GABBA-PASQUINUCCI 1979, E. Gabba-M. Pasquinucci, *Strutture agrarie e allevamento transumante nell'Italia romana. III-I sec. a.C.*, Pisa.

GALASSO 1995, L. Galasso, *P. Ovidii Nasonis Epistularum ex Ponto Liber II*, Firenze.

GALLINA 1998, M.A. Gallina, *Le anfore come elemento funzionale a interventi di bonifica geotecnica e idrogeologica: alcune riflessioni*, in S. Pesavento Mattioli (ed.), *Bonifiche e drenaggi con anfore in epoca romana*, atti convegno (Padova 1995), Modena, 73-79.

GARNIER ET AL. 2003, N. Garnier-P. Richardin-V. Cheynier-M. Regerta, *Characterization of thermally assisted hydrolysis and methylation products of polyphenols from modern and archaeological vine derivatives using gas chromatography–mass spectrometry*, «Analytica Chimica Acta» 493, 137–157.

GARNSEY 1979, P. Garnsey, *Where did Italian Peasants live?*, «Proceedings of the Cambridge Philological Society», 1-25.

GARNSEY-SALLER 1987 (1997), P. Garnsey-R. Saller, *The Roman Empire. Economy. Society and Culture* (tr. it. *Storia sociale dell'Impero romano*, Roma-Bari).

GASPERINI 1994, L. Gasperini, *Vecchie e nuove epigrafi romane di Gaeta*, «Formianum» 2, atti conv. (Formia 1994), Minturno, 11-24.

GESUALDO 1754, E. Gesualdo, *Osservazioni critiche sopra la storia della Via Appia di D. Francesco M. Pratilli*, Napoli.

GIARDINA 1981 (1997), A. Giardina, *Allevamento ed economia della selva nell'Italia meridionale*, in GIARDINA-SCHIAVONE 1981, I (= GIARDINA 1997A, 139-192).

GIARDINA 1986, A. Giardina, *Le due Italie nella forma tarda dell'Impero*, in A. Giardina (c.), *Società romana e impero tardoantico*, I, Roma-Bari (= GIARDINA 1997a, 265-321).

GIARDINA 1988, A. Giardina, *Amor Civicus. Formule e immagini dell'evergetismo romano nella tradizione epigrafica*, in A. Donati (c.), *La terza età dell'epigrafia*, atti coll. AIEGL (Bologna 1986), Faenza, 67-78.

GIARDINA 1989 (1997), A. Giardina, *Uomini e spazi aperti*, in STORIA DI ROMA 1989 (= GIARDINA 1997A, 193-232).

GIARDINA 1994 (1997), A. Giardina, *L'identità incompiuta dell'Italia romana*, in ITALIE 1994 (= GIARDINA 1997, 3-116).

GIARDINA 1996, A. Giardina, *Città e campagna nel mondo greco e romano*, in CASTRONOVO 1996, 85-98.

GIARDINA 1997A, A. Giardina, *L'Italia romana. Storie di un'identità incompiuta*, Roma-Bari.

GIARDINA 1997B, A. Giardina, *L'Italia, il modo di produzione schiavistico e i tempi di una crisi*, in GIARDINA 1997A, 233-264.

GIARDINA 1997C, A. Giardina, *Gli schiavi, i coloni e i problemi di una transizione*, in LO CASCIO 1997, 311-323.

GIARDINA-SCHIAVONE 1981, A. Giardina-A. Schiavone (ed.), *Società romana e produzione schiavistica*, Roma-Bari 1981.

GIGLIOLI 1911, G.Q. Giglioli, *Note archeologiche sul "Latium Novum"*, «Ausonia» 6, 39-87.

GIOVANNINI-MAGGI 1994, A. Giovannini-P. Maggi, *Marchi di fabbrica su strigili ad Aquileia*, in *Epigrafia della produzione e della distribuzione*, Actes renc. (Roma 1992), Roma, 609-643.

GIULIANI 1966, C.F. Giuliani, *Fondi*, «Quaderni dell'Istituto di Topografia Antica dell'Università di Roma» 2, 71-78.

GIULIANI 1970, C.F. Giuliani, *s.v.* «Fondi», in *EAA* suppl., 336-7.

GIUSTINIANI 1797, L. Giustiniani, *Dizionario geografico-ragionato del Regno di Napoli*, Napoli.

GOLVIN 1988, J.-C. Golvin, *L'amphithéâtre romain*, Paris.

GRANINO CECERE 1995, M.G. Granino Cecere, *Villa Mamurrana*, «Rendiconti dell'Accademia dei Lincei» 6, 361-386.

GRANINO CECERE 1996, M.G. Granino Cecere, *Aufidio Lusco*, in *Orazio. Enciclopedia Oraziana*, Roma, vol. I, 650-651.

GREGORI 2000, G.L. Gregori, *Iscrizioni e topografia religiosa di Roma: il sacello di* Hercvles Invictvs Hesychianvs, in G. Paci (c.), *Epigraphai. Miscellanea epigrafica in onore di Lidio Gasperini*, Tivoli, I, 445-454.

GREGORY 1995, A.P. Gregory, *A Study in Survival. The case of the Freedman L. Domitius Phaon*, «Athenaeum» 83, 401-410.

GROS 1990, P. Gros, *L'urbanizzazione dopo la guerra sociale*, in *STORIA DI ROMA* 1990, 831-855.

GUADAGNO 1993, G. Guadagno, *Pagi e vici della Campania*, in A. Calbi-A. Donati-G. Poma (c.), *L'epigrafia del villaggio*, Bologna 1993, 407-444.

GUADAGNO 2002, G. Guadagno, *Variazioni climatiche e forme dell'occupazione del territorio in Campania tra età antica ed altomedioevo*, «Rivista Storica del Sannio» 18, 51-70.

GUADAGNO 2004, G. Guadagno, *Gli Aurunci: storia e archeologia*, «Civiltà Aurunca» 55, 7-30.

GUARDUCCI 1960, M. Guarducci, *Iscrizione imprecatoria da Sperlonga*, «Rendiconti dell'Accademia dei Lincei» s. VIII, 15, 3-7.

GUIDI-PASCUCCI 1987-'88, A. Guidi-P. Pascucci, *Rinvenimento di vasi eneolitici a Monte S. Biagio (Latina)*, «Rivista di scienze preistoriche» 41, 345-350.

GUIDI-PASCUCCI 1993, A. Guidi-P. Pascucci, *Facies culturali eneolitiche del Lazio meridionale e della Sabina*, in N. Negroni Catacchio (c.), *Preistoria e Protostoria in Etruria*, Atti I incontro di studi, Milano, 31-44.

GUIDI-PASCUCCI-ZARATTINI 2002, A. Guidi-P. Pascucci-A. Zarattini, *Confini geografici e confini culturali: le facies della preistoria e della protostoria nel Lazio meridionale*, «Latium» 19, 5-21.

GUIDOBALDI 1988, M.P. Guidobaldi, *La colonia civium romanorum di Minturnae*, «Dialoghi di Archeologia» 6,2, 125-133.

GUILLOU 1980, A. Guillou, *L'Italia bizantina dall'invasione longobarda alla caduta di Ravenna*, in G. Galasso (c.), *Storia d'Italia*, I, Torino 1980, 219-338.

HAECK 2005, T. Haeck, *The* quinquennales *in Italy: Social Status of a Roman Municipal Magistrate*, «Latomus» 64, 601-618.

HARRIS 1990, W.V. Harris, *Roman Warfare in the Economic and Social Context of the Fourth Century B.C.*, in EDER 1990, 494-510.

HELLEGOUARC'H 1982, J. Hellegouarc'h (c.), *Velleius Patercolus. Histoire Romaine. Tome I*, «Belles Lettres», Paris.

HERMON 1999, E. Hermon (ed.), *La question agraire à Rome: droit romain et société*, Actes coll. (Laval 1997), Como.

HERRMANN-OTTO 1994, E. Herrmann-Otto, *Ex ancilla natus. Untersuchungen zu den "hausgeborenen" Sklaven und Sklavinnen im Westen des Römischen Kaiserreiches*, (Forschungen zur Antiken Sklaverei 24), Stuttgart.

HERZ-WALDHERR 2001, P. Herz-G. Waldherr (ed.), *Landwirtschaft im Imperium Romanum*, Pharos XIV, St. Katharinen.

HESNARD 1977, A. Hesnard, *Notes sur un atelier d'amphores Dr.1 et Dr.2-4 prés de Terracina*, «Mélanges d'Archéologie et d'Histoire de l'École Française de Rome» 89, 157-168.

HESNARD *ET AL.* 1989, A. Hesnard-M. Ricq-P. Arthur-M. Picon-A. Tchernia, *Aires de production des gréco-italiques et des Dr.1*, in *AMPHORES* 1989, 21-65.

HESNARD-GIANFROTTA 1989, A. Hesnard-P.A. Gianfrotta, *Les bouchons d'amphore en pouzzolane*, in *AMPHORES* 1989, 393-441.

HESNARD-LEMOINE 1981, A. Hesnard-C. Lemoine, *Les amphores du Cécube et du Falerne. Prospections, typologie, analyses*, «Mélanges d'Archéologie et d'Histoire de l'École Française de Rome» 93, 243-295.

HIRSCHFELD 1902 (1913), O. Hirschfeld, *Der Grundbesitz der römischen Kaiser in den ersten drei Jahrhunderten*, «Klio» 2, 1902 (=O. Hirschfeld, *Kleine Schriften*, Berlin).

HOARE 1819, R.C. Hoare, *A classical tour through Italy*, London.

HOPKINS 1978, K. Hopkins, *Conquerors and Slaves. Sociological Studies in Roman History, 1*, Cambridge.

HOUSTON 1976, G.W. Houston, *Notes on some Documents pertaining to Flavian administrative Personnel*, «Zeitschrift für Papyrologie und Epigraphik» 20, 25-34.

HUMBERT 1978, M. Humbert, *Municipium et Civitas Sine Suffragio*, Roma.

IGUANEZ *ET AL.* 1942, M. Iguanez-L Mattei Cerasoli-P. Sella, *Rationes Decimarum Italiae nei secoli XIII e XIV. Campania*, Città del Vaticano.

ITALIE 1994, AA.VV., *L'Italie D'Auguste à Dioclétien*, atti conv. (Roma 1992), Roma.

JACOPI 1963, G. Jacopi, *L'antro di Tiberio a Sperlonga*, Roma.

JOHANNOWSKY 1971, W. Johannowsky, *Contributo dell'archeologia alla storia sociale. La Campania*, in *ROMA E L'ITALIA* 1971, 460-471.

JOHANNOWSKY 1981, W. Johannowsky, *Testimonianze materiali del modo di produzione schiavistico in Campania e nel Sannio Irpino*, in GIARDINA-SCHIAVONE 1981, 299-309.

JOHANNOWSKY 1994, W. Johannowsky, *Canali e fiumi per il trasporto del grano*, in *Le ravitaillement en blé de Rome et des centres urbains des débuts de la République jusqu'au Haut-Empire*, Atti coll. (Napoli 1991), Napoli-Roma, 159-165.

JONES 1974, P. Jones, *La storia economica. Dalla caduta dell'Impero romano al secolo XIV*, in *Storia d'Italia.*

II.2. Dalla caduta dell'Impero romano al secolo XVIII, Torino 1974, 1467-1931.

JOUFFROY 1986, H. Jouffroy, *La construction publique en Italie et dans l'Afrique romaine*, Strasbourg.

KAJANTO 1982, I. Kajanto, *The Latin Cognomina*, Roma.

KEAY-TERRENATO 2001, S. Keay-N. Terrenato (ed.), *Italy and the West. Comparative Issues in Romanization*, Oxford.

KEPPIE 1983, L. Keppie, *Colonisation and veteran settlement in Italy, 47-14 b.C.*, Roma.

KOLENDO 1980, J. Kolendo, *L'agricoltura nell'Italia romana*, Roma.

KOLENDO 1995, J. Kolendo, *Ostentation sociale et grande propriété*, in DU *LATIFUNDIUM* 1995, 425-436.

LA PENNA 1995, A. La Penna, *Il Vino di Orazio: nel modus e contro il modus*, in O. Murray-M. Tecusan *(ed.)*, *In Vino Veritas*, Oxford, 266-280.

LAAKSONEN 1996, H. Laaksonen, *Ordo et popolus Formianus*, in SOLIN 1996, 129-153.

LAFFI 1983, *I senati locali nell'Italia romana*, in CÉBEILLAC 1983, 59-74.

LAFFI 1999, U. Laffi, *In tema di "ager compascuus"*, in HERMON 1999, 111-120.

LAFON 1979, X. Lafon, *La voie littorale Sperlonga-Gaeta-Formia*, «Mélanges d'Archéologie et d'Histoire de l'École Française de Rome» 91, 399-429.

LAFON 1981, X. Lafon, *À propos des villas de la zone de Sperlonga*, «Mélanges d'Archéologie et d'Histoire de l'École Française de Rome» 93, 297-353.

LAFON 1993, X. Lafon, *L'huile en Italie centrale à l'époque républicaine: une production sous-estimée?*, «Bulletin de Corrispondance Hellénique» suppl. 26, 263-281.

LAFON 1997, X. Lafon, *Les debuts de la villa monumentale: le cas de la Villa Prato à Sperlonga*, «Formianum» 5, atti conv. (Formia 1997), 29-35.

LAFON 2001, *Villa maritima. Recherches sur les villas littorales de l'Italie romaine*, Roma.

LANDUCCI GATTINONI 1991, F. Landucci Gattinoni, *I Salassi e il culto di Iuppiter Poeninus*, «Caesarodunum» 25, 127-135.

LANZONI 1927, F. Lanzoni, *Le diocesi d'Italia dalle origini al principio del secolo VII (an. 604)*, Città del Vaticano.

LAURENCE 1999, R. Laurence, *Land transport in Roman Italy: costs, practice and the economy*, in PARKINS-SMITH 1999, 129-148.

LE PERA-TURCHETTI 2003, S. Le Pera Buranelli-R. Turchetti (c.), *Sulla via Appia da Roma a Brindisi. Le fotografie di Thomas Ashby 1891-1925*, Roma.

LEARY 2001, T.J. Leary, *Martial book XIII. The Xenia*, London.

LEFEBVRE 2001, S. Lefebvre, *À propos de la répartition du nom Verecundus en Gaule et en Germane*, in M. Dondin-Payre-M.T. Raepsaet-Charlier (ed.), *Noms, Identités culturelles et Romanisation sous le Haut-Empire*, Bruxelles, 597-647.

LE GOFF 1977, J. Le Goff, *Pour un autre Moyen Age*, Paris (tr. it. *Tempo della Chiesa e tempo del mercante*, Torino 1977).

LEPORE 1976-'77, E. Lepore, *Gli Ausoni: leggende delle origini, tradizioni etniche e realtà culturali*, «Archivio Storico di Terra di Lavoro» 5 (= Id., *Origini e strutture della Campania antica*, Bologna 1989, pp. 57-84).

LEPPIN 1992, H. Leppin, *Histrionen. Untersuchungen zur sozialen Stellung von Bühnenkünstlern im Westen des Römischen Reiches zur Zeit der Republik und des Principats*, Bonn.

LEVEAU 1987-'89, Ph. Leveau, *La ville romaine et son espace rural. Contribution de l'archéologie à la reflexion sur la cité antique*, «Opus» 6-8, 87-100.

LICORDARI 1982, A. Licordari, *Ascesa al Senato e rapporti con i territori d'origine. Italia: regio I (Latium)*, in *Epigrafia e ordine senatorio*, Atti coll. (Roma 1981), II, 9-57.

LINDERSKI 1974, J. Linderski, *The Mother of Livia Augusta and the Aufidii Lurcones of the Republic*, «Historia», 23, 463-480.

LINTOTT 1999, A. Lintott, *The Constitution of the Roman Republic*, Oxford.

LISSI CARONNA 1968, E. Lissi Caronna, *Due frammenti di sigillata chiara D*, «Bollettino d'arte» 53,4, 184-9.

LISSI CARONNA 1971, E. Lissi Caronna, *Fondi (Latina). Resti di parte di un impianto termale in piazza dell'Unità*, «Notizie degli Scavi di Antichità», 330-363.

LO CASCIO 1978, E. Lo Cascio, *Gli alimenta, l'agricoltura italica e l'approvvigionamento di Roma*, «Rendiconti dell'Accademia dei Lincei» 33 (= *Il princeps e il suo impero*, Bari 2000, 311-352).

LO CASCIO 1991, E. Lo Cascio, *Forme dell'economia imperiale*, in STORIA DI ROMA 1991, 313-365.

LO CASCIO 1996, E. Lo Cascio, *Popolazione e risorse nel mondo antico*, in CASTRONOVO 1996, 275-299.

LO CASCIO 1997, E. Lo Cascio (ed.), *Terre, proprietari e contadini dell'impero romano. Dall'affitto agrario al colonato tardoantico*, Roma.

LO CASCIO 1999, E. Lo Cascio, *Popolazione e risorse agricole nell'Italia del II secolo a.C.*, in VERA 1999, 217-245.

LO CASCIO 2000, E. Lo Cascio (c.), *Mercati permanenti e mercati periodici nel mondo romano*, Bari.

LO CASCIO 2002, E. Lo Cascio, *Fondi in età romana: aspetti istituzionali*, in PISCITELLI 2002, 1-17.

LO CASCIO-STORCHI 2001, E. Lo Cascio-A. Storchi Marino (edd.), *Modalità insediative e strutture agrarie nell'Italia meridionale in età romana*, Bari.

LUGLI 1926, G. Lugli, *Anxur-Tarracina*, «Forma Italiae» I,1, Roma.

LUGLI 1957, G. Lugli, *La tecnica edilizia romana*, Roma.

LUONGO 2002, G. Luongo, *Agiografia fondana*, in PISCITELLI 2002, 193-250.

MACARO 2002, C. Macaro, *Sotero vescovo di Roma*, in PISCITELLI 2002, 81-107.

MADRAGUE 1978, A. Tchernia-P. Pomey-A. Hesnard *et al.*, *L'épave romaine de la Madrague de Giens (Var)*, «Gallia», Suppl. 34.

MALARIA 1994, *La Malaria: Scienza, storia, cultura. Storia della lotta alla Malaria nel territorio Pontino e Fondano*, cat. mostra, Roma.

MALIZIA 1986, R. Malizia, *Le "Terme Nettunie". Analisi del monumento ed ipotesi sulla sua identificazione*, in

Id. (c.), *Terracina romana. Nuove indagini su alcune testimonianze di età imperiale*, Terracina, 37-73.

MANACORDA 1985, D. Manacorda, *Schiavo "manager" e anfore romane: a proposito dei rapporti tra archeologia e storia del diritto*, «Opus» IV, 141-151.

MANACORDA 1994, D. Manacorda, *Produzione agricola, produzione ceramica e proprietà della terra nella Calabria romana tra Repubblica e Impero*, in *Epigrafia della produzione e della distribuzione*, Actes renc. (Roma 1992), Roma, 3-59.

MANGIATORDI 2003, A. Mangiatordi, *Le ville di Cicerone fra innovazione e tradizione*, «Annali Facoltà Lettere e Filosofia Univ. Bari» 46, 213-251.

MANNI 1939, E. Manni, *Le tracce della conquista volsca del Lazio*, «Athenaeum» 27, 233-279.

MANNI 1947, E. Manni, *Per la storia dei municipii fino alla guerra sociale*, Roma.

MARTIN 1990, P.M. Martin, *Des tentatives de tyrannie à Rome aux Vè-IVè siècles?*, in EDER 1990, 49-72.

MARTIN 1995, R. Martin, *Les sources littéraires de la notion de* latifundium, in DU LATIFUNDIUM 1995, 97-106.

MASELLI 1986, G. Maselli, *Argentaria. Banche e banchieri nella Roma repubblicana*, Bari.

MATHIEU 1997, N. Mathieu, *À propos d'une inscription de Narbonne relative à la gens Aufidia*, «Cahiers du Centre Gustave Glotz» 8, 312-313.

MATHIEU 1999, N. Mathieu, *Histoire d'un nom. Les Aufidii dans la vie politique, économique et sociale du monde romain*, Rennes.

MATTINGLY 1997, D.J. Mattingly, *Dialogues of power and experience in the Roman Empire*, in D.J. Mattingly (ed.), *Dialogues in Roman Imperialism*, «Journal of Roman Archaeology» suppl. 23, 7-26.

MAZZA 1991, M. Mazza, *I modi della trasformazione: morte e trasfigurazione dell'economia nell'Impero romano*, «Rivista di Cultura Classica e Medievale» 33, 115-141.

MAZZARINO 1945, S. Mazzarino, *Dalla monarchia allo stato repubblicano*, Catania.

MAZZARINO 1951 (2002), S. Mazzarino, *Aspetti sociali del IV secolo*, Roma (nuova ed. Milano 2002).

MAZZARINO 1959, S. Mazzarino, *La fine del mondo antico*, Milano 1959 (nuova ed. Milano 1999).

MAZZARINO 1968, S. Mazzarino, *Aspetti di storia dell'Appia antica*, «Helikon» 8, 174-196.

MAZZARINO 1980, S. Mazzarino, *L' 'era costantiniana' e la 'prospettiva storica' di Gregorio Magno*, in *Passaggio dal mondo antico al medio evo da Teodosio a san Gregorio Magno*, atti conv. (Roma 1977), Roma, 9-28.

MCDERMOTT 1976, W.C. McDermott, *Stemmata quid faciunt? The Descendants of Frontinus*, «Ancient Society» 7, 229-261.

MERSCH 2001, Ch. van der Mersch, *Aux sources du vin romain, dans le Latium et la Campania à l'époque médio-Républicaine*, «Ostraka» 10, 157-206.

MENNELLA 1986, G. Mennella, *Il quaestor alimentorum*, «Miscellanea Greca e Romana» 10, 371-419.

MENNELLA 1988, G. Mennella, *I prefetti degli imperatori e dei cesari*, «Epigraphica» 50, 65-85.

MERLO 2003, V. Merlo, *Contadini perfetti e cittadini agricoltori nel pensiero antico*, Milano.

METZGER 1981, I. R. Metzger, *Antike Metallobjekte in der Sammlung der Rätischen Museums Chur*, «Bündner Monatsblatt», 55-109.

MICALI 1826, G. Micali, *L'Italia avanti il dominio dei Romani*, Milano.

MIGLIORATI 2003, L. Migliorati, *Formazione, struttura e adeguamento delle città dall'età arcaica all'Impero*, in SOMMELLA 2003, 57-81.

MILLAR 1977, F. Millar, *The Emperor in the Roman World*, London.

MILLER 1995, M. Miller, *Befestigungsanlagen in Italien vom 8. bis 3. jahrhundert vor Christus*, Hamburg.

MINERVINI 1845, G. Minervini, *Brevi osservazioni sopra un frammento di tessera ospitale, di bronzo: presso il sig. Raffaele Barone*, «Bullettino Archeologico Napoletano» III, 47, 90-92.

MINGAZZINI 1938, P. Mingazzini, *Il santuario della dea Marica alle foci del Garigliano*, «Monumenti dell'Accademia dei Lincei» 37, coll. 693-983.

MITCHELL 1979, S. Mitchell, *A Roman family in Phrigia*, «Anatolian Studies» 29, 13-22.

MOMMSEN 1846, Th. Mommsen, *Römische Patronatstafel*, «Archäologische Zeitung» 45, coll. 329-336.

MONTANARI 1996, M. Montanari, *L'agricoltura medievale*, in CASTRONOVO 1996, 403-414.

MONTI 1998, P.G. Monti, *Carta archeologica del territorio*, in F. Coarelli-P.G. Monti (c.), *Fregellae 1. Le fonti, la storia, il territorio*, Roma 1998, 81-112.

MORANDINI 1999, A. Morandini, *Gli insediamenti costieri di età protostorica nel Lazio meridionale*, «Latium» 16, 5-47.

MOREL 1981, J.-P. Morel, *La produzione della ceramica campana*, in GIARDINA-SCHIAVONE 1981, II, 81-97.

MOREL 1988, J.-P. Morel, *Artisanat et colonisation dans l'Italie romaine aux IVᵉ et IIIᵉ siècles av. J.C.*, «Dialoghi di Archeologia» 6, 49-63.

MOREL 1991, J.-P. Morel, *La romanisation du Samnium et de la Lucanie aux IVᵉ et IIIᵉ siècles av. J.-C. d'après l'artisanat et le commerce*, in J. Mertens-R. Lambrechts (c.), *Comunità indigene e problemi della romanizzazione nell'Italia centro-meridionale (IVᵒ-IIIᵒ sec. av. C.)*, Actes Coll. (Roma 1990), Roma, 125-144.

MOREL 1996, J.-P. Morel, *Elites municipales et manifacture en Italie*, in CÉBEILLAC 1996, 181-198.

MORLEY 2001, N. Morely, *The Transformation of Italy, 225-28 b.C.*, «Journal of Roman Studies» 91, 50-62.

MÓCSY 1966, A. Mócsy, *Tampius Flavianus Pannoniában*, «Archaeologiai Ertesitö» 93, 203-207.

MUSEO 1996, AA.VV., *C'era una volta il museo*, Fondi.

MUSTI 1988, D. Musti, *La spinta verso il Sud: espansione romana e rapporti «internazionali»*, in A. Momigliano-A. Schiavone (c.), *Storia di Roma*, 1, Torino 1988, 527-542.

MUSTILLI 1937, D. Mustilli, *Fondi. Sculture scoperte nell'abitato*, «Notizie degli Scavi di Antichità», 60-74.

NENCI 1991, G. Nenci, *Realtà contadine, movimenti contadini*, in CARACCIOLO 1991A, 167-251.

DE NEEVE 1984, *Colonus. Private Farm-Tenancy in roman Italy during the Republic and the Early Principate*, Amsterdam.

DE NEEVE 1990, P.W. de Neeve, *A Roman Landowner and his Estates: Pliny the Younger*, «Athenaeum» 78, 363-402.

NICOLET 1976 (1999), C. Nicolet, *Le métier de citoyen dans la Rome républicaine*, Paris (tr. it. *Il mestiere di cittadino nell'antica Roma*, Roma).

NICOSIA 1995, A. Nicosia, *Il Lazio meridionale tra antichità e medioevo*, Marina di Minturno.

NISSEN 1902, H. Nissen, *Italische Landeskunde*, II, Berlin.

NOCITA 1997, M. Nocita, *La gens Vitruvia e Formia: testimonianze epigrafiche e letterarie*, «Formianum» 5, atti conv. (Formia 1997), 117-122.

NOÈ 2002, E. Noè, *Il progetto di Columella. Profilo sociale, economico, culturale*, «Biblioteca di Athenaeum», Como.

NONNIS 2004, D. Nonnis, *Le implicazioni socio-politiche della produzione e della distribuzione nell'Italia repubblicana: per un repertorio prosopografico*, in C. Zaccaria (ed.), *Mercanti e politica nel mondo antico*, Saggi di storia antica 21, Roma, 245-274.

NOTARJANNI 1814 (1995), F.A. Notarjanni, *Viaggio per l'Ausonia*, «Giornale enciclopedico di Napoli», 151-229 (rist. Lenola).

OAKLEY 1998, S.P. Oakley, *A Commentary in Livy books VI-X*, Oxford.

OETALLI 1997, G. Ortalli, *Lupi genti culture*, Torino.

OETOLANI 1988, G. Ortolani, *Osservazioni sulle mura di Terracina*, «Palladio» 1,2, 69-84.

PAGANO 1995, M. Pagano, *Note sulla bonifica romana in Campania*, in L. Quilici-S. Quilici Gigli (ed.), *Interventi di bonifica agraria nell'Italia romana*, «Atlante Tematico di Topografia Antica» 4, 211-218.

PAGLIARA 2000, A. Pagliara, *Gli Ausoni e il popolamento del Lazio preromano in Dionigi d'Alicarnasso, Virgilio e Plinio*, «Mediterraneo Antico» 3,1, 143-164.

PAIS 1906, E. Pais, *Amunclae a serpentibus deletae*, «Rendiconti dell'Accademia dei Lincei» 15, 611-622 (= *Ricerche storiche e geografiche sull'Italia antica*, Torino 1908, 295-306).

PALLOTTINO 1984, M. Pallottino, *Storia della prima Italia*, Milano.

PALMIERI 1980, R. Palmieri, *Silloge inedita d'iscrizioni fondane e minturnesi di Francesco Daniele*, «Miscellanea Greca e Romana» 7, 1980, 385-428.

PALOMBI 1996, D. Palombi, s.v. *Hercules Fundan(i)us, Templum*, in M. Steinby (c.), *Lexicon Topographicum Urbis Romae*, III, 14-15.

PALOMBI 2000, D. Palombi, *Intorno alle mura di Cori*, in QUILICI-QUILICI GIGLI 2000, 91-102.

PANCIERA 1990, S. Panciera, *Procurator huius praetori*, in *Studia in honorem B. Gerov*, Sofia, 174-189.

PANCIERA 1999, S. Panciera, *Dove finisce la città*, in *La forma della città e del territorio*, «Atlante Tematico di Topografia Antica» 5, 9-15.

PANELLA 1989, C. Panella, *Le anfore italiche del II secolo d.C.*, in AMPHORES 1989, 139-178.

PANI 1998, G.G. Pani, *"Viam ante hac lapide albo inviliter stratam et corrvptam". La via Appia a Monte S. Biagio (LXXI miglio) e il restauro di Caracalla nel 216 d.Cr.: una ricognizione epigrafica, storica e topografica*, in *Studi in onore di Arturo Bianchini*, atti 3° conv. studi (Terracina 1994), Formia, 373-412.

PAPI 1999, E. Papi, s.v. *Palatium (età repubblicana-64 d.C.)*, in E.M. Steinby (c.), *Lexicon Topographicum Urbis Romae*, IV, 22-28.

PARKINS-SMITH 1999, H. Parkins-C. Smith (ed.), *Trade, Traders and the Ancient City*, London-NY.

PASSERINI 1939, A. Passerini, *Le cohorti pretorie*, Roma.

PATERSON 1999, J. Paterson, *Trade, Traders and the Roman World*, in PARKINS-SMITH 1999, 149-167.

PATTERSON 1987, J.R. Patterson, *Crisis: What Crisis? Rural Change and Urban Development in Imperial Appennine Italy*, «Papers of the British School at Rome» 55, 115-146.

PAVOLINI 1993, C. Pavolini, *Le città dell'Italia suburbicaria*, in A. Carandini-L. Cracco Ruggini-A. Giardina (c.), *Storia di Roma. 3,2. L'età tardoantica*, Torino, 177-198.

PENSABENE 1987, P. Pensabene, *Tessera nummularia dall'area della Magna Mater e della Vittoria sul Palatino*, in *Studi per Laura Breglia*, «Bullettino di Numismatica» suppl. 4, vol. II, 69-76.

PEDRONI 1992, L. Pedroni, *Gli stampigli erculei nella ceramica di Cales*, «Mélanges d'Archéologie et d'Histoire de l'École Française de Rome» 104, 573-595.

PESIRI 1977, G. Pesiri, *Amphiteatrum Fundanae Civitatis*, «Athenaeum» 55, 195-199.

PESIRI 1978, G. Pesiri, *Iscrizioni di Fondi e del circondario*, «Epigraphica» 40, 162-184.

PESIRI 1978B, *Una testimonianza epigrafica su Alessandro Cozieo, maestro di Marco Aurelio, e su un suo discendente*, «Rendiconti dell'Istituto Lombardo» 112, 159-167.

PESIRI 2005, G. Pesiri, *Per una definizione dei confini del ducato di Gaeta secondo il preceptum di papa Giovanni VIII*, in *Bullettino dell'Istituto Storico Italiano per il Medioevo* 107, c.s..

PESIRI-NUNZIATA 1993, G. Pesiri-G. Nunziata, *Progetto esecutivo generale di allestimento del Museo Civico nel Castello di Fondi. Schede didattiche*, Fondi.

PETRACCIA LUCERNONI 1988, M.F. Petraccia Lucernoni, *I questori municipali dell'Italia antica*, Roma.

PIANA DI FONDI 1993, AA.VV. *La piana di Fondi e Monte S.Biagio. Bonifica ed evoluzione del territorio*, Roma.

PISCITELLI 2002, M.T. Piscitelli Carpino (ed.), *Fondi tra antichità e medioevo*, atti conv. (Fondi 2000), Napoli.

PISCITELLI 2002B, M.T. Piscitelli Carpino, *Paolino di Nola: le iscrizioni absidali delle basiliche di Nola e Fondi e la donazione delle reliquie*, in PISCITELLI 2002, 109-163.

PFLAUM 1960, H.G. Pflaum, *Les carrières procuratoriennes équestres sous le haut-Empire romain*, I, Paris.

POLANYI 1977 (1983), K. Polanyi, *The Livelihood of Man*, New York (tr. it. *La sussistenza dell'uomo*, Torino 1983).

PRATILLI 1745, F.M. Pratilli, *Della via Appia riconosciuta e descritta da Roma a Brindisi*, Napoli.

PURCELL 1985, N. Purcell, *Wine and Wealth in Ancient Italy*, «Journal of Roman Studies» 75, 1-19.

QUILICI 1989, L. Quilici, *Via Appia, II: dalla pianura pontina a Brindisi*, Roma.

QUILICI 1994, L. Quilici, *Centuriazione e paesaggio agrario nell'Italia centrale*, in CARLSEN ET AL. 1994, 127-133.

QUILICI 1998, L. Quilici, *Nero Claudius Caesar Kosmocrator*, in *I culti della Campania antica. Studi in onore di N. Valenza Mele*, Roma, 201-212.

QUILICI 1999, L. Quilici, *La via Appia attraverso la gola di Itri*, in L. Quilici-S. Quilici Gigli (ed.), *Campagna e paesaggio nell'Italia antica*, «Atlante Tematico di Topografia Antica» 8, 51-94.

QUILICI 2002, L. Quilici, *La valorizzazione della via Appia al valico di Itri*, in L. Quilici-S. Quilici Gigli (ed.), *La via Appia*, «Atlante Tematico di Topografia Antica» 11, 107-146.

QUILICI 2003, L. Quilici, *Il tempio di Apollo* ad clivum Fundanum *sulla via Appia al valico di Itri*, in L. Quilici-S. Quilici Gigli (ed.), *Santuari e luoghi di culto nell'Italia antica*, «Atlante Tematico di Topografia Antica» 12, 127-175.

QUILICI 2004, L. Quilici, *Santuari, ville e mausolei sul percorso della via Appia al valico degli Aurunci*, in L. Quilici-S. Quilici Gigli (ed.), *Viabilità e insediamenti nell'Italia antica*, «Atlante Tematico di Topografia Antica» 13, 441-542.

QUILICI GIGLI 1987, S. Quilici Gigli, *Su alcuni segni dell'antico paesaggio agrario presso Roma*, «Quaderni di Archeologia Etrusco-Italica» 14 («Archeologia Laziale» 8), 152-166.

QUILICI GIGLI 1998, S. Quilici Gigli, *Sulle bonifiche nell'Italia romana*, in S. Pesavento Mattioli (ed.), *Bonifiche e drenaggi con anfore in epoca romana*, atti convegno (Padova 1995), Modena, 15-21.

QUILICI GIGLI S. 2004, *Circumfuso volitabant milite Volsci. Dinamiche insediative nella zona pontina*, in L. Quilici-S. Quilici Gigli (ed.), *Viabilità e insediamenti nell'Italia antica*, «Atlante Tematico di Topografia Antica» 13, 235-275.

QUILICI-QUILICI GIGLI 1987, L. Quilici-S. Quilici Gigli, *L'abitato di Monte Carbolino*, «Quaderni di Archeologia Etrusco-Italica 14 (Archeologia Laziale 8)», 259-277.

QUILICI-QUILICI GIGLI 2000, L. e S. Quilici (c.), *Fortificazioni antiche in Italia*, «Atlante Tematico di Topografia Antica» 9, Roma.

RAININI 2000, I. Rainini, *Modelli, forme e strutture insediative del mondo sannitico*, in *Studi sull'Italia dei Sanniti*, Milano, 238-254.

RAWSON 1982, E. Rawson, *The life and death of Asclepiades of Bithynia*, «Classical Quarterly» 32, 358-370.

REGNI-SENNATO 1977, B. Regni-M. Sennato, *Note sulla Piana di Fondi*, «L'Universo» 57, 1097-1136.

RELLINI 1938, U. Rellini, *Caverna preistorica di Itri (Formia)*, «Bullettino di Paletnologia Italiana» 57, 108-9.

RIBEZZO 1923, F. Ribezzo, *Torre, porta e cinta poligonale inedite di Pirae ausonica*, «Rivista Indo-Greco-Italica» 7, 113-121.

RICCARDI 1959, M. Riccardi, *Il bacino di Fondi*, Roma.

RICCI 1994, C. Ricci, *Soldati delle milizie urbane fuori di Roma*, «Opuscula Epigraphica» 5.

RICHTER 1961, W. Richter, *Zum Bauprogramm der Censoren des Jahres 174 v.Chr.*, «Rheinisches Museum» 104, 257-266.

RIX 1963, H. Rix, *Das Etruskische Cognomen*, Wiesbaden.

ROMA E L'ITALIA 1971, *Roma e l'Italia fra i Gracchi e Silla*, atti incontro di studi (Certosa di Pontignano 1969), «Dialoghi di Archeologia» 4-5.

ROMANO 2000, E. Romano (ed.), *Storia illustrata di Formia. I. Formia romana*, Pratola Serra (AV).

ROMANO 2000B, E. Romano, *Miti e leggende del territorio formiano*, in ROMANO 2000, 35-52.

ROMANO 2000C, E. Romano, *Personaggi illustri (i Mamurra, i Vitruvii)*, in ROMANO 2000, 123-140.

ROMIZZI 2001, L. Romizzi, *Ville d'otium dell'Italia antica (II sec. a.C.-I sec. d.C.)*, Napoli.

ROSENBERG 1913, A. Rosenberg, *Der Staat der alten Italiker*, Berlin 1913.

ROSTOVZEV 1933, M. Rostovzev, *Storia economica e sociale dell'Impero romano*, Firenze (ed. italiana accresciuta di *The Social and Economic History of the Roman Empire*, Oxford 1926).

SABBATINI TUMOLESI 1988, P. Sabbatini Tumolesi, *Epigrafia anfiteatrale dell' Occidente Romano. I. Roma*, Roma.

SADDINGTON 1996, D.B. Saddington, *The Relationship between holding Office in a* municipium *or* colonia *and the* militia equestris *in the Early Principate*, «Athenaeum» 84, 157-181.

SAINT-HILAIRE 2000, J. Cels Saint-Hilaire, *Citoyenneté et droit de vote: à propos du procès des Scipions*, in C. Bruun (ed.), *The Roman Middle Republic. Politics, religion and historiography*, «Acta Instituti Romani Finlandiae», Roma, 177-194.

SAITTA 2004, B. Saitta, *Crisi demografica e ordinamento ecclesiastico nell'Italia di Gregorio Magno*, «Quaderni Catanesi di studi antichi e medievali» n.s. III, 61-108.

SALLARES 1999, R. Sallares, *Malattie e demografia nel Lazio e in Toscana nell'antichità*, in VERA 1999, 131-188.

SALMON 1986, E.T. Salmon, *The Making of Roman Italy*, London.

SALOMIES 1996, O. Salomies, *Senatori oriundi del Lazio*, in SOLIN 1996, 23-127.

SALVIOLI 1929 (1985), G. Salvioli, *Il capitalismo antico*, Bari (nuova ed. Roma-Bari).

SCEVOLA 1973, M.L. Scevola, *Sulla più antica espansione territoriale romana in Campania*, «Rendiconti dell'Istituto Lombardo» 107, 1002-1040.

SCHEID 1990, J. Scheid, *Le collège des frères Arvales*, Roma.

SCHEIDEL 1994, W. Scheidel, *Grain Cultivation in the Villa Economy of Roman Italy*, in CARLSEN ET AL. 1994, 159-166.

SCHIAVONE 1996, *La storia spezzata. Roma antica e Occidente moderno*, Roma-Bari.

SCHMIEDT 1971, G. Schmiedt, *Il livello antico del Mar Tirreno*, Firenze.

SCHULZE 1904 (1991), W. Schulze, *Zur Geschichte lateinischer Eigennamen*, Göttingen (nuova ed. Darmstadt).

SCUDERI 1989, R. Scuderi, *Significato politico delle magistrature nelle città italiche del I sec. a.C.*, «Athenaeum» 67, 117-138.

SCULLARD 1951, H.H. Scullard, *Roman Politics (220-150 b.C.)*, Oxford.

SCULLARD 1980 (1992), H.H. Scullard, *A History of the Roman World*, London (tr. it. *Storia del mondo romano*, Milano).

SELVAGGI 2002, E. Selvaggi, *La stazione preistorica di Chiancarelle sul lago di Fondi*, «Annali del Lazio Meridionale» 2,2, 8-18.

SERENI 1955, E. Sereni, *Comunità rurali nell'Italia antica*, Roma.

SERENI 1961 (1979), E. Sereni, *Storia del paesaggio agrario italiano*, Roma-Bari (IV ed. Roma-Bari 1979).

SERENI 1964 (1981), E. Sereni, *Per una storia delle più antiche tecniche e della nomenclatura della vite e del vino in Italia*, «Atti e Memorie dell'Accademia Toscana "la Colombaria"» 29 (= SERENI 1981, 101-214).

SERENI 1968, E. Sereni, *Agricoltura e sviluppo del capitalismo. I problemi teoretici e metodologici*, in «Studi storici» IX, 3-4, 477-530.

SERENI 1972, E. Sereni, *Agricoltura e mondo rurale*, in A-A.VV., *Storia d'Italia. I. I caratteri originali*, Torino, 133-252.

SERENI 1981, E. Sereni, *Terra nuova e buoi rossi*, Torino.

SHATZMAN 1975, I. Shatzman, *Senatorial Wealth and Roman Politics*, Bruxelles.

SHERWIN-WHITE 1973, A.N. Sherwin-White, *The Roman Citizenship*, 2ª ed., Oxford.

SILVESTRI 1993, M. Silvestri, *Vicende della bonifica prima dell'Unità*, in PIANA DI FONDI 1993, 109-153.

SILVESTRINI 2000, M. Silvestrini, *L'ascesa sociale delle famiglie degli *Augustali*, in CÉBEILLAC 2000, 431-455.

SIMONETTI 1978, M. Simonetti, *Sulla tradizione agiografica di S. Magno di Trani*, in *Il Paleocristiano in Ciociaria*, atti conv. (Fiuggi 1977), Roma 1978, 97-115.

SIMELON 1993, P. Simelon, *La propriété en Lucanie depuis les Gracques jusqu'à l'avènement des Sévères*, Bruxelles.

SIRAGO 1958, V.A. Sirago, *L'Italia agraria sotto Traiano*, Louvain.

SIRAGO 1971, V.A. Sirago, *L'agricoltura italiana nel II sec. a.C.*, Napoli.

SOLIN 1982, H. Solin, *Die Griechischen Personennamen in Rom*, Berlin.

SOLIN 1984, H. Solin, *Analecta epigraphica LXXXVII*, «Arctos» 18, 123-126 (= SOLIN 1998, 203-5).

SOLIN 1993, H. Solin, *Nochmals praefectus socium in navibus longis*, «Arctos» 27, 123-131.

SOLIN 1996, H. Solin (ed.), *Studi storici ed epigrafici sul Lazio antico*, «Institutum Romanum Finlandiae», Roma.

SOLIN 1996B, H. Solin, *Sul concetto di Lazio nell'antichità*, in SOLIN 1996, 3-22.

SOLIN 1996C, H. Solin, *Appunti sulla produzione epigrafica di Formiae*, in SOLIN 1996, 155-186.

SOLIN 1998, H. Solin, *Analecta Epigraphica 1970-1997*, Roma.

SOLIN 2000, H. Solin, *Antium et les légions. Noveaux témoignages*, in Y. Le Bohec (c.), *Les légions de Rome sous le Haut-Empire*, atti congr. (Lyon 1998), tome II, Lyon, 639-644.

SOLIN 2001, H. Solin, *Un aspetto dell'onomastica plebea e municipale. La ripresa di nomi illustri da parte di comuni cittadini*, in G. Angeli Bertinelli-A. Donati

(ed.), *Varia epigraphica*, atti coll. (Bertinoro 2000), Faenza, 411-427.

SOMMELLA 1979, P. Sommella, *Finalità e metodi della lettura storica in centri a continuità di vita*, «Archeologia Medievale» 6, 105-128.

SOMMELLA 1985-'87, P. Sommella, *Modelli urbani romani in età repubblicana*, «Quaderni di Studi Lunensi» 10-11-12, 97-122.

SOMMELLA 2003, P. Sommella (c.), *Atlante del Lazio antico. Un approfondimento critico delle conoscenze archeologiche*, Roma.

SOTIS 1807 (2001A), B. Sotis, *Statistica del Comune di Fondi formata per ordine del Ministro dell'Interno*, 1ª parte, in «Annali del Lazio Meridionale» 1,1, 20-52.

SOTIS 1807 (2001B), B. Sotis, *Statistica del Comune di Fondi formata per ordine del Ministro dell'Interno*, 2ª parte, in «Annali del Lazio Meridionale» 1,2, 9-32.

SOTIS 1838, G. Sotis, *Cenno istorico della città di Fondi*, Napoli.

SOTIS 1838B, G. Sotis, *Memoria sull'antica città di Amicle*, Napoli.

SPADONI 2004, M.C. Spadoni, *I prefetti nell'amministrazione municipale dell'Italia romana*, Bari.

SPERANDIO 1997, A. Sperandio (c.), *Cartografia storica e incisioni del territorio del Lazio dalla collezione di Fabrizio Maria Apollonj Ghetti*, Roma.

SPURR 1986, M.S. Spurr, *Arable cultivation in roman Italy. C.200 b.C.-c.a.D. 100*, «Journal of Roman Studies» Monographs 3, London.

STAERMAN-TROFIMOVA 1975, E.M. Staerman-M.K. Trofimova, *La schiavitù nell'Italia imperiale. I-III secolo*, Roma.

STALINSKI 2001, A. Stalinski, *Il ritrovamento di "Valle Fuino" presso Cascia. Analisi storico-culturale intorno ad un deposito votivo in alta Sabina*, «Memorie della Pontifica Accademia Romana», Roma.

STERPOS 1966, D. Sterpos, *Roma-Capua. Comunicazioni stradali attraverso i tempi*, Roma.

STIRLING 1999, J. Stirling, *Lexicon Nominum Herbarum, Arborum Fructumque Linguae Latinae*, II, Budapest.

STORCHI 2000, A. Storchi Marino, *Reti interregionali integrate e circuiti di mercato periodico negli* indices nundinarii *del Lazio e della Campania*, in LO CASCIO 2000, 93-130.

STORCHI 2002, A. Storchi Marino, *Fondi romana: società ed economia*, in PISCITELLI 2002, 19-70.

STORIA DI ROMA 1989, E. Gabba-A. Schiavone (ed.), *Storia di Roma*, 4, Torino.

STORIA DI ROMA 1990, G. Clemente-F. Coarelli-E. Gabba (ed.), *Storia di Roma*, 2.I, Torino.

STORIA DI ROMA 1991, G. Clemente-F. Coarelli-E. Gabba (ed.), *Storia di Roma*, 2.II, Torino.

SYME 1978, R. Syme, *History in Ovid*, Oxford.

SYME 1981, R. Syme, *Vibius Rufus and Vibius Rufinus*, «Zeitschrift für Papyrologie und Epigraphik» 43, 365-376.

SYME 1982, R. Syme, *Partisans of Galba*, «Historia» 31, 460-483.

SYME 1986 (2001), R. Syme, *The Augustan Aristocracy*, Oxford (tr. it. *L'aristocrazia augustea*, Milano).

TALAMO 1987, P. Talamo, *L'area aurunca nel quadro dell'Italia centro-meridionale. Testimonianze archeologiche di età arcaica*, «BAR» 384, London.

TAYLOR 1960, L.R. Taylor, *The voting Districts of the Roman Republic*, Roma.

TCHERNIA 1986, A. Tchernia, *Le vin de l'Italie romaine*, Roma.

TCHERNIA 1989, A. Tchernia, *Les modèles économiques et les amphores*, in AMPHORES 1989, 529-536.

TCHERNIA 1997, A. Tchernia, *Le cercle de L. Licinius Crassus et la naissance de la hiérarchie des vins à Rome*, «Comptes Rendus de l'Académie des Inscriptions et Belles-Lettres» 1997, 1247-1259.

TERELLA 1939, N. Terella, *Francesco Antonio Notarianni di Lenola*, Roma.

TERRENATO 2001, N. Terrenato, *Introduction*, in KEAY-TERRENATO 2001, 1-6.

TERRENATO 2001B, N. Terrenato, *The Auditorium site in Rome and the origins of the villa*, «Journal of Roman Archaeology» 14, 5-32.

TIBILETTI 1972, G. Tibiletti, *Problemi gromatici e storici*, «Rivista Storica dell'Antichità» 2, 87-96.

TIBILETTI 1978, G. Tibiletti, *Storie locali dell'Italia romana*, Pavia.

TODISCO 1999, E. Todisco, *I veterani in Italia in età imperiale*, Bari.

TORELLI 1968, M. Torelli, *Monumenti funerari romani con fregio dorico*, «Dialoghi di Archeologia» 2, 32-54.

TORELLI 1982, M. Torelli, *Ascesa al Senato e rapporti con i territori d'origine. Italia: Regio IV (Samnium)*, in *Epigrafia e ordine senatorio*, Atti coll. (Roma 1981), II, 165-199.

TORELLI 1983, M. Torelli, *Edilizia pubblica in Italia centrale tra guerra sociale ed età augustea: ideologia e classi sociali*, in CÉBEILLAC 1983, 241-250.

TORELLI 1990, M. Torelli, *La formazione della villa*, in STORIA DI ROMA 1990, 123-132.

TORELLI 1990B, discussione in EDER 1990, 73-87.

TORTORIELLO 2004, A. Tortoriello, *I Fasti consolari degli anni di Claudio*, «Monumenti Antichi dei Lincei» s. IX, vol. 17, fasc. 3, 395-693.

TOUBERT 1973, P. Toubert, *Les structures du Latium médiéval. Le Latium méridional et la Sabine du IXᵉ à la fin du XIIᵉ siècles*, Roma.

TOYNBEE 1965, A.J. Toynbee, *Hannibal's Legacy*, London.

TRAINA 1988, G. Traina, *Paludi e bonifiche nel mondo antico*, Roma.

TRAINA 1990, G. Traina, *Ambiente e paesaggi di Roma antica*, Roma.

TRAINA 1990-'91, G. Traina, *Patavinorum in palustribus vindemiae*, «Padusa» 26-27, 273-276.

TRAINA 2000, G. Traina, *La città romana*, in ROMANO 2000, 69-82.

UGGERI 1990, G. Uggeri, *La via Appia nella politica espansionistica di Roma*, in S. Quilici Gigli (c.), *La via Appia*, atti conv. (Roma 1989), «Quaderni di Archeologia Etrusco-Italica» 18 («Archeologia Laziale» 10, 1), 21-28.

VALENTI 2003, M. Valenti, *Il rapporto tra la città e il territorio: strutture dell'economia e della residenza*, in SOMMELLA 2003, 141-180.

VALLAT 1979, J.-P. Vallat, *Le vocabulaire des attributions de terres en Campanie. Analyse spatiale et temporelle*, «Mélanges d'Archéologie et d'Histoire de l'École Française de Rome» 91, 977-1013.

VALLAT 1981, J.-P. Vallat, *Centuriazioni, assegnazioni, regime della terra in Campania alla fine della Repubblica e all'inizio dell'Impero*, in GIARDINA-SCHIAVONE 1981, 289-297.

VALLAT 2001, J.-P. Vallat, *Temps long et temps court, structures et conjonctures dans l'économie rurale de la Campanie romaine*, in LO CASCIO-STORCHI 2001, 583-589.

VEGETTI-MANULI 1989, M. Vegetti-P. Manuli, *La medicina e l'igiene*, in STORIA DI ROMA 1989, 389-429.

VENTURA 1997, L. Ventura, *Il collezionismo di un principe. La raccolta di marmi di Vespasiano Gonzaga Colonna*, Modena.

VERA 1994, D. Vera, *L'Italia agraria nell'età imperiale: fra crisi e trasformazione*, in ITALIE 1994, 239-248.

VERA 1995, D. Vera, *Dalla 'villa perfecta' alla villa di Palladio: sulle trasformazioni del sistema agrario in Italia fra Principato e Dominato*, «Athenaeum» 83, 1995, 189-211.

VERA 1999, D. Vera (c.), *Demografia, sistemi agrari, regimi alimentari nel mondo antico*, atti conv. (Parma 1997), Bari.

VERA 1999B, D. Vera, *Massa fundorum. Forme della grande proprietà e poteri della città in Italia tra Costantino e Gregorio Magno*, «Mélanges d'Archéologie et d'Histoire de l'École Française de Rome» 111, 991-1035.

VERA 2001, D. Vera, *Sulla (ri)organizzazione agraria dell'Italia meridionale in età imperiale: origini, forme e funzioni della massa fundorum*, in LO CASCIO-STORCHI 2001, 613-633.

VINE 1998, B. Vine, *Remarks on the Archaic Latin "Garigliano Bowl" Inscription*, «Zeitschrift für Papyrologie und Epigraphik» 121, 257-262.

VISHNIA 1996, R. Feig Vishnia, *State, Society and Popular Leaders in Mid-republican Rome 241-167 b.C.*, London-New York.

WARD PERKINS 1984, B. Ward-Perkins, *From Classical Antiquity to the Middle Ages. Urban Public Building in Northern and Central Italy AD 300-850*, Oxford.

WEAVER 1972, P.R.C. Weaver, *Familia Caesaris. A Social Study of the Emperor's Freedmen and Slaves*, Cambridge.

WHITE 1970, K.D. White, *Roman Farming*, London.

WHITTAKER 1990, C.R. Whittaker, *The consumer city revisited: the vicus and the City*, «Journal of Roman Archaeology» 3, 110-118.

WHITTAKER 1993, C.R. Whittaker, *Il povero*, in A. Giardina (c.), *L'uomo romano*, Roma-Bari 1993, 299-333.

WHITTAKER 1994, D. Whittaker, *The politics of power: the cities of Italy*, in ITALIE 1994, 127-143.

WISEMAN 1965, T.P. Wiseman, *The Mother of Livia Augusta*, «Historia» 14, 333-334.

WISEMAN 1971, T.P. Wiseman, *New Men in the Roman Senate*, Oxford.

WISEMAN 1983, T.P. Wiseman, Domi nobiles *and the Roman cultural élite*, in CÉBEILLAC 1983, 299-307.

WiSEMAN 1991 (1998), T.P. Wiseman, *Rome and the Resplendent Aemilii*, in *Tria Lustra, Essays to J.Pinsent*, Liverpool (= *Roman Drama and Roman History*, Exeter 1998, 106-120).

WREDE 1983, H. Wrede, Statuae Lupercorum habitu, «Mitteilungen des Deutsches Archäologisches Institut» 90, 185-200.

ZACCARIA 1978, C. Zaccaria, *Contributo alla storia dei Cesari dell III. sec. d.C. I figli dell' imperatore Gallieno*, «Quaderni di Storia antica e Epigrafia» 2, 59-155.

ZACCARIA 1994, C. Zaccaria, *Il territorio dei municipi e delle colonie dell'Italia nell'età altoimperiale alla luce della più recente documentazione epigrafica*, in ITALIE 1994, 309-327.

ZAMBELLI 1960, M. Zambelli, *Due iscrizioni inedite di Formia*, «Parola del Passato» 15, 450-457.

ZANINI 1998, E. Zanini, *Le Italie bizantine. Territorio, insediamenti ed economia nella provincia bizantina d'Italia (VI-VIII secolo)*, Bari.

ZANGHERI 1966 (1977), R. Zangheri, *L'agricoltura nell'Italia medievale*, «Studi storici» (= ID., *Agricoltura e contadini nella storia d'Italia*, Torino, 113-129).

ZANKER 1994, P. Zanker, *Veränderungen im Öffentlichen Raum der Italischen Städte der Kaiserzeit*, in ITALIE 1994, 259-284.

ZEI 1983, M. Zei, *Chiancarelle – Borgo S. Antonio (Latina)*, «Studi per l'Ecologia del Quaternario» 5, 136-7.

ZEVI 1966, F. Zevi, *Appunti sulle anfore romane. I. La tavola tipologica del Dressel*, «Archeologia Classica» 18, 208-247.

ZEVI 1994, F. Zevi, *Le grandi navi mercantili, Puteoli e Roma*, in *Le Ravitaillement en blé de Rome et des centres urbains*, 61-68.

ZUCCA 1994, R. Zucca, *Note di epigrafia formiana*, «Formianum» 2, atti conv. (Formia 1994), 35-39.

ZUCCA 1998, R. Zucca, *Le gentes di Formiae*, «Formianum» 6, atti conv. (Formia 1998), 57-61.